中國學術思想 研究輯刊

三四編

林慶彰 主編

第 6 冊

劉牧《易》學研究（下）

盧秀仁 著

花木蘭文化事業有限公司

國家圖書館出版品預行編目資料

劉牧《易》學研究（下）／盧秀仁 著 -- 初版 -- 新北市：花
木蘭文化事業有限公司，2021〔民110〕
目 8+176 面；19×26 公分
（中國學術思想研究輯刊 三四編；第 6 冊）
ISBN 978-986-518-489-6（精裝）
1.（宋）劉牧 2.學術思想 3.易學
030.8   110010874

ISBN-978-986-518-489-6

9 789865 184896

中國學術思想研究輯刊
三四編 第 六 冊   ISBN：978-986-518-489-6

劉牧《易》學研究（下）

作　　者　盧秀仁
主　　編　林慶彰
總 編 輯　杜潔祥
副總編輯　楊嘉樂
編　　輯　許郁翎、張雅淋、潘玟靜　美術編輯　陳逸婷
出　　版　花木蘭文化事業有限公司
發 行 人　高小娟
聯絡地址　235 新北市中和區中安街七二號十三樓
　　　　　電話：02-2923-1455／傳真：02-2923-1452
網　　址　http://www.huamulan.tw 信箱 service@huamulans.com
印　　刷　普羅文化出版廣告事業
封面設計　劉開工作室
初　　版　2021 年 9 月
全書字數　495209 字
定　　價　三四編 14 冊（精裝）新台幣 36,000 元　　版權所有・請勿翻印

劉牧《易》學研究(下)

盧秀仁　著

目次

第六章 《遺論九事》之〈陰陽律呂〉核驗

歷來正反批判北宋·彭城劉牧相關學說者，猶如過江之鯽，惟未見有對《遺論九事》所述之「陰陽律呂」，提出任何卓識者，眾家或因不知《遺論九事》所作陳述之先儒為何，是以有所諱忌而避之，其間僅有郭彧嘗言：「《陰陽律呂圖第九》為本漢儒三分損益律呂說所出之圖。」〔註1〕惟是否如此？且該書又與劉牧有何關連？若然本章即以《遺論九事》「陰陽律呂」之論，進行爬梳與研考，期冀得探事實之真象。

第一節　《遺論九事》「律呂相生」之概述

《史記》有云：「王者制事立法，物度軌則，壹稟於六律，六律為萬事根本焉。」〔註2〕六律之詞，於《禮記·禮運》篇載記：「五聲六律十二管，還相為宮也。」〔註3〕唐·孔穎達（574～648）疏曰：「六律，謂陽律也。舉陽

〔註1〕 郭彧：〈《易類》二·《四庫全書總目》卷二·易數鈎隱圖三卷附遺論九事一卷〉，《續《四庫提要辨證》（經部易類）》，「東里書齋論壇」貼文。http://www.dong lishuzhai.net/books/00/00/102/3.html。
〔註2〕 〔西漢〕司馬遷撰，〔南朝·宋〕裴駰集解，〔唐〕司馬貞索隱、張守節正義：〈律書第三〉，《史記》，收入《景印摛藻堂四庫全書薈要·史部第2冊·正史類》（臺北：世界書局，1988年），總第88冊，卷25，頁42。
〔註3〕 〔東漢〕鄭康成注，〔唐〕陸德明音義，孔穎達正義：〈禮運〉，《禮記注疏》，收入《景印摛藻堂四庫全書薈要·經部第50冊·禮類》（臺北：世界書局，1988年），總第51冊，卷22，頁496。

律則陰呂從之可知。」〔註4〕是以六律一詞，亦即蘊含六陽律與六陰呂之義，《漢書》於此則詳述：

> 律十有二，陽六為律，陰六為呂。律以統氣類物，一曰黃鐘、二曰太蔟〔註5〕、三曰姑洗、四曰蕤賓、五曰夷則、六曰亡射。呂以旅陽宣氣，一曰林鐘、二曰南呂、三曰應鐘、四曰大呂、五曰夾鐘、六曰中呂。〔註6〕

六律計：黃鍾、太蔟、姑洗、蕤賓、夷則、亡射；六呂有：林鍾、南呂、應鐘、大呂、夾鐘、中呂。六律、六呂合成十二律，一般亦稱為十二律呂，《呂氏春秋》將之分配於十二月紀：

> 孟春之月，……，律中太蔟。〔註7〕仲春之月，……，律中夾鍾。〔註8〕季春之月，……，律中姑洗。〔註9〕孟夏之月，……，律中仲呂。〔註10〕仲夏之月，……，律中蕤賓。〔註11〕季夏之月，……，

〔註4〕〔東漢〕鄭康成注，〔唐〕陸德明音義，孔穎達正義：〈禮運〉，《禮記注疏》，收入《景印摛藻堂四庫全書薈要・經部第 50 冊・禮類》，總第 51 冊，卷 22，頁 497。

〔註5〕按原文書「族」，惟清・段玉裁（1735～1815）注：「『族，矢鏠也。』今字用鏃，古字用族。金部曰『鏃者，利也。則不以為矢族字矣。』」〔清〕段玉裁撰：《說文解字注》，收入《續修四庫全書・經部・小學類》（上海：上海古籍出版社，1995 年），第 206 冊，第 7 篇上，頁 42。段玉裁又云：「『蔟』，千木切，三部。引伸為六律『大蔟』字，七豆切。」〔清〕段玉裁撰：《說文解字注》，收入《續修四庫全書・經部・小學類》（上海：上海古籍出版社，1995 年），第 204 冊，第 1 篇下，頁 555。按若此，據段氏之注，凡六律「太族」、「大族」、「太蔟」，本章逕取「蔟」字。

〔註6〕〔東漢〕班固撰，〔唐〕顏師古注：〈律曆志第一上〉，《前漢書》，收入《景印摛藻堂四庫全書薈要・史部第 4 冊・正史類》（臺北：世界書局，1988 年），總第 90 冊，卷 21 上，頁 460。

〔註7〕〔秦〕呂不韋撰，〔東漢〕高誘注：〈孟春紀第一・正月紀〉，《呂氏春秋》，收入《景印文淵閣四庫全書・子部 154・雜家類》（臺北：臺灣商務印書館，1985 年），第 848 冊，卷 1，頁 278。

〔註8〕〔秦〕呂不韋撰，〔東漢〕高誘注：〈仲春紀第二・二月紀〉，《呂氏春秋》，卷 2，頁 286。

〔註9〕〔秦〕呂不韋撰，〔東漢〕高誘注：〈季春紀第三・三月紀〉，《呂氏春秋》，卷 3，頁 294。

〔註10〕〔秦〕呂不韋撰，〔東漢〕高誘注：〈孟夏紀第四・四月紀〉，《呂氏春秋》，卷 4，頁 301。

〔註11〕〔秦〕呂不韋撰，〔東漢〕高誘注：〈仲夏紀第五・五月紀〉，《呂氏春秋》，卷 5，頁 308。

律中林鍾。〔註 12〕孟秋之月，……，律中夷則。〔註 13〕仲秋之
月，……，律中南呂。〔註14〕季秋之月，……，律中無射。〔註15〕
孟冬之月，……，律中應鐘。〔註 16〕仲冬之月，……，律中黃鐘。
〔註17〕季冬之月，……，律中大呂。〔註18〕

孟春之月即正月，其律太蔟；仲春之月乃二月，其律夾鐘；季春之月為三月，
其律姑洗；孟夏之月就四月，其律仲呂；仲夏之月當五月，其律蕤賓；季夏
之月屬六月，其律林鍾；孟秋之月歸七月，其律夷則；仲秋之月適八月，其律
南呂．季秋之月逢九月，其律無射；孟冬之月是十月，其律應鍾；仲冬之月合
十一月，其律黃鐘；季冬之月已十二月，其律大呂。西漢‧司馬遷（？）於
《史記》則引錄記之：

十月也，律中應鍾……，十一月也，律中黃鐘……，十二月，律中
大呂……，正月也，律中泰蔟……，二月也，律中夾鐘……，三月
也，律中姑洗……，四月也，律中中呂……，五月也，律中蕤賓……，
六月也，律中林鍾……，七月也，律中夷則……，八月也，律中南
呂……九月也，律中無射。〔註19〕

東漢‧班固（32～92）亦承《呂氏》之述，自子至亥，逐一載錄各月對應之律
呂，其云：

黃鐘……始於子，在十一月；大呂……位於丑，在十二月；太蔟……，

〔註12〕〔秦〕呂不韋撰，〔東漢〕高誘注：〈季夏紀第六‧六月紀〉，《呂氏春秋》，卷
6，頁 315。
〔註13〕〔秦〕呂不韋撰，〔東漢〕高誘注：〈孟秋紀第七‧七月紀〉，《呂氏春秋》，卷
7，頁 322。
〔註14〕〔秦〕呂不韋撰，〔東漢〕高誘注：〈仲秋紀第八‧八月紀〉，《呂氏春秋》，卷
8，頁 329。
〔註15〕〔秦〕呂不韋撰，〔東漢〕高誘注：〈季秋紀第九‧九月紀〉，《呂氏春秋》，卷
9，頁 335。
〔註16〕〔秦〕呂不韋撰，〔東漢〕高誘注：〈孟冬紀第十‧十月紀〉，《呂氏春秋》，卷
10，頁 342。
〔註17〕〔秦〕呂不韋撰，〔東漢〕高誘注：〈仲冬紀第十一‧十一月紀〉，《呂氏春秋》，
卷 11，頁 349。
〔註18〕〔秦〕呂不韋撰，〔東漢〕高誘注：〈季冬紀第十二‧十二月紀〉，《呂氏春秋》，
卷 12，頁 355。
〔註19〕〔西漢〕司馬遷撰，〔南朝‧宋〕裴駰集解，〔唐〕司馬貞索隱、張守節正義：
〈律書第三〉，《史記》，收入《景印摛藻堂四庫全書薈要‧史部第 2 冊‧正史
類》（臺北：世界書局，1988 年），總第 88 冊，卷 25，頁 44～46。

位於寅，在正月；夾鐘……位於卯，在二月；姑洗……，位於辰，在三月；中呂……，位於巳，在四月；蕤賓……位於午，在五月；林鐘……位於未，在六月；夷則……位於申，在七月；南呂……位於酉，在八月；亡射……位於戌，在九月；應鐘……，位於亥，在十月。〔註20〕

若此，泊秦、漢以降，十二律呂對應十二月份之說，即成定論。而十二律呂根由之述，最早文獻，亦屬《呂氏春秋》所載：

昔黃帝令伶倫作為律。伶倫自大夏之西，乃之阮隃之陰，取竹於嶰谿之谷，以生空竅厚鈞者，斷兩節間，其長三寸九分而吹之，以為黃鐘之宮次，曰含少，次制十二筒，〔註21〕以之阮隃之下，聽鳳皇之鳴以別十二律，其雄鳴為六，雌鳴亦六，以此黃鐘之宮適合，黃鐘之宮皆可以生之，故曰黃鐘之宮，律呂之本。〔註22〕

黃帝令其大臣伶倫製訂定音工具——「律」。伶倫選用生長於大夏西方之阮隃山北處嶰谿山谷之竹，並以竹體生長厚鈞者，自兩節間截成三寸九分長之竹管，鑿穿竅孔而吹之，作為聲律黃鐘之宮。並依黃鐘之宮律管尺寸為基準，依一定比例，逐次縮、增，而定出十二聲律，故稱「黃鐘之宮」為律呂之本。

北周・甄鸞（535～566）引西晉・司馬彪（？）〈志序〉有云：「上生不得過黃鐘之濁，下生不得不及黃鐘之清。是則上生不得過九寸，下生不得減四寸五分。」〔註23〕北宋・沈括（1031～1095）則曰：「黃鐘長九寸為正聲，一

〔註20〕〔東漢〕班固撰，〔唐〕顏師古注：〈律曆志第一上〉，《前漢書》，收入《景印摛藻堂四庫全書薈要・史部第4冊・正史類》（臺北：世界書局，1988年），總第90冊，卷21上，頁460～461。

〔註21〕按原文：「以為黃鐘之宮，吹曰舍少，次十二筒」，語法不詳，恐傳抄之誤，今據《周官義疏》云：「以為黃鐘之宮次，曰含少，次制十二莆」，將「吹」改為「次」，「曰」改為「曰」，如此，則語義鮮明流暢。〔清〕乾隆十三年欽定：〈春官宗伯第三之六〉，《周官義疏》，收入《景印摛藻堂四庫全書薈要・經部第57冊・禮類》（臺北：世界書局，1988年），總第58冊，卷22，頁596。

〔註22〕〔秦〕呂不韋撰，〔東漢〕高誘注：〈仲夏紀第五・古樂〉，《呂氏春秋》，收入《景印文淵閣四庫全書・子部154・雜家類》（臺北：臺灣商務印書館，1985年），第848冊，卷5，頁312。

〔註23〕〔北周〕甄鸞撰，〔唐〕李淳風注：《五經算術》，收入《景印文淵閣四庫全書・子部103・天文算法類》（臺北：臺灣商務印書館，1985年），第797冊，卷下，頁217。

尺八寸為黃鍾濁宮；四寸五分為黃鍾清宮。倍而長為濁宮，倍而短為清宮，餘律准此。」〔註24〕南宋・朱熹（1130～1200）亦謂：「黃鍾管九寸最長，……故製黃鍾四清聲，用之清聲，短其律之半，是黃鍾清長，四寸半也。」〔註25〕若此，清代館臣據之，更以孔穎達援引東漢・蔡邕（133～192）、北周・熊安生（？）所稱：「黃鍾之宮，謂黃鍾少宮也，半黃鍾九寸之數，管長四寸五分」〔註26〕之說，而考證「黃鍾之宮」曰：

> 〈月令〉疏載蔡氏邕、熊氏安〔註27〕說曰：「黃鍾之宮，謂黃鍾少宮也。半黃鍾九寸之數，管長四寸五分。」說之者曰：「先為黃鍾之宮，管四寸五分，其空徑三分寸之一，以審定其清聲，而後倍之以為黃鍾之全律，以生大呂以下十一律焉。伶倫以黃鍾清聲為律本，其所首重也。呂氏所云三寸九分者，蓋四寸五分之訛；云『含少』者，則『宮少』之訛耳。」……可循朱子亦云黃鍾清長四寸半。〔註28〕

清代學者以蔡邕、熊安生及朱熹諸說，認為《呂氏春秋》所謂：「斷兩節間，其長『三寸九分』而吹之，以為『黃鍾之宮』次，曰『含少』」之「黃鍾之宮」，即為「黃鍾少宮」。所發之聲稱之「黃鍾清聲」，其管長實為四寸五分，非三寸九分，「含少」之名，應為「宮少」之誤。而伶倫首重先審定「黃鍾少宮」所發之黃鍾清聲，作為清聲基準，再倍以而成黃鍾全律，並以黃鍾全律管長為

〔註24〕〔北宋〕沈括撰：〈補第十卷後七件〉，《補筆談》，收入《景印文淵閣四庫全書・子部168・雜家類》（臺北：臺灣商務印書館，1985年），第862冊，卷上，頁872。

〔註25〕〔南宋〕黎靖德編：〈樂〉，《朱子語類》，收入《景印文淵閣四庫全書・子部7・儒家類》（臺北：臺灣商務印書館，1985年），第701冊，卷92，頁914。

〔註26〕〔東漢〕鄭康成注，〔唐〕陸德明音義，孔穎達正義：〈月令〉，《禮記注疏》，收入《景印摛藻堂四庫全書薈要・經部第50冊・禮類》，總第51冊，卷第16，頁377。

〔註27〕按《禮記注疏》書前提要有云：「……《正義》實據皇侃以為本，而以熊安生補其所不備……」。又清・齊召南（1703～1768）於〈禮記正義序考證〉且謂：「按庾蔚之脫『之』字，於義猶可，若沈『重』單名，而誤衍『宣』字，皇侃姓皇，而誤作複姓『皇甫』，熊『安生』二名，而誤脫『生』字，則全非其人矣。」據此「熊氏安」即為「熊安生」，誤脫一「生」字。〔東漢〕鄭康成注，〔唐〕陸德明音義，孔穎達正義：《禮記注疏》，頁6，8。

〔註28〕清乾隆十三年欽定：〈春官宗伯第三之六〉，《欽定周官義疏》，收入《景印摛藻堂四庫全書薈要・經部第57冊・禮類》（臺北：世界書局，1988年），總第58冊，卷22，頁596。

據，而形成大呂以降十一律呂尺寸，是以十二律呂（含黃鍾）之根本，乃自「黃鍾少宮」而來。

「黃鍾少宮」管長四寸五分，其為黃鍾管長九寸之半，符合沈括所稱「黃鍾清宮」之長，故「黃鍾少宮」亦為「黃鍾清宮」之別稱。若此《呂氏春秋》所謂：「黃鍾之宮，律呂之本」，即如「黃鍾清宮，律呂之本」矣！

清代館臣推定此論之前，《遺論九事》「陰陽律呂」所提之述，則早已具有「黃鍾之宮」即為「黃鍾清宮」之認知，且此見識亦可謂《遺論九事》所稱「律呂相生」立論之肇端。

第二節　「陰陽律呂」與《呂氏春秋》、《淮南子》、《史記》、《漢書》之關係探究

《遺論九事》羅列第一張「陰陽律呂圖」，圖中雖未標註十二月辰，惟可清楚看出，其律呂分佈之位置，乃依循《呂氏春秋》、《史記》、《漢書》對應十二月令之所示，其圖如下：

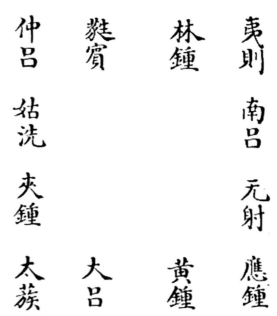

圖 6-2-1 第一張「陰陽律呂圖」〔註 29〕

〔註 29〕〔北宋〕劉牧撰：《遺論九事》，收入《景印摛藻堂四庫全書薈要·經部第 14 冊·易類》（臺北：世界書局，1988 年），總第 15 冊，頁 281。

將此陰陽律呂圖，對應十二月辰，重繪則為：

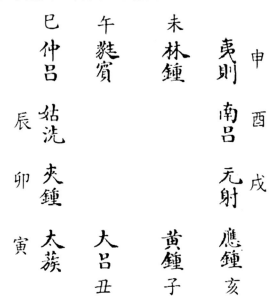

黃鍾在子、大呂在丑、太蔟在寅、夾鍾在卯、姑洗在辰、仲呂在巳、蕤賓在午、林鍾在未、夷則在申、南呂在酉、无射在戌、應鍾在亥。子、寅、辰、午、申、戌，陽也，〔註30〕對應六陽律：黃鍾、太蔟、姑洗、蕤賓、夷則、无射；丑、卯、巳、未、酉、亥，陰也，對應六陰呂：大呂、夾鍾、仲呂、林鍾、南呂、應鍾。三國吳・韋昭（204～273）注《國語》即言：

> 律謂六律、六呂也；陽為律，陰為呂。六律：黃鍾、大蔟、姑洗、
> 蕤賓、夷則、無射也。六呂：林鍾、中呂、夾鍾、大呂、應鍾、南
> 呂也。〔註31〕

而《遺論九事》之敘文，於詮述十二律呂之初，亦先提出律呂之緣起：

> 昔黃帝使伶倫，自大夏之西，崑崙之東，取嶰谷之竹，以其竅厚而
> 均者，斷兩節之間而吹之，為黃鍾清宮之管，管最長者，制十二笭
> 以聽鳳凰之鳴，其雄鳴六、雌鳴六，自清宮皆可以生之，是黃鍾為

〔註30〕按南宋・朱震（1072～1138）云：「子、寅、辰、午、申、戌，陽也，〈乾〉
　　　　 ䷀之六位；未、巳、卯、丑、亥、酉，陰也，〈坤〉䷁之六位。」〔南宋〕朱震
　　　　 撰：〈卦圖中・日行二十八舍圖〉，《漢上易傳》收入《景印摛藻堂四庫全書薈
　　　　 要・經部第 2 冊・易類》（臺北：世界書局，1988 年），總第 3 冊，頁 804。
〔註31〕〔三國・吳〕韋昭注：〈周語下〉，《國語》，收入《景印摛藻堂四庫全書薈要・
　　　　 史部第 117 冊・別史類》（臺北：世界書局，1988 年），總第 203 冊，卷 3，
　　　　 頁 41。

律本。〔註32〕

該段內容，乃芟夷自《呂氏春秋》。其言「斷兩節之間而吹之，為『黃鍾清宮』之管」，業已明喻《呂氏春秋》所謂「黃鍾之宮」，即為「黃鍾清宮」，且十二律呂不同管長，皆能以清宮之律為標準而產生。

再與《漢書》所載比較，更可看出，《遺論九事》所述之「黃鍾清宮」，等同蔡邕、熊安生「黃鍾少宮」之見。《漢書》輯錄云：

> 黃帝使泠綸，自大夏之西，昆侖之陰，取竹之解谷生，其竅厚均者，〔註33〕斷兩節間而吹之，以為黃鍾之宮，制十二筒以聽鳳之鳴，其雄鳴六，雌鳴亦六，比黃鍾之宮而皆可以生之，是為律本。〔註34〕

《漢書》載記與《呂氏春秋》可謂大同小異，二者最大區別，在於《漢書》未註明「黃鍾之宮」管長，惟二者同然強調，制十二律呂竹管尺寸，皆能以黃鍾之宮比較而產生，所以同稱「黃鍾之宮，律呂之本」。

《漢書》云「斷兩節間而吹之，以為黃鍾之宮」與《遺論九事》所言「斷兩節之間而吹之，為黃鍾清宮之管」對照，則《遺論》之文，已清楚將「黃鍾之宮」視為「黃鍾清宮」，且斷兩節之間而吹之竹管尺寸，即為黃鍾清宮之管長。

《遺論》所敘另稱：「陽氣始歸戊己清宮，是其黃鍾之母也。」〔註35〕參較《呂氏春秋》：「中央土，其日戊己……律中黃鍾之宮，其數五」〔註36〕之語，可推斷《遺論》所謂「戊己清宮」，實為「黃鍾之宮」之譬，亦即「黃鍾清宮」之喻。若此則更能分辨，《遺論》之述，已將「黃鍾之宮」與「黃鍾」，

〔註32〕〔北宋〕劉牧撰：《遺論九事》，收入《景印摛藻堂四庫全書薈要‧經部第14冊‧易類》（臺北：世界書局，1988年），總第15冊，頁282。

〔註33〕按依清‧陳浩（1695～1772）考證所述：「按依孟康說，應以『取竹之解谷』斷句，『生』字連下文讀，然於文義不順。晉灼謂『解谷』為谷名，甚是；但如晉說，則『之』字當作『往』解，亦與上文不順。當以『取竹之解谷生』讀，『其竅厚均者』句，於文始順。」故本章斷句為「取竹之解谷生，其竅厚均者」。〔東漢〕班固撰，〔唐〕顏師古注：〈前漢書卷二十一上考證〉，《前漢書》，收入《景印摛藻堂四庫全書薈要‧史部第4冊‧正史類》（臺北：世界書局，1988年），總第90冊，頁475。

〔註34〕〔東漢〕班固撰，〔唐〕顏師古注：《前漢書》，卷21上，頁460。

〔註35〕〔北宋〕劉牧撰：《遺論九事》，頁282。

〔註36〕〔秦〕呂不韋撰，〔東漢〕高誘注：〈季夏紀第六‧六月季〉，《呂氏春秋》，收入《景印文淵閣四庫全書‧子部154‧雜家類》（臺北：臺灣商務印書館，1985年），第848冊，卷6，頁316。

明顯區分為兩種程度不同之音律，且前者，為後者之母。故其稱伶倫製律之初，先斷竹兩節間而吹之，以製訂黃鍾清宮之管，再聽鳳凰之鳴，依清宮之管，按一定比例，製出代表黃鍾之最長竹管及其餘十一律尺寸，並以黃鍾為十二律呂之本。

　　《遺論》述序與《呂氏》、《漢書》之差別，在於以「黃鍾」、「黃鍾之宮」（戊己清宮、黃鍾清宮）為律本之不同，然二者僅在「起點」之相異。《遺論》之敘以實際十二律呂相生之始而論，惟《呂氏》、《漢書》則在於產生十二律呂之初而言。就本質而觀，《遺論》敘文，亦乃沿蹈《呂氏》及《漢書》之論，二者並無任何衝突，此由以下分析可知。《呂氏春秋》有言：

> 黃鍾生林鍾，林鍾生太蔟，太蔟生南呂，南呂生姑洗，姑洗生應鍾，
> 應鍾生蕤賓，蕤賓生大呂，大呂生夷則，夷則生夾鍾，夾鍾生無射，
> 無射生仲呂。三分所生，益之一分以上生，三分所生，去其一分以
> 下生。黃鍾、太呂、太蔟、夾鍾、姑洗、仲呂、蕤賓為上，林鍾、
> 夷則、南呂、無射、應鍾為下。[註37]

《呂氏》云十二律呂，自黃鍾生林鍾起，迄至仲呂而止，皆採三分益一、三分損一，上、下相生之法而為。黃鍾為律呂相生之始，《禮記》既云：「五聲六律十二管，還相為宮也。」當仲呂為宮，則上生黃鍾，故東漢・鄭玄（127～200）注《周禮》稱：「中呂上生黃鍾，黃鍾下生林鍾」[註38]，是以黃鍾與「太呂、太蔟、夾鍾、姑洗、仲呂、蕤賓」同列為上，乃指被上生之情況。「林鍾、夷則、南呂、無射、應鍾為下」，則指被下生之情形。《呂氏》所稱上下相生之法，可由《淮南子》之記述，窺得全貌：

> 黃鍾為宮，宮者，音之君也。故黃鍾位子，其數八十一，主十一
> 月，下生林鍾。林鍾之數五十四，主六月，上生太蔟。太蔟之數
> 七十二，主正月，下生南呂。南呂之數四十八，主八月，上生姑
> 洗。姑洗之數六十四，主三月，下生應鍾。應鍾之數四十二，主
> 十月，上生蕤賓。蕤賓之數五十七，主五月，上生大呂。大呂之
> 數七十六，主十二月，下生夷則，夷則之數五十一，主七月。上

〔註37〕〔秦〕呂不韋撰，〔東漢〕高誘注：〈季夏紀第六・六月季〉，《呂氏春秋》，卷6，頁317。

〔註38〕〔東漢〕鄭康成注，〔唐〕陸德明音義，賈公彥正義：〈春官宗伯下〉，《周禮注疏》，收入《景印摛藻堂四庫全書薈要・經部第45冊・禮類》（臺北：世界書局，1988年），總第46冊，卷22，頁430。

生夾鍾。夾鍾之數六十八，主二月，下生無射。無射之數四十五，

主九月，上生仲呂，仲呂之數六十，主四月，極，不生徵、生宮。
〔註39〕

文中敘明各律對應之月辰與律數，強調黃鍾為宮，為音之君，自其始，上、下相生至仲呂止。所述十二律呂上、下相生之程序為：黃鍾下生→林鍾；林鍾上生→太蔟．太蔟下生→南呂；南呂上生姑洗；姑洗下生應鍾；應鍾上生蕤賓；蕤賓上生大呂；大呂下生夷則；夷則上生夾鍾；夾鍾下生無射；無射上生仲呂。

　　如同《呂氏》所稱，太蔟、姑洗、蕤賓、大呂、夾鍾、仲呂，加上黃鍾，「為上」；林鍾、南呂、應鍾、夷則、無射「為下」。《淮南子》雖無「三分所生，益之一分以上生，三分所生，去其一分以下生」之說，惟驗算《淮南子》所列各律之數：

黃鍾律數八十一，$81 \times 2/3 = 54$（三分所生，去其一分以下生），得林鍾之數五十四；林鍾 $54 \times 4/3 = 72$（三分所生，益之一分以上生），得太蔟之數七十二；太蔟 $72 \times 2/3 = 48$，下生得南呂之數四十八；南呂 $48 \times 4/3 = 64$，上生得姑洗之數六十四；姑洗 $64 \times 2/3 \fallingdotseq 42.667$，以盈數 42 表示，下生得應鍾之數四十二；應鍾 $42.667 \times 4/3 \fallingdotseq 56.889$，取四捨五入之盈數 57，上生得蕤賓之數五十七；蕤賓 $57 \times 4/3 = 76$，上生得大呂之數七十六；大呂 $76 \times 2/3 \fallingdotseq 50.667$，取四捨五入之盈數 51，下生得夷則之數五十一；夷則 $51 \times 4/3 = 68$，上生得夾鍾之數六十八；夾鍾 $68 \times 2/3 \fallingdotseq 45.333$，以盈數 45 表示，下生得無射之數四十五；無射 $45 \times 4/3 = 60$，上生得仲呂之數六十。

　　各律數之演算，盡皆符合，顯見《淮南子》律呂相生之法，亦同然於《呂氏春秋》所述。三分損、益，上、下相生之法，《史記》則稱：「《術》曰以下生者，倍其實，三其法；以上生者，四其實，三其法。」〔註40〕以數學式表示，即為「下生者，實數$\times \frac{2}{3}$」，「上生者，實數$\times \frac{4}{3}$」，與《呂氏》之說全然相垺。

〔註39〕〔西漢〕劉安撰，〔東漢〕高誘注：〈天文訓〉，《淮南鴻烈解》，收入《景印摛藻堂四庫全書薈要・子部第 32 冊・雜家類》（臺北：世界書局，1988 年），總第 277 冊，卷 3，頁 36。

〔註40〕〔西漢〕司馬遷撰，〔南朝・宋〕裴駰集解，〔唐〕司馬貞索隱、張守節正義：〈律書第三〉，《史記》，收入《景印摛藻堂四庫全書薈要・史部第 2 冊・正史類》（臺北：世界書局，1988 年），總第 88 冊，卷 25，頁 48。

　　《呂氏》律呂三分損益，上、下相生之法，班固亦載入《漢書》之中，惟內容有些不同：

　　　　如法為一寸，則黃鐘之長也，參分損一，下生林鐘。三分林鐘，益一上生太蔟。參分太蔟，損一下生南呂。參分南呂，益一，上生姑洗。參分姑洗，損一，下生應鐘。參分應鐘，益一，上生蕤賓。參分蕤賓，損一，下生大呂。參分大呂，益一，上生夷則。參分夷則，損一下生夾鐘。參分夾鐘，益一，上生亡射。參分亡射，損一，下生中呂。陰陽相生，自黃鐘始而左旋，八、八為伍。〔註41〕

《史記》有云：「凡得九寸，命曰黃鍾之宮。」〔註42〕三國魏‧孟康（？）曰：「得一寸，則所謂得九寸也。言一者，張法辭。」〔註43〕是以此「黃鍾之長」是為九寸。《漢書》所言參分損、益，上、下相生順序，與《呂氏》、《淮南子》之說一般，然最大差異，在於自蕤賓以降之上、下相生。

　　《漢書》云：「蕤賓下生大呂，大呂上生夷則，夷則下生夾鐘，夾鐘上生無射，無射下生仲呂」，而《呂氏》、《淮南子》則謂：「蕤賓上生大呂，大呂下生夷則，夷則上生夾鐘，夾鐘下生無射，無射上生大呂」。二者上、卜相生顛倒，然本質並無不同，沈括為此曾有解釋，其云：

　　　　〈漢志〉陰陽相生自黃鍾始，而左旋，八、八為伍。八、八為伍者，謂一上生與一下生，相間如此，則自大呂以後，律數皆差，須自蕤賓再上生，方得本數，此八、八為伍之說也。或曰律無上生呂之理，但當下生而用獨倍，二說皆通。〔註44〕

《漢書‧律曆志》所云律呂陰陽相生，自黃鍾始，依左旋順時針，每八位、八

〔註41〕〔東漢〕班固撰，〔唐〕顏師古注：《前漢書》，收入《景印摛藻堂四庫全書薈要‧史部第4冊‧正史類》（臺北：世界書局，1988年），總第90冊，卷21上，頁463。

〔註42〕〔西漢〕司馬遷撰，〔南朝‧宋〕裴駰集解，〔唐〕司馬貞索隱、張守節正義：〈律書第三〉，《史記》，收入《景印摛藻堂四庫全書薈要‧史部第2冊‧正史類》（臺北：世界書局，1988年），總第88冊，卷25，頁48。

〔註43〕〔東漢〕班固撰，〔唐〕顏師古注：《前漢書》，收入《景印摛藻堂四庫全書薈要‧史部第4冊‧正史類》（臺北：世界書局，1988年），總第90冊，卷21上，頁463。

〔註44〕〔北宋〕沈括撰：〈樂律一〉，《夢溪筆談》，收入《景印文淵閣四庫全書‧子部168‧雜家類》（臺北：臺灣商務印書館，1985年），第862冊，卷5，頁732。

位，一上生、一下生之相間方式進行，而形成八、八成組之特性。沈括稱《漢書》所述之法，倘自蕤賓下生大呂，則大呂律長不足，[註45] 若此自大呂以降，諸律數將形成誤差，而為彌補差數，則於應鍾上生蕤賓，自蕤賓又須再行上生大呂，如此方得大呂實際律數，而此結果，即如《呂氏》、《淮南子》所言一般。

惟《漢書‧律曆志》何以蕤賓「下生」大呂，非如《呂氏》、《淮南子》般「上生」？沈括解釋：有人以為陽律並無上生陰呂之理，所以相生之道，猶然以「律下生呂，呂上生律」之方式進行，然為求誤差補正，則以律下生呂所得之律數，再予加倍即可。若此沈括即認為《漢書》和《呂氏》、《淮南子》兩種律呂相生之法皆可通。

沈括之論，概由韋昭以《漢書》之法、鄭玄以《呂氏》之言比較，可茲證明。韋昭曰：

> 黃鍾，〈乾〉☰初九也。……黃鍾初九，六律之首，……。黃鍾，陽之變也，管長九寸，徑三分，圍九分，律長九寸，因而九之，九、九，八十一，故黃鍾之數立焉，為宮。《法》云：九分之六得林鍾初六，六呂之首，陰之變，管長六寸、六月之律，〈坤〉☷之始也……大蔟，〈乾〉☰九二也，管長八寸，《法》云：九分之八……。姑洗，〈乾〉☰九三也，……律長七寸九分寸之一……蕤賓，〈乾〉☰九四也，……律長六寸八十一分寸之二十六……夷則，〈乾〉☰九五也，……律長五寸七百二十九分寸之四百五十一……無射，〈乾〉☰上九也，……律長四寸六千五百六十一分寸之六千五百二十四……大呂，〈坤〉☷六四也，……《法》云：三分之二四寸二百四十三分寸之五十二，倍之為八寸分寸之一百十，下生律……夾鍾，〈坤〉☷六五也，……律長三寸二千一百八十七分寸之一千六百六十一，倍之為七寸分寸之千七十五……中呂，〈坤〉☷上六也，……律長三寸

〔註45〕按馮錦榮等云：「大呂由蕤賓所生，而蕤賓是由應鍾三分益一得來，按『一上生與一下生相間』的原理，應該是蕤賓三分損一下生大呂，即 6.32 寸（蕤賓六寸八十一分寸之二十六【$6\frac{26}{81}$】）乘以 2/3＝4.21 寸，但實際上大呂處於黃鍾（九寸）和太蔟（八寸）之間，長度應是長於八寸而短於九寸。因此，應以三分益一的上生法，即 6.32 寸乘以 4/3，得出約 8.43 寸（八寸二百四十三分寸之一百十【$8\frac{110}{243}$】）才吻合。」馮錦榮、林學忠、陳志明譯注：《夢溪筆談》（香港：中華書局有限公司，2017 年），頁 96。

萬九千六百八十三分寸之六千四百八十七，倍之為六寸分寸之萬二千九百七十四……林鍾，〈坤〉䷁初六也，……律長六寸……南呂，〈坤〉䷁六二也，……律長五寸三分寸之一……應鍾，〈坤〉䷁六三也，……律長四寸二十七分寸之二十。〔註46〕

依《漢書》十二律呂相生之法，並以阿拉伯數字標註於各律數之後，將韋昭上述注文，逐一整理，即為：

黃鍾律長九寸（9寸），下生林鍾（9×2/3＝6），林鍾律長六寸（6寸）；林鍾上生太蔟（6×4/3＝8），太蔟律長八寸（8寸）；太蔟下生南呂（8×2/3＝$5\frac{1}{3}$），南呂律長五寸三分寸之一（$5\frac{1}{3}$）；南呂上生姑洗（$5\frac{1}{3}×\frac{4}{3}＝7\frac{1}{9}$），姑洗律長七寸九分寸之一（$7\frac{1}{9}$）；姑洗下生應鍾（$7\frac{1}{9}×\frac{2}{3}＝4\frac{20}{27}$），應鍾律長四寸二十七分寸之二十（$4\frac{20}{27}$）；應鍾上生蕤賓（$4\frac{20}{27}×\frac{4}{3}＝6\frac{26}{81}$），蕤賓律長六寸八十一分寸之二十六（$6\frac{26}{81}$）；蕤賓下生大呂，《法》云：三分之二（$6\frac{26}{81}×2/3＝4\frac{52}{243}$），得四寸二百四十三分寸之五十二，倍之（$4\frac{52}{243}×2＝8\frac{104}{243}$），得八寸分寸之一百四，即大呂律長八寸二百四十三分寸之一百四（$8\frac{104}{243}$）；大呂（$4\frac{52}{243}$）上生夷則（$4\frac{52}{243}×\frac{4}{3}＝5\frac{451}{729}$），夷則律長五寸七百二十九分寸之四百五十一（$5\frac{451}{729}$）；〔註47〕夷則下生夾鍾（$5\frac{451}{729}×\frac{2}{3}＝3\frac{1631}{2187}$），三寸二千一百八十七分寸之一千六百三十一，倍之（$3\frac{1631}{2187}×2＝7\frac{1631}{2187}$），得夾鍾律長七寸分寸之千七十五，即七寸二千一百八十七分寸之千七十五（$7\frac{1631}{2187}$）；〔註48〕夾鍾（$3\frac{1631}{2187}$）上生無射（$3\frac{1631}{2187}×\frac{4}{3}＝4\frac{6524}{6561}$），無射律長四寸六千五百六十一分寸之六千五百二十四（$4\frac{6524}{6561}$）；〔註49〕無射下生中呂（$4\frac{6524}{6561}×\frac{2}{3}＝3\frac{6487}{19683}$），三寸萬九千六百八十三

〔註46〕〔三國·吳〕韋昭注：〈周語下〉，《國語》，收入《景印摛藻堂四庫全書薈要·史部第117冊·別史類》（臺北：世界書局，1988年），總第203冊，卷3，頁41～42。

〔註47〕按依沈括及註43所述，《漢書》：「蕤賓下生大呂」，得大呂律數為$4\frac{52}{243}$寸，但非其實際律長，故再以倍之而得$8\frac{104}{243}$寸；《漢書》八、八為伍，一下生、一上生，則大呂上生夷則（呂上生律），但倘以大呂實際$8\frac{104}{243}$寸上生×4/3＝$11\frac{173}{729}$，超過最長之管，黃鍾九寸之律呂相生規定，故須以蕤賓下生大呂所得$4\frac{52}{243}$寸上生×4/3＝$5\frac{451}{729}$寸之夷則律數，此亦符合《呂氏春秋》、《淮南子》蕤賓上生大呂，大呂（實際管長$8\frac{104}{243}$寸）下生夷則之說法（$8\frac{104}{243}$寸下生×2/3＝$5\frac{451}{729}$寸）。若此，再次得證沈括所謂「二說皆通」之論。

〔註48〕按夷則下生夾鍾，即律下呂，情況同《漢書》「蕤賓下生大呂」，所以夾鍾須倍之，方得本數。依《呂氏春秋》、《淮南子》所云為「夷則上生夾鍾」，$5\frac{451}{729}×\frac{4}{3}＝7\frac{1075}{2187}$，結果相同，再次應證沈括「二說皆通」之論。

〔註49〕按「夾鍾上生無射」，其相生道理，同《漢書》「大呂上生夷則」一般，參閱

分寸之六千四百八十七，倍之（$3\frac{6487}{19683} \times 2 = 6\frac{12974}{19683}$），〔註50〕中呂律長六寸分寸之萬二千九百七十四。即六寸萬九千六百八十三分寸之萬二千九百七十四（$6\frac{12974}{19683}$）。

　　而鄭玄以《呂氏春秋》之法，論上、下相生程序與各律尺寸之內容，則概略如下；筆者為與韋昭之說比較，將標註阿拉伯數字於各律尺寸之後：

　　　　黃鍾初九也，下生林鍾之初六，林鍾又上生大蔟之九二，大蔟又下生南呂之六二，南呂又上生姑洗之九三，姑洗又下生應鍾之六三，應鍾又上生蕤賓之九四，蕤賓又上生大呂之六四，大呂又下生夷則之九五，夷則又上生夾鍾之六五，夾鍾又下生無射之上九，無射又上生中呂之上六。……黃鍾長九寸（9寸），其實一籥，下生者三分去一，上生者三分益一，五下六上，乃一終矣。大呂長八寸二百四十三分寸之一百四（$8\frac{104}{243}$寸），大蔟長八寸（8寸），夾鍾長七寸二千一百八十七分寸之千七十五（$7\frac{1075}{2187}$寸），姑洗長七寸九分寸之一（$7\frac{1}{9}$寸），中呂長六寸萬九千六百八十三分寸之萬二千九百七十四（$6\frac{12974}{19683}$），蕤賓長六寸八十一分寸之二十六（$6\frac{26}{81}$寸），林鍾長六寸（6寸），夷則長五寸七百二十九分寸之四百五十一（$5\frac{451}{729}$寸），南呂長五寸三分寸之一（$5\frac{1}{3}$寸），無射長四寸六千五百六十一分寸之六千五百二十四（$4\frac{6524}{6561}$寸），應鍾長四寸二十七分寸之二十（$4\frac{20}{27}$寸）。〔註51〕

鄭玄用《呂氏》對照韋昭以《漢書》，二者律呂相生所得各律數均相等，故而證明沈括稱《漢書·律曆志》：「黃鍾下生林鍾，林鍾上生太蔟，太蔟下生南呂，南呂上生姑洗，姑洗下生應鍾，應鍾上生蕤賓，蕤賓下生大呂，大呂上生夷則，夷則下生夾鍾，夾鍾上生無射，無射下生仲呂」與《呂氏春秋》：「黃鍾下生林鍾，林鍾上生太蔟，太蔟下生南呂，南呂上生姑洗，姑洗下生應鍾，

註44。《呂氏春秋》、《淮南子》云「夾鍾下生無射」，以夾鍾實際律長 $7\frac{1075}{2187} \times \frac{2}{3} = 4\frac{6524}{6561}$，結果相同，再次驗證沈括「二說皆通」之論。

〔註50〕按相生道理同「蕤賓下生大呂」、「夷則下生夾鍾」一般，參閱註45。依《呂氏春秋》、《淮南子》所云「無射上生中呂」，$4\frac{6524}{6561} \times \frac{4}{3} = 6\frac{12974}{19683}$，結果相同，是以沈括所謂《漢書》、《呂氏》、《淮南子》「二說皆通」，確然無誤。

〔註51〕〔東漢〕鄭康成注，〔唐〕陸德明音義，賈公彥正義：〈大師〉，《周禮注疏》，收入《景印摛藻堂四庫全書薈要·經部第45冊·禮類》（臺北：世界書局，1988年），總第46冊，卷23，頁446。

應鍾上生蕤賓，蕤賓上生大呂，大呂下生夷則，夷則上生夾鍾，夾鍾下生無射，無射上生仲呂」二者說法皆可通之論，確然成立。兩種相生之法皆自黃鍾始，是以《遺論九事》所敘之文即據《漢書》而謂：

> 故〈乾〉䷀之初九，律之首陽之變也，因而六之以九為法得林鍾（以六乘黃鍾之九，得五十四也。）六呂，〔註 52〕故〈坤〉䷁之初六，呂之首陰之變也，皆參天兩地之法也。九、六，陰陽、夫婦、子母之道也。異類為子母（謂黃鍾生林鍾，須得大呂而生。）同類為夫婦（謂大呂須嫁於黃鍾，是為夫婦而能生六月。）蓋天地之情也。……黃鍾自十一月陽氣始生而用事，是為律本也。〔註 53〕

敘文結語「黃鍾自十一月陽氣始生而用事，是為律本也」之依據，即以該語之前，援用整段《漢書》之說，成為其理論之根由，而所引述之《漢書》原文本為：

> 黃鐘初九，律之首陽之變也，因而六之以九為法得林鐘；初六，呂之首陰之變也，皆參天兩地之法也。上生，六而倍之；下生，六而損之，皆以九為法。九、六，陰陽、夫婦、子母之道也。律娶妻，而呂生子，天地之情也。」〔註 54〕

敘文節刪「上生，六而倍之；下生，六而損之，皆以九為法。」〔註 55〕及「律娶妻，而呂生子」句，且融入韋昭以〈乾〉卦䷀初九對應黃鐘，〈坤〉卦䷁初六相應林鐘之說法，將孟康於《漢書》「夫婦、子母」之注句「異類為子母」、「同類為夫婦」，〔註 56〕接續於「子母之道也」之後。而孟康此注之根據，則源自《漢書》之述：

> 黃鐘，黃者，中之色，君之服也。……於子在十一月。大呂，呂，旅也，言陰大旅助黃鐘，宣氣而牙物也，位於丑，在十二月。太蔟，

〔註 52〕按原文載錄為「大呂」，惟林鍾為六呂之首，此「大」字，恐為「六」字之訛，筆者逕改之。

〔註 53〕〔北宋〕劉牧撰：《遺論九事》，收入《景印摛藻堂四庫全書薈要．經部第 14 冊．易類》，總第 15 冊，頁 282。

〔註 54〕〔東漢〕班固撰，〔唐〕顏師古注：〈律曆志第一上〉，《前漢書》，收入《景印摛藻堂四庫全書薈要．史部第 4 冊．正史類》（臺北：世界書局，1988 年），總第 90 冊，卷 21 上，頁 470。

〔註 55〕按《漢書》此句之意，乃指十二律呂相生之法。以數學式表示：上生，即為 $\frac{6\times 2}{9}=\frac{4}{3}$；下生即為 $\frac{6}{9}=\frac{2}{3}$。

〔註 56〕按孟康於《漢書》「夫婦、子母」之注解原文為：「異類為子母，謂黃鐘生林鐘也。同類為夫婦，謂黃鐘以大呂為妻也。」〔東漢〕班固撰，〔唐〕顏師古注：〈律曆志第一上〉，《前漢書》，卷 21 上，頁 471。

蔟，奏也，言陽氣大奏地……位於寅，在正月。夾鐘，言陰夾助大
蔟，宣四方之氣……位於卯，在二月。姑洗，洗絜也，言陽氣洗
物……，位於辰，在三月。中呂言微陰始起，未成著於其中，旅助
姑洗宣氣齊物也，位於巳，在四月。蕤賓，蕤，繼也；賓，導也……
言陽始導陰氣……，位於午，在五月。林鐘，林君也，言陰氣受任，
助蕤賓君主種物……，位於未，在六月。夷則，則，法也，言陽氣
正法度……位於申，在七月。南呂，南任也，言陰氣旅助夷則……，
位於酉，在八月。亡射，射，厭也，言陽氣究物……位於戌，在九
月。應鐘，言陰氣，應亡射該臧萬物……，位於亥，在十月。〔註57〕

《漢書》言黃鐘為陽、為君，大呂為陰、為妻，與黃鐘相合以助之。同理太蔟
得夾鐘相合為妻以宣；姑洗得中呂相合為妻以齊；蕤賓獲林鐘之婦而輔；夷
則得南呂之妻而正；无射獲應鐘之婦而該。

孟康注「同類為夫婦」，舉「黃鐘以大呂為妻」之一隅，藉以闡釋《漢書》
前云「夫婦」對應「律娶妻」之義，而其說，實已賅備上述《漢書》「律呂相
合」之三隅反意旨，即「太蔟以夾鐘為妻」、「姑洗以中呂為妻」、「蕤賓以林
鐘為妻」、「夷則以南呂為妻」、「无射以應鐘為妻」。

孟康注「異類為子母，謂黃鐘生林鐘也。」亦以律生呂、呂生律之一例，
引伸詮解《漢書》「子母」與「呂生子」相應譬喻之義諦。

而《遺論》所述之文，即以孟康之注，搭配西漢‧京房（77～37B.C.）六
十律法相關之說，併為另創律呂相生理論之粉本。

第三節 「陰陽律呂」與《後漢書》、京房六十律之聯繫

《遺論》敘文，沿襲《呂氏春秋》、《淮南子》、《史記》、《漢書》一脈律呂
相生理論，摻入孟康「同類夫婦」注說，結合京房六十律法，以黃鍾為律呂之
本作發端，而提出「陽下生陰，陰上生陽法」〔註58〕惟《遺論》此說，則緣
自《後漢書》所引《律術》之語：

〔註57〕〔東漢〕班固撰，〔唐〕顏師古注：〈律曆志第一上〉，《前漢書》，卷21上，
頁460～461。
〔註58〕〔北宋〕劉牧撰：《遺論九事》，收入《景印摛藻堂四庫全書薈要‧經部第14
冊‧易類》（臺北：世界書局，1988年），總第15冊，頁282。

《律術》曰：陽以圓為形，其性動；陰以方為節，其性靜。動者數三、靜者數二，以陽生陰，倍之，以陰生陽四之，皆三而一。陽生陰曰下生，陰生陽曰上生。〔註59〕

敘文所謂「陽下生陰」、「陰上生陽」，即《律術》所稱「陽生陰曰下生」、「陰生陽曰上生」，其法為下生者，皆三而一，倍之，以數學式表示即「（管律數×1/3）×2＝管律數×2/3」；上生者，皆三而一，四之，以數學式顯示為「（管律數×1/3）×4＝管律數×4/3」。律為陽，呂為陰，陽生陰，表律下生呂；陰生陽，為呂上生律。

　　《遺論》據此而提《晉書》所載京房六十律法之說，以相應其律呂理論之陳述，其謂：

《晉書》云：漢京房，知六律五音之數，六十律相生之法。以上生下，皆三生二；以下生上，皆三生四，陽下生陰，陰上生陽，終於仲呂而十二管畢矣。仲呂上生執始，執始下生去滅，上、下相生，終於南事，六十律畢矣。夫十二律之變至於六十，八卦之為六十四也。〔註60〕

述文所引《晉書》之言，實乃承襲《後漢書》所載〔註61〕，然《後漢書》輯錄之內容，則又摘自司馬彪之〈志序〉：

元帝時，郎中京房，知五聲之音、六律之數。……六十律相生之法，以上生下，皆三生二，以下生上，皆三生四，陽下生陰，陰上生陽，始于黃鐘，終于中呂而十二律畢矣。中呂上生執始，執始下生去滅，上下相生，終于南事，六十律畢矣。夫十二律之變至于六十，猶八卦之變至于六十四也。〔註62〕

<hr />

〔註59〕〔南朝・宋〕范蔚宗撰，〔唐〕李賢注，〔南朝・梁〕劉昭補志並注：〈律曆志第一・律曆志〉，《後漢書》，收入《景印摛藻堂四庫全書薈要・史部第7冊・正史類》（臺北：世界書局，1988年），總第93冊，卷11，頁215～216。

〔註60〕〔北宋〕劉牧撰：《遺論九事》，頁282。

〔註61〕按《後漢書》此段原文：「元帝時，郎中京房，房字君明，知五聲之音，六律之數……。六十律相生之法。以上生下，皆三生二；以下生上，皆三生四，陽下生陰，陰上生陽，終於中呂而十二律畢矣。中呂上生執始，執始下生去滅，上、下相生，終於南事，六十律畢矣。夫十二律之變至於六十，猶八卦之變至於六十四也。」〔南朝・宋〕范蔚宗撰，〔唐〕李賢注，〔南朝・梁〕劉昭補志並注：〈律曆志第一・律曆志〉，《後漢書》，卷11，頁215。

〔註62〕〔北周〕甄鸞撰，〔唐〕李淳風注：《五經算術》，收入《景印文淵閣四庫全書・子部103・天文算法類》（臺北：臺灣商務印書館，1985年），第797冊，卷下，頁211。

《晉書》、《後漢書》與〈志序〉最大區別，在於前二者，並無「始于黃鍾」句。〔註63〕內容在於說明西漢京房六十律相生之法，前十二律呂相生，亦同《呂氏春秋》、《淮南子》、《史記》、《漢書》所言之法，以上生下，皆三生二（2/3），以下生上，皆三生四（4/3），陽下生陰，陰上生陽，自黃鍾始，終於中呂而十二律相生畢矣。再由中呂依三生四，上生執始，執始依三生二，下生去滅，上、下相生，至南事而六十律完成。

　　《遺論》所述，既舉京房六十律，以映襯其十二律呂之說，惟其相悖之率，與京房六十律之干係，尚須就京房六十律法，加以剖析，方可進一步比較。司馬彪〈志序〉敘有京房六十律相關之說：

> 宓犧作《易》，紀陽氣之初，以為律法。建日冬至之聲，以黃鍾為宮，太蔟為商，姑洗為角，林鍾為徵，南呂為羽，應鍾為變宮，蕤賓為變徵，此聲氣之元，五音之正也，故各統一月。〔註64〕其餘以次運行當月者，各自為宮，而商、徵以類從焉。〈禮運篇〉曰：「五聲六律十二管，還相為宮」，此之謂也。以六十律，分朞之日，黃鍾自冬至始。〔註65〕

其謂宓犧作《易》，以子月地雷〈復〉卦䷗，冬至一陽初生為律法基準，〔註66〕對應子月之聲律為黃鍾。以黃鍾為宮，上、下相生，而得太蔟為商，姑洗為角，林鍾為徵，南呂為羽，應鍾為變宮，蕤賓為變徵。黃鍾為聲氣之元，宮、商、角、徵、羽為五音之正聲，而相生所得十二律呂，依次分配各統一月。此十二律呂和其餘諸律，共計六十律，於該律當月運行之時，皆如《禮記·禮運

〔註63〕按唐·李淳風（602～670）注云：「《後漢書》今本及見于《禮記》疏者，皆無『始于黃鍾』四字，此所引乃全文，可補二書脫誤。」是以筆者採司馬彪之文以論。〔北周〕甄鸞撰，〔唐〕李淳風注：《五經算術》，收入《景印文淵閣四庫全書·子部103·天文算法類》，第797冊，卷下，頁211。

〔註64〕按唐·李淳風注曰：「《後漢書》今本，訛作各『終一日』，下『當月』者，訛作『當日』者。攷《律法》：『十二律分十二月，各自為宮，而商、徵以類從。』是一律統一月也。《禮記》疏引作『各統一日』，下仍作『當月』者。惟此所引，無舛誤，可據以訂正二書。」故本章採司馬彪所述為是。〔北周〕甄鸞撰，〔唐〕李淳風注：《五經算術》，卷下，頁212。

〔註65〕〔北周〕甄鸞撰，〔唐〕李淳風注：《五經算術》，卷下，頁211～212。

〔註66〕按北宋·陳皐（？）云：「聖人擬議通變，必推測陰陽，周一歲則功乃成，是以據一歲運行之氣而作《易》也。自冬至一陽生為〈復〉䷗……」〔南宋〕李衡刪增：〈雜論·象歲功〉，《周易義海撮要》，收入《景印摛藻堂四庫全書薈要·經部第3冊·易類》（臺北：世界書局，1988年），總第4冊，卷12，頁349。

篇》所云：「五聲六律十二管，還相為宮」之般，輪流每律各自為宮，且以徵、
商相生為循環單元。並以六十律分配一年之日，自冬至日對應之黃鍾開始。

　　簡言之，京房六十律相生法，依然自黃鍾始，各律輪流為宮，再依宮→
徵→商，上、下相生之方式進行。《後漢書》輯有京房六十律相生之法，依十
二律管，逐一分類，擇要如下〔註67〕：

　　黃鍾律呂之首，而生十二律者也。其相生也，皆三分而損、益之⋯⋯
　　又以二乘而三約之，是為下生林鍾⋯⋯，又以四乘而三約之，是為
　　上生太蔟⋯⋯，推此上、下以定六十律⋯⋯，律為寸⋯⋯，不盈者
　　十之所得為分，又不盈十之所得為小分，以其餘，正其強弱。子黃
　　鍾⋯⋯下生林鍾，黃鍾為宮，太蔟商，林鍾徵，一日，律九寸⋯⋯。
　　色育⋯⋯下生謙待，色育為宮，未知商，謙待徵，六日，律八寸九
　　分小分八，微強⋯⋯。執始⋯⋯下生去滅，執始為宮，時息商，去
　　滅徵，六日，律八寸八分小分七，大強⋯⋯。丙盛⋯⋯下生安度，
　　丙盛為宮，屈齊商，安度徵，六日，律八寸七分小分六，微弱⋯⋯。
　　分動⋯⋯下生歸嘉，分動為宮，隨期商，歸嘉徵，六日，律八寸六
　　分小分四，強⋯⋯。質未〔註68〕⋯⋯下生否與，質未為宮，形晉
　　商，否與徵，六日，律八寸五分小分二，強⋯⋯。丑大呂⋯⋯下生
　　夷則，大呂為宮，夾鍾商，夷則徵，八日，律八寸四分小分三，
　　弱⋯⋯。分否⋯⋯下生解形，分否為宮，開時商，解形徵，八日，
　　律八寸三分小分一，強⋯⋯。凌陰⋯⋯下生去南，凌陰為宮，族嘉
　　商，去南徵，八日，律八寸二分小分一，弱⋯⋯。少出⋯⋯下生分
　　積，少出為宮，爭南商，分積徵，六日，律八寸小分九，強⋯⋯。

〔註67〕按因原文冗長，為方便閱讀，筆者參考《五經算術》標註方式，添加標註十
　　　　二辰，置於十二律呂之前，以利了解每辰對應之律。〔北周〕甄鸞撰，〔唐〕
　　　　李淳風注：《五經算術》，收入《景印文淵閣四庫全書・子部 103・天文算法
　　　　類》（臺北：臺灣商務印書館，1985 年），第 797 冊，卷下，頁 213～216。
〔註68〕按北周・甄鸞於《五經算術》前後計兩次，皆標寫「質『未』」。〔北周〕甄鸞
　　　　撰，〔唐〕李淳風注：《五經算術》，卷下，頁 213，215。唐・孔穎達疏解，計
　　　　三次則皆標記「質『未』」。〔東漢〕鄭玄注，〔唐〕陸德明音義，孔穎達疏：
　　　　〈禮運〉，《禮記注疏》，收入《景印摛藻堂四庫全書薈要・經部第 50 冊・禮
　　　　類》（臺北：世界書局，1988 年），總第 51 冊，卷 22，頁 498、499。而《後
　　　　漢書》此載「質『未』」，後「物應⋯⋯上生質『未』」，則標「質『未』」，而
　　　　「期保為宮，質『未』為商」處，又記為「質『未』」，為統一計，筆者將其一
　　　　致，皆以「質未」為記。

⑲太蔟……下生南呂，太蔟為宮，姑洗商，南呂徵，一日，律八寸……。未知……下生白呂，未知為宮，南授商，白呂徵，六日，律七寸九分小分八，強……。時息……下生結躬，時息為宮，變虞商，結躬徵，六日，律七寸八分小分九少，強……。屈齊……下生歸期，屈齊為宮，路時商，歸期徵，六日，律七寸七分小分九，弱……。隨期……下生未卯，隨期為宮，形始商，未卯徵，六日，律七寸六分小分八，強……。形晉……下生夷汗，形晉為宮，依行商，夷汗徵，六日，律七寸五分小分八，弱……。⑳夾鍾……下生無射，夾鍾為宮，中呂商，無射徵，六日，律七寸四分小分九強……。開時……下生閉掩，開時為宮，南中商，閉掩徵，八日，律七寸三分小分九，微弱……。族嘉……下生鄰齊，族嘉為宮，內負商，鄰齊徵，八日，律七寸二分小分九，微強……。爭南……下生期保，爭南為宮，物應商，期保徵，八日，律七寸一分小分九，強……。㉑姑洗……下生應鍾，姑洗為宮，蕤賓商，應鍾徵，一日，律七寸一分小分一，微強……。南授……下生分鳥，南授為宮，南事商，分鳥徵，六日，律七寸小分九，大強……。變虞……下生遲內，變虞為宮，盛變商，遲內徵，六日，律七寸小分一，半強……。路時……下生未育，路時為宮，離宮商，未育徵，六日，律六寸九分小分二，微強……。形始……下生遲時，形始為宮，制時商，遲時徵，五日，律六寸八分小分三，弱……。依行……上生色育，依行為宮，謙待商，色育徵，七日，律六寸七分小分三，大強……。㉒中呂……上生執始，中呂為宮，去滅商，執始徵，八日，律六寸六分小分六，弱……。南中……上生丙盛，南中為宮，安度商，丙盛徵，七日，律六寸五分小分七，微弱……。內負……上生分動，內負為宮，歸嘉商，分動徵，八日，律六寸四分小分八，強……。物應……上生質未〔註69〕，物應為宮，否與商，質未徵，七日，律六寸三分小分九，強……。㉓蕤賓……上生大呂，蕤賓為宮，夷則商，大呂徵，一日，律六寸三分小分二，微強……。南事……下生南事，窮，無商、徵，不為宮，七日，律六寸三分小分一，弱……。盛變……上生分否，盛變為宮，解形商，分否徵，七日，律六寸二分小分三，

〔註69〕原文標寫「質末」，為求前後一致，皆以「質未」表示。詳參註66。

大強……。離宮……上生凌陰，離宮為宮，去南商，凌陰徵，七日，
律六寸一分小分五，微強……。制時……上生少出，制時為宮，分
積商，少出徵，八日，律六寸小分七，弱……。㊍林鍾……上生太
蔟，林鍾為宮，南呂商，太蔟徵，一日，律六寸……。謙待……上
生未知，謙待為宮，白呂商，未知徵，五日，律五寸九分小分九，
弱……。去滅……上生時息，去滅為宮，結躬商，時息徵，七日，
律五寸九分小分二，弱……。安度……上生屈齊，安度為宮，歸期
商，屈齊徵，六日，律五寸八分小分四，弱……。歸嘉……上生隨
期，歸嘉為宮，未卯商，隨期徵，六日，律五寸七分小分六，微
強……。否與……上生形晉，否與為宮，夷汗商，形晉徵，五日，
律五寸六分小分八，強……。㊛夷則……上生夾鍾，夷則為宮，無
射商，夾鍾徵，八日，律五寸六分小分二，弱……。解形……上生
開時，解形為宮，閉掩商，開時徵，八日，律五寸五分小分四，
強……。去南……上生族嘉，去南為宮，鄰齊商，族嘉徵，八日，
律五寸四分小分六，大強……。分積……上生爭南，分積為宮，期
保商，爭南徵，七日，律五寸三分小分九，半強……。㊌南呂……
上生姑洗，南呂為宮，應鍾商，姑洗徵，一日，律五寸三分小分三，
強……。白呂……上生南授，白呂為宮，分烏商，南授徵，五日，
律五寸三分小分二，強……。結躬……上生變虞，結躬為宮，遲內
商，變虞徵，六日，律五寸二分小分六，少強……。歸期……上生
路時，歸期為宮，未育商，路時徵，六日，律五寸一分小分九，微
強……。未卯……上生形始，未卯為宮，遲時商，形始徵，六日，
律五寸一分小分二，微強……。夷汗……上生依行，夷汗為宮，色
育商，依行徵，七日，律五寸小分五，強……。㊏無射……上生中
呂，無射為宮，執始商，中呂徵，八日，律四寸九分小分九，強……。
閉掩……上生南中，閉掩為宮，丙盛商，南中徵，八日，律四寸九
分小分三，弱……。鄰齊……上生內負，鄰齊為宮，分動商，內負
徵，七日，律四寸八分小分六，微強……。期保……上生物應，期
保為宮，質未商，物應徵，八日，律四寸七分小分九，微強……。
㊉應鍾……上生蕤賓，應鍾為宮，大呂商，蕤賓徵，一日，律四寸
七分小分四，微強……。分烏……上生南事，分烏窮，次無徵，不

為宮，七日，律四寸七分小分三，微強……。遲內……上生盛變，
遲內為宮，分否商，盛變徵，八日，律四寸六分小分八，弱……。
未育……，上生離宮，未育為宮，凌陰商，離宮徵，八日，律四寸
六分小分一，少強……。遲時……上生制時，遲時為宮，少出商，
制時徵，六日，律四寸五分小分五，強。〔註70〕

京房六十律，以十二律呂，對應十二月，各月皆有所屬律管，且各月彼此相
關之律，又以宮→徵→商為單元，上、下相生連繫，構成六十律流程。每月所
含各律皆配有日數，每月之日數，亦由該月各律日數合計，如此則形成期年
之總日數。每月分配之律管，孔穎達則引京房《易》，加以解釋：

> 京房《易》云：十二律得位者生五子，失位者生三子，不失不得生
> 四子。五律得位，各生五子，謂黃鐘、大蔟、姑洗、林鐘、南呂也。
> 五、五，二十五，并本五，凡三十也。失位者生三子，亦五律，謂
> 大呂、夾鐘、中呂、夷則、無射，三、五，十五，并本五，凡二十。
> 二十就三十，合成五十也。不得不失者生四子，謂蕤賓、應鐘也。
> 二、四為八，并本二為十也。十就五十，合為六十也。〔註71〕

京房言十二律呂，有五律得位，各生五子，計黃鐘、大蔟、姑洗、林鐘、南呂
五律得位，五、五，二十五，加上得位五律，$25＋5＝30$，則得三十律。失位
者各生三子，計大呂、夾鐘、中呂、夷則、無射五律失位，三、五，十五，加
失位五律，$15＋5＝20$，得二十律。不得不失位者，各生四子，計蕤賓、應鐘
兩律，二、四，八，加不得不失位二律，$8＋2＝10$，得十律，三十、二十、十
律，$30＋20＋10＝60$，總計六十律。

何謂得位、失位、不得不失位，以及各律如何「分菁之日」，孔穎達亦有
詳疏，其云：

> 言其得位者，謂以陽居陽，以陰居陰，失位者，謂以陽居陰，以陰
> 居陽。不失不得者，處陰陽交際之間也。又黃鐘、大蔟等七律各統
> 一日，自為宮，其餘五十三律，隨所生，日六、七等，為其日之宮，

〔註70〕〔南朝・宋〕范蔚宗撰，〔唐〕李賢注，〔南朝・梁〕劉昭補志並注：〈律曆志
　　　　第一・律曆志〉，《後漢書》，收入《景印摛藻堂四庫全書薈要・史部第 7 冊・
　　　　正史類》（臺北：世界書局，1988 年），總第 93 冊，卷 11，頁 216～224。
〔註71〕〔東漢〕鄭康成注，〔唐〕陸德明音義，孔穎達正義：〈禮運〉，《禮記注疏》，
　　　　收入《景印摛藻堂四庫全書薈要・經部第 50 冊・禮類》，總第 51 冊，卷 22，
　　　　頁 499。

則周一期日數，如京房所述。〔註72〕

孔穎達解釋十二律呂中，所謂「得位」者，為陽居陽，陰居陰，亦即符合陽律下生陰呂，陰呂上生陽律者皆屬得位。如黃鍾陽律，下生林鍾陰呂，林鍾陰呂上生太蔟陽律，太蔟陽律下生南呂陰呂，南呂陰呂上生姑洗陽律，是以黃鍾、林鍾、太蔟、南呂、姑洗五律皆為得位。

所謂「失位」者，為陽居陰，陰居陽，其意為違反陽律下生陰呂，陰呂上生陽律者。如蕤賓陽律上生大呂陰呂，大呂為陰居陽位。大呂陰呂下生夷則陽律，夷則為陽居陰位。夷則陽律上生夾鍾陰呂，夾鍾為陰居陽位。夾鍾陰呂下生無射陽律，無射為陽居陰位。無射陽律上生陰呂仲呂，仲呂為陰居陽位。是以大呂、夷則、夾鍾、無射、仲呂五律為失位。

「不失不得位」，為處陰陽交際之間，計有蕤賓、應鍾二者。蕤賓陽律，得應鍾陰呂上生，而蕤賓又行陰上生陽之事，而上生大呂陰呂，故蕤賓處於既是陽又是陰之際。應鍾陰呂，得陽律姑洗下生，而應鍾又行陰上生陽之事，而以陰呂上生陽律蕤賓，是以應鍾亦處於陰陽交際之間。

孔穎達說明京房六十律，分配期年日法，計有得位五律及不失不得位二律，共七律，各統一日，餘五十三律，皆隨其所生律之所統日數，各有六、七不等，且各律相互為宮。

據《後漢書》所載，配合孔穎達、京房《易》之述，將六十律自黃鍾始，十二律呂還相為宮至中呂；再自中呂為宮，上生執始（徵），依序各律相互為宮，迄分烏上生南事止，依次相生程序及所統日數整理成四個部分：
一、黃鍾（宮，一日）下生林鍾（徵，一日）上生太蔟（商，一日）（宮）下生南呂（徵，一日）上生姑洗（商，一日）（宮）下生應鍾（徵，一日）上生蕤賓（商，一日）（宮）上生大呂（徵，八日）下生夷則（商，八日）（宮）上生夾鍾（徵，六日）下生無射（商，八日）（宮）上生中呂（徵，八日）下生執始（商，六日）
二、林鍾（宮，一日）上生太蔟（徵，一日）下生南呂（商，一日）（宮）上生姑洗（徵，一日）下生應鍾（商，一日）（宮）上生蕤賓（徵，一日）上生大呂（商，八日）（宮）下生夷則（徵，八日）上生夾鍾（商，六日）（宮）下

〔註72〕〔東漢〕鄭康成注，〔唐〕陸德明音義，孔穎達正義：〈禮運〉，《禮記注疏》，收入《景印摛藻堂四庫全書薈要・經部第 50 冊・禮類》，總第 51 冊，卷 22，頁 499～500。

生無射（徵，八日）上生中呂（商，八日）（宮）上生執始（徵）下生去滅（商）

三、中呂（宮）上生執始（徵）下生去滅（商）（宮）上生時息（徵）下生結躬（商）（宮）上生變虞（徵）下生遲內（商）（宮）上生盛變（徵）下生分否（商）（宮）下生解形（徵）上生開時（商）（宮）下生閉掩（徵）上生南中（商）（宮）上生丙盛（徵）下生安度（商）（宮）上生屈齊（徵）下生歸期（商）（宮）上生路時（徵）下生未育（商）（宮）上生離宮（徵）下生凌陰（商）（宮）下生去南（徵）上生族嘉（商）（宮）下生鄰齊（徵）上生內負（商）（宮）上生分動（徵）下生歸嘉（商）（宮）上生隨期（徵）下生未卯（商）（宮）上生形始（徵）下生遲時（商）（宮）上生制時（徵）下生少出（商）（宮）下生分積（徵）上生爭南（商）（宮）下生期保（徵）上生物應（商）（宮）上生質未（徵）下生否與（商）（宮）上生形晉（徵）下生夷汗（商）（宮）上生依行（徵）下生色育（商）（宮）下生謙待（徵）上生未知（商）（宮）下生白呂（徵）上生南授（商）（宮）下生分烏（徵）上生南事（商）

四、執始（宮）下生去滅（徵）上生時息（商）（宮）下生結躬（徵）上生變虞（商）（宮）下生遲內（徵）上生盛變（商）（宮）上生分否（徵）下生解形（商）（宮）上生開時（徵）下生閉掩（商）（宮）上生南中（徵）下生丙盛（商）（宮）下生安度（徵）上生屈齊（商）（宮）下生歸期（徵）上生路時（商）（宮）下生未育（徵）上生離宮（商）（宮）上生凌陰（徵）下生去南（商）（宮）上生族嘉（徵）下生鄰齊（商）（宮）上生內負（徵）下生分動（商）（宮）下生歸嘉（徵）上生隨期（商）（宮）下生未卯（徵）上生形始（商）（宮）下生遲時（徵）上生制時（商）（宮）上生少出（徵）下生分積（商）（宮）上生爭南（徵）下生期保（商）（宮）上生物應（徵）下生質未（商）（宮）下生否與（徵）上生形晉（商）（宮）下生夷汗（徵）上生依行（商）（宮）上生色育（徵）下生謙待（商）（宮）上生未知（徵）下生白呂（商）（宮）上生南授（徵）下生分烏（商）（不為宮）上生南事

　　根據《禮記・禮運》「還相為宮」理論，各律相互為宮過程，由於律數不變，其與他律上生、下生聯繫之間，不應有所衝突，然整理後，發現以下問題：

（一）中呂（徵）「下生」執始（商）與中呂（宮）「上生」執始（徵）

（二）盛變（徵）「下生」分否（商）與盛變（宮）「上生」分否（徵）

（三）南中（宮）「上生」丙盛（徵）與南中（徵）「下生」丙盛（商）

（四）離宮（徵）「下生」凌陰（商）與離宮（宮）「上生」凌陰（徵）

（五）內負（宮）「上生」分動（徵）與內負（徵）「下生」分動（商）

（六）制時（徵）「下生」少出（商）與制時（宮）「上生」少出（徵）

（七）物應（宮）「上生」質未（徵）與物應（徵）「下生」質未（商）

（八）依行（徵）「下生」色育（商）與依行（宮）「上生」色育（徵）

　　對此產生「上生」、「下生」矛盾之八組律，甄鸞曾以「色育」為例，提出批評，其云：

> 按司馬彪〈志序〉云：「上生不得過黃鍾之濁，下生不得不及黃鍾之清，是則上生不得過九寸，下生不得減四寸五分。」且依行者，辰上之管也，長六寸七分，上生色育，然則色育者，酉[註73]上之管也，長四寸四分，減黃鍾之清，其名仍就下生之名，其算，變取上生之實，實乃越酉就子，編于黃鍾之下，律長八寸九分，非直名與實乖，抑亦違例。[註74]

依行屬辰上之管，為姑洗所生五子之一，其律長六寸七分小分三，大強，為宮，「上生」色育（徵）下生謙待（商），則色育律長當為八寸九分小分八（≒8.978），然色育本為酉上之管，夷汗為宮，上生依行（徵），下生色育（商），夷汗律長四寸九分小分九，強，上生依行六寸七分小分三，大強，下生色育則為四寸四分小分八，大強（≒4.486），依司馬彪〈志序〉，下生不得減四寸五分（4.5）黃鍾清宮之律，而此時下生色育律長（≒4.486）小於黃鍾清宮（4.5），而上生律長（≒8.978），不過黃鍾之濁十八寸（18），是以雖謂「下生」之名，實際乃以「上生」計算，甄鸞稱此為「越酉就子」，將色育編於黃鍾之下，律長則以上生尺寸八寸九分為準。惟甄鸞詆此作法，非但上、下相生之名與實際不符，而且違反常例。

　　然實際在論六十律法之時，則在符合宮「上生」徵，徵「下生」商之「宮→徵→商」條件下，猶然以依行「上生」色育記之。

　　同理於色育例，則執始本為戌管，無射（宮）律四寸九分小分九，上生

〔註73〕按原文「色育者，亥上之管」有誤，恐甄鸞將酉月之「色育」，錯識為亥月之「未育」，據註68，〈後漢志〉六十律原文改。

〔註74〕〔北周〕甄鸞撰，〔唐〕李淳風注：《五經算術》，收入《景印文淵閣四庫全書·子部103·天文算法類》（臺北：臺灣商務印書館，1985年），第797冊，卷下，頁217。

中呂（徵）下生執始（商），執始律四寸四分小分三，半強（≒4.435），小於黃鍾清宮四寸五分（4.5），巳管，中呂（宮）律六寸六分小分六，弱，上生執始（徵），執始律八寸八分小分七，大強（≒8.88），上生未過黃鍾之濁（18寸），是以將之編於黃鍾之下，在符合「宮→徵→商」條件，以中呂「上生」執始記之。

分否，亥上之管，遲內（宮）四寸六分小分八，弱，上生盛變（徵）下生分否（商），分否律四寸一分小分六（≒4.16），小於黃鍾清宮（4.5）。盛變午上之管，蕤賓四子之一，律長六寸二分小分三，大強，上生分否（徵），分否律長八寸三分小分一，強（≒8.31），上生未過黃鍾之濁（18寸），故將之編於大呂之下，在符合「宮→徵→商」條件，以盛變上生分否記之。

丙盛，戌上之管，閉掩（宮）為無射三子之一，律長四寸九分小分三，弱，上生南中（徵）下生丙盛（商），丙盛律長四寸三分小分八，少強（≒4.382）小於黃鍾清宮（4.5寸）。南中（宮）為中呂三子之一，律長六寸五分小分七，微弱，上生丙盛（徵），丙盛律長八寸七分小分六，微弱，小於黃鍾濁宮（18寸），故將丙盛編於黃鍾之下，在符合「宮→徵→商」條件，以南中上生丙盛記之。

凌陰，亥上之管，未育（宮）為應鍾四子之一，律長四寸六分小分一，少強，上生離宮（徵）下生凌陰（商），凌陰律長四寸小分9，大強（≒4.0977），小於黃鍾清宮（4.5寸）。離宮（宮）為蕤賓四子之一，律長六寸一分小分五，微強，上生凌陰（徵），凌陰律長八寸二分小分一，弱（≒8.21），不過於黃鍾濁宮（18寸），故將之編於大呂之下，在符合「宮→徵→商」條件，以離宮上生凌陰記之。

分動，戌上之管，鄰齊（宮）為無射三子之一，律長四寸八分小分六，微強，上生內負（徵），下生分動（商），分動律長四寸三分小分二（≒4.32），小於黃鍾清宮（4.5寸）。內負（宮）為中呂三子之一，律長六寸四分小分八，強，上生分動，分動律長八寸六分小分四，強（≒8.64），不過於黃鍾濁宮（18寸），故將之編於黃鍾之下，在符合「宮→徵→商」條件，以內負上生分動記之。

少出，亥上之管，遲時（宮）應鍾四子之一，律長四寸五分小分五，強，上生制時（徵），下生少出（商），少出律長四寸小分四，少強（≒4.044），小於黃鍾清宮（4.5寸）。制時（宮），蕤賓四子之一，律長六寸小分七，弱，上

生少出（徵），少出，律長八寸小分九，強（≒8.093），不過於黃鍾濁宮（18寸），故將之編於大呂之下，在符合「宮→徵→商」條件，以制時上生少出記之。

　　質未，戌上之管，期保（宮）為無射三子之一，律長四寸七分小分九，微強，上生物應（徵），下生質未（商），質未律長四寸二分小分五，強（≒4.257），小於黃鍾清宮（4.5寸）。物應（宮）為中呂三子之一，律長六寸三分小分九，強，上生質未（徵），質未律長八寸五分小分二，強，不過於黃鍾濁宮（18寸），故將之編於黃鍾之下，在符合「宮→徵→商」條件，以物應上生質未記之。

　　八組「上」、「下」相生問題處理後，依宮上生徵下生商之規律，自黃鍾為宮始，至南事（商）止，重新整理簡化京房六十律相生程序則為：
黃鍾（宮，一日）下生林鍾（徵，一日）上生太蔟（商，一日）（宮）下生南呂（徵，一日）上生姑洗（商，一日）（宮）下生應鍾（徵，一日）上生蕤賓（商，一日）（宮）上生大呂（徵，八日）下生夷則（商，八日）（宮）上生夾鍾（徵，六日）下生無射（商，八日）（宮）上生中呂（宮，八日）上生執始（徵，六日）下生去滅（商，七日）（宮）上生時息（徵，六日）下生結躬（商，六日）（宮）上生變虞（徵，六日）下生遲內（商，八日）（宮）上生盛變（徵，七日）上生分否（商，八日）（宮）下生解形（徵，八日）上生開時（商，八日）（宮）下生閉掩（徵，八日）上生南中（商，七日）（宮）上生丙盛（徵，六日）下生安度（商，六日）（宮）上生屈齊（徵，六日）下生歸期（商，六日）（宮）上生路時（徵，六日）下生未育（商，八日）（宮）上生離宮（徵，七日）上生凌陰（商，八日）（宮）下生去南（徵，八日）上生族嘉（商，八日）（宮）下生鄰齊（徵，七日）上生內負（商，八日）（宮）上生分動（徵，六日）下生歸嘉（商，六日）（宮）上生隨期（徵，六日）下生未卯（商，六日）（宮）上生形始（徵，五日）下生遲時（商，六日）（宮）上生制時（徵，八日）上生少出（商，六日）（宮）下生分積（徵，七日）上生爭南（商，八日）（宮）下生期保（徵，八日）上生物應（商，七日）（宮）上生質未（徵，六日）下生否與（商，五日）（宮）上生形晉（徵，六日）下生夷汗（商，七日）（宮）上生依行（徵，七日）上生色育（商，六日）（宮）下生謙待（徵，五日）上生未知（商，六日）（宮）下生白呂（徵，五日）上生南授（商，六日）（宮）下生分烏（徵，七日）上生南事（商，七日）

　　再將各律分配日數加以統計得：三百六十有六日，正合一年三百六十五

又四分之一日之整數。〔註75〕《遺論》載有第二張「陰陽律呂圖」，原圖如下：

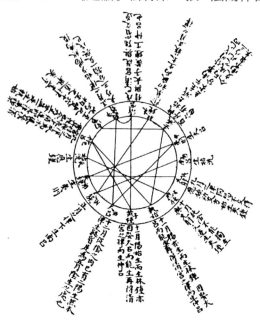

圖 6-3-1 第二張「陰陽律呂圖」〔註76〕

其於圖上「去滅」律下即言：

> 執始、去滅至於南事，皆因戊己四序有□去零，分而成之，此乃三
>
> 百六旬有六日，今變南事畢矣。〔註77〕

將《遺論》所稱「三百六旬有六日」及「今變南事畢矣」之語，對照該圖「南事」律下所記：「至此變，六十律盡于此，而相生之道畢矣」〔註78〕之句，則可了解，《遺論》概指六十律相生至南事結束，涵蓋周年三百六十有六日之意。而此期年之數與相生完結於南事，又與京房六十律所云相契，且《遺論》於「執始」律注稱：

〔註75〕按唐・李鼎祚（？）云：「《易》軌一歲，十二月，三百六十五日四分日之一。」
〔唐〕李鼎祚撰：《周易集解》，收入《景印文淵閣四庫全書・經部1，易類》（臺北：臺灣商務印書館，1983 年），第 7 冊，卷 6，頁 692。

〔註76〕〔北宋〕劉牧撰：《遺論九事》，收入《景印摛藻堂四庫全書薈要・經部第 14 冊・易類》（臺北：世界書局，1988 年），總第 15 冊，頁 282。

〔註77〕按劉牧原圖散佚數字，此引文以原圖可識者為主，佚字則參考明・章潢《圖書編》所錄《遺論九事》之「陰陽律呂圖」文字，惟尚有一字，無法辨識。
〔明〕章潢撰：《圖書編》，收入《景印文淵閣四庫全書・子部278・類書類》（臺北：臺灣商務印書館，1985 年），第 972 冊，卷 112，頁 412。

〔註78〕〔北宋〕劉牧撰：《遺論九事》，頁 282。

　　在黃鍾部下，中呂之上生也。今却下生去滅，在林鍾之下，不敢不

　　交於南事，至此而周畢矣。〔註79〕

執始為子管，黃鍾所生五子之一；〔註80〕去滅為未管，林鍾所生五子之一，

〔註81〕《遺論》謂執始在「黃鍾部下」，去滅在「林鍾之下」，皆符京房六十

律說。而「南事」為蕤賓四子之第一子，〔註82〕其於敘文之「南事」目即注

曰：「生蕤賓之傍」〔註83〕，亦與京房六十律相合。

　　窺諸以上各項，可判斷《遺論九事》「陰陽律呂」六十律，乃循京房六十

律法之脈絡而衍，惟其相生之法及相生程序，是否猶如京房之般，尚待分析

比較。

第四節　「陰陽律呂」上、下相生之修正與分析

　　《遺論九事》「陰陽律呂」之說，同然承襲《呂氏春秋》、《淮南子》、《史

記》、《漢書》、京房六十律之論，以黃鍾為律呂之本，而謂：

　　黃鍾九寸，律之本也，三分損一，下生林鍾。互相生，京五月蕤賓交戊己，卻付黃鍾，適生清宮最長之管一尺三寸，乃三分損九寸，餘三分三寸生仲呂。

　大呂 三分七分，乃三分　　太蔟 八寸，道三分損　　夾鍾 四寸二分，乃三分　　姑洗 七寸一分，乃三分　　仲呂
　　十一，上生蕤賓。　　　　　一，下生南呂。　　　　　益一，上生夷則。　　　　損一，下生應鍾。

　交得夫太蔟，常氣三十三　蕤賓 四寸九分，始作少陽，終為後　林鍾 六寸，乃三分益　南呂 五寸三分，乃三分　无射
　分，乃三分益一，生執始。　夫，乃三分損一交得戊己清宮。　　一，下生姑洗。　　　　益一，下生姑洗。

　交得妻應鍾，常氣六十　應鍾 四十七分，乃三分益　執始 在黃鍾部下，中呂之上生也。今却下生去滅　南事 生蕤賓
　三分，三分損一生夾鍾。　一交得夫无射向首唱。　　　　　　，在林鍾之下，不敢不交於南事，至此而周畢矣。　之傍〔註84〕

分析《遺論》注文則有幾處訛誤，必須加以討論修正：

一、「林鍾六寸，三分益一，『下』生姑洗。」此「下」生，依南宋・章如愚

（？）所云：「下生者，謂長管生短管也；所謂上生者，謂短管生長管也。」

〔註79〕〔北宋〕劉牧撰：《遺論九事》，頁283。

〔註80〕〔南朝・宋〕范蔚宗撰，〔唐〕李賢注，〔南朝・梁〕劉昭補志並注：〈律曆志第一・律曆志〉，《後漢書》，收入《景印摛藻堂四庫全書薈要・史部第7冊・正史類》（臺北：世界書局，1988年），總第93冊，卷11，頁216。

〔註81〕〔南朝・宋〕范蔚宗撰，〔唐〕李賢注，〔南朝・梁〕劉昭補志並注：〈律曆志第一・律曆志〉，《後漢書》，收入《景印摛藻堂四庫全書薈要・史部第7冊・正史類》（臺北：世界書局，1988年），總第93冊，卷11，頁221。

〔註82〕〔南朝・宋〕范蔚宗撰，〔唐〕李賢注，〔南朝・梁〕劉昭補志並注：〈律曆志第一・律曆志〉，《後漢書》，收入《景印摛藻堂四庫全書薈要・史部第7冊・正史類》，總第93冊，卷11，頁220。

〔註83〕〔北宋〕劉牧撰：《遺論九事》，收入《景印摛藻堂四庫全書薈要・經部第14冊・易類》（臺北：世界書局，1988年），總第15冊，頁283。

〔註84〕〔北宋〕劉牧撰：《遺論九事》，收入《景印摛藻堂四庫全書薈要・經部第14冊・易類》（臺北：世界書局，1988年），總第15冊，頁282～283。

〔註85〕林鍾六寸，太蔟八寸，顯然為 6 寸×4/3＝8 寸，乃三分益一，為短管生長管，「上」生太蔟。故原文標記「三分益一，『下』生」，據此改為「上」生。

二、「南呂五寸三分，乃三分益一，『下』生姑洗。」南呂五寸三分，姑洗七寸一分，為短管生長管，理當 5.3 寸×4/3≒7.066≒7.1 寸，故此「下」生當改為「上」生。

三、「夷則，五寸六分，乃三分損一，『上』生大呂。」夷則五寸六分，大呂三寸七分，為長管生短管，應是 5.6 寸×2/3≒3.733≒3.7 寸，故此「上」生，修正為「下」生。

四、「蕤賓四寸九分，始作少『陽』，終為後夫」句。南宋・李衡（？）輯錄云：「〈坤〉☷之初六，來居〈乾〉☰之初位，是為〈姤〉☴，此〈坤〉☷之一陰用事，五月卦也。」〔註86〕且《遺論》敘文有稱：「黃鍾自十一月陽氣始生而用事，是為律本也。然五月一陰生，後得清宮還付而收之，方生仲呂耳。」〔註87〕可知蕤賓為五月之律，一陰方生，注文誤植「陽」字，逕改為「陰」。而第二張陰陽律呂圖「蕤賓」律下，錄記：「『正』月之律，始少『陽』，終為後夫，乃三分損一交與戊己。」〔註88〕其「『正』月之律，始少『陽』」之「正」、「陽」二字皆誤，於此一併修正為「五月之律，始少陰」。

五、「互相生，至五月蕤賓交戊己，却付黃鍾，遂生清宮最長之管，一尺『三』寸三分，乃三分損九寸，餘三寸三分生仲呂。」比較第（四）項修改之完整注文：「蕤賓四寸九分，始作少陰，終為後夫，乃三分損一，交與戊己清宮。」其意乃指戊己清宮律長為 4.9 寸×2/3≒3.266≒戊己清宮＝3.3 寸，蕤賓後為夫，交戊己清宮為妻。對照「至五月蕤賓交戊己，却付黃鍾，遂生清宮最長之管」，則為 3.3 寸＋黃鍾 9 寸＝清宮最長之管＝12.3 寸＝一尺二寸三分。而「乃三分損九寸，餘三寸三分生仲呂」句，即一尺二寸三分（12.3 寸）－9 寸

〔註85〕〔南宋〕章如愚撰：〈律歷門・律呂類〉，《羣書考索》，收入《景印文淵閣四庫全書・子部・》（臺北：臺灣商務印書館，），第 936 冊，卷 53，頁 694。

〔註86〕〔南宋〕李衡刪增：〈雜論・六日七分〉，《周易義海撮要》，收入《景印摛藻堂四庫全書薈要・經部第 3 冊・易類》（臺北：世界書局，1988 年），總第 4 冊，卷 12，頁 353。

〔註87〕〔北宋〕劉牧撰：《遺論九事》，收入《景印摛藻堂四庫全書薈要・經部第 14 冊・易類》（臺北：世界書局，1988 年），總第 15 冊，頁 282。

〔註88〕〔北宋〕劉牧撰：《遺論九事》，收入《景印摛藻堂四庫全書薈要・經部第 14 冊・易類》，總第 15 冊，頁 282。

＝仲呂＝3.3 寸。原注文標注一尺「三」寸三分，此「三」寸逕改為「二」寸，而成一尺「二」寸三分。明·章潢（1527〜1608）所載，即已修正記錄為「一尺二寸三分」。〔註89〕

　　修正上述五項錯誤，搭配計算式，整理《遺論》之述及所注各律相生流程為：

黃鍾九寸，三分損一下生林鍾（9 寸×2/3＝6 寸）。林鍾六寸，三分益一，上生太蔟（6 寸×4/3＝8 寸）。太蔟八寸，三分損一，下生南呂（8 寸×2/3≒5.333≒5.3 寸）。南呂五寸三分，三分益一上生姑洗（5.3×4/3＝7.111≒7.1 寸）。姑洗七寸一分，三分損一，下生應鍾（7.1 寸×2/3≒4.733≒4.7 寸）。應鍾四寸七分，三分益一，上生无射（4.7 寸×4/3≒6.266≒6.3 寸）。无射六寸三分，三分損一，下生夾鍾（6.3×2/3≒4.133≒4.2 寸）。夾鍾四寸二分，三分益一，上生夷則（4.2 寸×4/3＝5.6 寸）夷則五寸六分。三分損一，下生大呂（5.6 寸×2/3≒3.733≒3.7 寸）。大呂三寸七分，三分益一，上生蕤賓（3.7 寸×4/3≒4.933≒4.9 寸）。蕤賓四寸九分，三分損一，下生戊己清宮（4.9 寸×2/3≒3.266≒3.3 寸）。戊己清宮却付黃鍾遂生清宮最長之管一尺二寸三分（3.3＋9＝12.3 寸＝1 尺 2 寸 3 分）。黃鍾清宮最長之管一尺二寸三分，三分損九寸，生仲呂（12.3 寸－9 寸＝3.3 寸）。仲呂三寸三分，三分益一，生執始（3.3 寸×4/3＝4.4 寸）。執始四寸四分，三分損一，下生去滅（4.4 寸×2/3≒2.933）。去滅交與南事，至此而周畢矣。

　　《遺論》所稱律呂相生程序，雖採孟康「同類為夫婦」之注且循《呂氏春秋》相生理論及《漢書》「十二律呂，依序陰陽相合」〔註90〕、「自黃鍾始，左旋，八、八為伍」而設，惟比較《遺論》敘文，則發現並非全然沿襲而行，其述如下：

　　　　黃鍾娶大呂生林鍾。太蔟娶仲呂生南呂。林鍾妃蕤賓生太蔟。南呂妃

〔註89〕〔明〕章潢撰：《圖書編》，收入《景印文淵閣四庫全書·子部 278·類書類》（臺北：臺灣商務印書館，1985 年），第 972 冊，卷 112，頁 413。

〔註90〕按《漢書》所言大意為「地支丑大呂，陰助子陽黃鍾；地支卯夾鍾，陰助寅陽太蔟；地支巳中呂陰助辰陽姑洗；地支未林鍾，陰助五月陽蕤賓；地支酉南呂，陰助申陽夷則；地支亥應鍾，陰應戊陽亡射。」參閱〔東漢〕班固撰，〔唐〕顏師古注：〈律曆志第一上〉，《前漢書》，收入《景印摛藻堂四庫全書薈要·史部第 4 冊·正史類》（臺北：世界書局，1988 年），總第 90 冊，卷 21 上，頁 460〜461。

夷則生姑洗。无射交應鍾生夾鍾。夾鍾妃太蔟生夷則。夷則娶南呂生大呂。大呂生蕤賓。蕤賓交與戊己清宮，清宮却付長子也。[註91]

「黃鍾娶大呂生林鍾」，為黃鍾得大呂之妻以下生林鍾，屬陽下生陰；「林鍾妃蕤賓生太蔟」，即林鍾嫁與蕤賓為妻而上生太蔟，為陰上生陽；「南呂妃夷則生姑洗」，謂南呂與夷則為夫婦以上生姑洗，乃陰上生陽。皆符《呂氏春秋》、《漢書》律呂左旋，八、八為伍、孟康同類夫婦之律呂相生法則。

惟「太蔟娶仲呂生南呂」者，太蔟為律，南呂為呂，律生呂，陽生陰為下生，太蔟下生南呂，符合左旋，八、八為伍條件，太蔟倘依《漢書》及孟康之言，理當娶夾鍾以下生南呂，然却與仲呂結合？

又「夾鍾妃太蔟生夷則」，一呂配一律，太蔟既娶仲呂，為何夾鍾又妃嫁於他？太蔟豈能有雙妻？而「夾鍾妃太蔟生夷則」，夾鍾為呂，夷則為律，呂生律為陰生陽，上生，其嫁太蔟為妻，雖與《漢書》、孟康之說相符，然依左旋，八、八為伍，夾鍾應當上生无射，却何以上生夷則？此又與《呂氏》、《漢書》之說相悖。

「无射交應鍾，生夾鍾」，无射為律得應鍾之妻，依左旋，八、八為伍，理應下生仲呂，然却下生夾鍾，何理？相同情況「夷則娶南呂生大呂」，本該下生夾鍾，何故竟然下生大呂？此亦與左旋，八、八為伍相悖，其「大呂生蕤賓」更與十二律呂相生之次，顯然不類。

《遺論》前述各律相生流程，言及「姑洗七寸一分，乃三分損一下生應鍾」，姑洗居辰為陽律，未見予以婚配，而能自生？然《漢書》有曰：「姑洗，洗，絜也。言陽氣洗物辜絜之也。位於辰，在三月。中呂言微陰始起，未成著於其中，旅助姑洗，宣氣齊物也，位於巳，在四月。」[註92]可知中呂乃妃嫁於姑洗；姑洗為夫，中呂為妻；再比較《漢書》另謂：「太蔟，蔟，奏也。言陽氣大奏地而達物也。位於寅，在正月。夾鍾，言陰夾助大蔟，宣四方之氣而出種物也，位於卯。」[註93]則太蔟娶夾鍾，夾鍾妃太蔟，乃天經地義之

〔註91〕〔北宋〕劉牧撰：《遺論九事》，收入《景印摛藻堂四庫全書薈要‧經部第14冊‧易類》（臺北：世界書局，1988年），總第15冊，頁282。

〔註92〕〔東漢〕班固撰，〔唐〕顏師古注：〈律曆志第一上〉，《前漢書》，收入《景印摛藻堂四庫全書薈要‧史部第4冊‧正史類》（臺北：世界書局，1988年），總第90冊，卷21上，頁460～461。

〔註93〕〔東漢〕班固撰，〔唐〕顏師古注：〈律曆志第一上〉，《前漢書》，收入《景印摛藻堂四庫全書薈要‧史部第4冊‧正史類》，總第90冊，卷21上，頁460。

事。若此《遺論》敘文所稱「『太蔟』娶仲呂生南呂」，或應修正為「『姑洗』娶仲呂生南呂」，方符「同類為夫婦」之論，然如此則將形成，姑洗一律雙生應鍾及南呂之矛盾？

　　觀《遺論》所述諸般律呂相生違逆之處，加之「蕤賓交與戊己清宮」、「清宮卻付長子也」之論，則凸顯所陳律呂之說，咸非《呂氏》、《漢書》、孟康之例，皆乃另創律呂相生之法。

　　《遺論》前注「應鍾」稱：「四寸七分，乃三分益一交與夫无射為首唱。」應鍾陰呂居亥，无射陽律居戌，應鍾婚嫁无射，雖符《漢書》、孟康之論，然三分益一，上生无射之法，堪稱歷代僅見，全然不類於《呂氏春秋》、《淮南子》、《史記》、《漢書》十二律呂乃至京房六十律相生之論。

　　《遺論》述文且謂「无射交應鍾生夾鍾」，倘依《呂氏春秋》十二律呂相生及《漢書》「自黃鐘始，而左旋，八、八為伍」之法，无射理應上生仲呂，而所述及整理之律呂相生流程，皆言「无射『下』生夾鍾」，於此則已形成左旋六（右轉八）而生之情形。

　　相同情狀，述文稱「夾鍾妃太蔟生夷則」，倘依「同類為夫婦」而論，二者相配則無誤，然《遺論》於「夾鍾」卻注曰：「夾鍾，三分益一，上生夷則」，此亦為左旋六（右轉八）相生之軌蹟。述文言「夷則娶南呂生大呂」，本應夷則上生夾鍾，惟《遺論》注云：「夷則，三分損一，下生大呂。」則同然為左旋六（右轉八）之例。

　　敘文已稱「黃鍾娶大呂生林鍾」，故「大呂生蕤賓」，則省文「大呂妃嫁黃鍾」之語，若依前述《呂氏》、《漢書》之說，當左旋八而為「蕤賓，三分益一，上生大呂」，今則反由大呂，左旋六（右轉八）而成《遺論》注「大呂」所謂：「三分益一，上生蕤賓」。

　　敘文已言「林鍾妃蕤賓生太蔟」，是以另段「蕤賓交與戊己清宮，清宮卻付長子也」之句，則為「蕤賓娶林鍾生戊己清宮，清宮卻付長子也」之省文。將之對比「蕤賓」律下修正之《遺論》注文：「四寸九分，始作少陰，終為後夫，乃三分損一，交與戊己清宮。」和對照敘文「黃鍾九寸，律之本也，三分損一下生林鍾」條下修正之《遺論》注文：「互相生，至五月蕤賓交戊己，卻付黃鍾，遂生清宮最長之管一尺二寸三分，乃三分損九寸，餘三寸三分生仲呂。」則可清楚勾勒出敘文所述之完整語意，乃蕤賓四寸九分娶林鍾，三分損一，下生戊己清宮（4.9寸×2/3≒3.266≒3.3寸），戊己清宮三

寸三分，後交其夫蕤賓，却與黃鍾九寸合併，而生清宮最長之管十二寸三分＝一尺二寸三分，此最長之管，文中並未命名，而最長之管，未有嫁娶之律呂相配，則又三分損九寸，自生仲呂三寸三分（12.3 寸－9 寸＝3.3 寸），《遺論》亦未稱此「生」為「下生」或何種之「生」，然倘依「長管生短管，謂之下生」而論，則理當以「下生」言之，而「最長之管」，恐已成為戊己清宮與黃鍾之合生。

司馬彪有云京房六十律相生：「上生不得過黃鍾之濁，下生不得不及黃鍾之清。是則上生不得過九寸，下生不得減四寸五分。」沈括則謂：「黃鍾長九寸為正聲，一尺八寸為黃鍾濁宮；四寸五分為黃鍾清宮。倍而長為濁宮，倍而短為清宮，餘律准此。」前已證戊己清宮即乃黃鍾清宮，而敘文所述之戊己清宮律長為三寸三分，已小於黃鍾清宮四寸五分，然不僅戊己清宮減於四寸五分，无射下生夾鍾律長四寸二分，夷則下生大呂三寸七分，清宮最長之管下生仲呂三寸三分，皆不及四寸五分，咸與京房六十律法相悖，且其清宮最長之管，雖不及黃鍾濁宮一尺八寸，惟也超出黃鍾九寸之律，亦與京房六十律法相異，而清宮最長之管未有相配，而能自生仲呂，又與《漢書》、孟康「同類為夫婦」之說不類。

其「无射下生夾鍾」、「夾鍾上生夷則」、「夷則下生大呂」、「大呂上生蕤賓」，皆與《呂氏春秋》、《淮南子》、《漢書》「左旋，八、八為伍」相逆，而成「右轉，八、八為伍」之率，且清宮最長律管之產生與「應鍾上生无射」之說法，則又全然跳脫「左旋」或「右轉」之窠臼，各自形成一格之體系。

重新梳理《遺論》敘文所言十二律呂相生程序，其間加入黃鍾清宮和清宮最長之管，則成：
自黃鍾下生林鍾始，經林鍾上生太蔟，太蔟下生南呂，南呂上生姑洗，至姑洗下生應鍾止，皆以左旋，八、八為伍方式進行。待應鍾上生无射以降，泊无射下生夾鍾，夾鍾上生夷則，夷則下生大呂，迄大呂上生蕤賓，則反以右旋，八、八為伍相生。蕤賓下生戊己清宮，戊己清宮付與黃鍾，上生清宮最長之管，清宮最長之管下生仲呂，則十二律呂相生完成。再由仲呂上生執始，執始下生去滅，去滅交於南事而完成六十律相生程序。

《遺論》敘文所論之律呂相生，除《呂氏春秋》、《淮南子》、《漢書》之運用，尚且融入另類相生之法，其自應鍾上生无射以後之相生，皆乃歷代首

見。惟其左旋，右轉，八、八為伍之法，明·朱載堉（1536～1610）則有提及：

> 凡左旋隔八相生及右旋隔六相生，則以仲呂除之，或以林鍾乘之；
>
> 凡左旋隔六相生及右旋隔八相生，則以林鍾除之，或以仲呂乘之。

〔註94〕

朱氏之說，為另類樂律相生之法。其左旋隔八，實則即為右旋隔六；左旋隔六，則為右旋隔八。此左旋、右旋隔八之樂律相生，朱載堉有其規律，不在本章探討範圍，然此相生之法，確然存在，或許律數計算，各有不同，然可證《遺論》「陰陽律呂」之述，並非空穴而談。明·張介賓（1563～1640）亦引明·鄭世子（？）之言，以論律呂左旋、右轉之真實存在，其云：

> 鄭世子曰：「律呂相生，左旋隔八，則右轉隔六；右轉隔八，則左旋隔六。」何謂左旋隔八，右轉隔六？如黃生林，林生太，太生南，南生姑，姑生應，應生蕤，蕤生大，大生夷，夷生夾，夾生無，無生仲，仲生黃是也。何謂右轉隔八，左旋隔六？如黃生仲，仲生無，無生夾，夾生夷，夷生大，大生蕤，蕤生應，應生姑，姑生南，南生太，太生林，林生黃是也。右轉、左旋，左右逢源，周而復始，循環無端，乃律呂之妙，古人算律，往而不返，但曉左旋不知右轉，此所以未密也。〔註95〕

鄭世子即朱翊鐘（？），其稱律呂相生，左旋隔八，即為十二律呂相生，左旋，八、八為伍之法。左旋隔八相生所得，則為右轉隔六所得之律，是以左旋隔八即如右轉隔六。同理，右轉隔八，即右旋隔八相生所得之律，且與左旋隔六相生一般。張介賓以十二律呂為例說明「左旋隔八，右轉隔六」之法，猶如黃鍾生林鍾，林鍾生太蔟，太蔟生南呂，南呂生姑洗，姑洗生應鍾，應鍾生蕤賓，蕤賓生大呂，大呂生夷則，夷則生夾鍾，夾鍾生無射，無射生仲呂，仲呂生黃鍾。而「右轉隔八，左旋隔六」，則如黃鍾生仲呂，仲呂生無射，無射生夾鍾，夾鍾生夷則，夷則生大呂，大呂生蕤賓，蕤賓生應鍾，應鍾生姑

〔註94〕 〔明〕朱載堉撰：〈算學新說〉，《樂律全書》，收入《景印文淵閣四庫全書·經部208·樂類》（臺北：臺灣商務印書館，1983年），第214冊，卷26，頁73。

〔註95〕 〔明〕張介賓撰：〈隔八隔六相生〉，《類經附翼》，收入《景印文淵閣四庫全書·子部82·醫家類》（臺北：臺灣商務印書館，1985年），第776冊，卷2，頁977。

洗，姑洗生南呂，南呂生太蔟，太蔟生林鍾，林鍾生黃鍾。

張介賓稱左旋、右轉相生之法，如同左右逢源，周而復始，循環往復，毫無終端，此為律呂奧妙所在。張氏更謂古人計算律呂，只知前進而不知回反，但曉左旋之法，不知右轉之道，此乃律呂學術不夠周密之所在。

揆諸朱載堉與張介賓之說，其時律呂左旋、右轉之法已然存在，惟此法，何時所創，抑或無從考證，然劉牧於北宋之初，提出《遺論九事》「陰陽律呂」之律呂左旋與右轉相生運用之陳述，則乃不爭之事實，是以該法於北宋之前恐早已存世，此為張介賓所未覺查者。依《遺論》所載第二張「陰、陽律呂圖」為底本，以箭頭標識其律呂左旋、右轉相生流程，重新繪製：

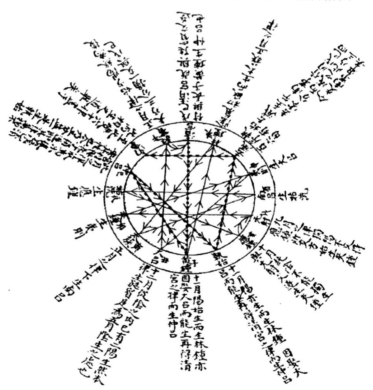

實線箭頭，自黃鍾始，為十二律呂左旋、右轉相生過程；虛線箭頭，由清宮起，顯示戊己清宮，付與黃鍾上生最長之管，經仲呂、執始、去滅、至南事而畢之程序。

《遺論》所列之圖，分配期年三百六十有六日，上、下相生執始、去滅、南事所在，皆與京房六十律法相契，此於前節已有陳論。惟《遺論》述文所稱十二律呂相生步驟，則因加諸「戊己清宮」及「最長清宮之管」，且以「應

鍾上生无射」，作為左旋、右轉，隔八相生之分界，已然不類於京房六十律
之程序。

　　若此，在京房六十律「宮→徵→商」相生流程及各律配日不變之條件下，
將《遺論》所述之法，及其對應之律數套入，依序相生至南事，用以比較各律
之數與京房六十律，二者彼此之差異：

黃鍾（宮，9寸，一日）下生林鍾（徵，6寸，一日）上生太蔟（商，8寸，
一日）（宮）下生南呂（徵，5.3寸，一日）上生姑洗（商，7.1寸，一日）
（宮）下生應鍾（徵，4.7寸，一日）上生无射（商，6.3寸，八日）（宮）
下生夾鍾（徵，4.2寸，六日）上生夷則（商，5.6寸，八日）（宮）下生大
呂（徵，3.7寸，八日）上生蕤賓（商，4.9寸，一日）（宮）下生「戊己清
宮」（徵，3.3寸，？日）上生「清宮最長之管」（商，12.3寸，？日）（宮）
下生仲呂（徵，3.3寸，八日）（宮）上生執始（徵，4.4寸，六日）下生去
滅（商，2.93寸，七日）（宮）上生時息（徵，3.91寸，六日）下生結躬（商，
2.6寸，六日）（宮）上生變虞（徵，3.48寸，六日）下生遲內（商，2.32寸，
八日）（宮）上生盛變（徵，3.1寸，七日）上生分否（商，4.12寸，八日）
（宮）下生解形（徵，2.75寸，八日）上生開時（商，3.66寸，八日）（宮）
下生閉掩（徵，2.44寸，八日）上生南中（商，3.26寸，七日）（宮）上生
丙盛（徵，4.34寸，六日）下生安度（商，2.89寸，六日）（宮）上生屈齊
（徵，3.86寸，六日）下生歸期（商，2.57寸，六日）（宮）上生路時（徵，
3.43寸，六日）下生未育（商，2.29寸，八日）（宮）上生離宮（徵，3.05寸，
七日）上生凌陰（商，4.06寸，八日）（宮）下生去南（徵，2.71寸，八日）
上生族嘉（商，3.61寸，八日）（宮）下生鄰齊（徵，2.41寸，七日）上生
內負（商，3.21寸，八日）（宮）上生分動（徵，4.28寸，六日）下生歸嘉
（商，2.85寸，六日）（宮）上生隨期（徵，3.81寸，六日）下生未卯（商，
2.54寸，六日）（宮）上生形始（徵，3.38寸，五日）下生遲時（商，2.26寸，
六日）（宮）上生制時（徵，3寸，八日）上生少出（商，4寸，六日）（宮）
下生分積（徵，2.67寸，七日）上生爭南（商，3.56寸，八日）（宮）下生
期保（徵，2.38寸，八日）上生物應（商，3.2寸，七日）（宮）上生質末（徵，
4.22寸，六日）下生否與（商，2.82寸，五日）（宮）上生形晉（徵，3.76寸，
六日）下生夷汗（商，2.5寸，七日）（宮）上生依行（徵，3.34寸，七日）

上生色育（商，4.45 寸，六日）（宮）下牛謙待（徵，? 97 寸，五日）上生未知（商，3.96 寸，六日）（宮）下生白呂（徵，2.64 寸，五日）上生南授（商，3.52 寸六日）（宮）下生分烏（徵，2.34 寸，七日）上生南事（商，3.13 寸，七日）

京房六十律，上、下相生所得各律數，均符：「上生不得過九寸，下生不得減四寸五分。」而劉牧六十律之夾鍾、大呂、戊己清宮、仲呂、執始及其以降至南事四十八律，盡皆減於四寸五分，且「清宮最長之管」一尺二寸三分，又過於黃鍾九寸，全然與京房六十律相悖。《隋書》有言京房自中呂再上、下相生四十八律而成六十律之原由：

> 京房又以隔八相生，一始自黃鍾終於中呂，十二律畢矣。中呂上生黃鍾不滿九寸，謂之執始下生去滅，上、下相生，終於南事，更增四十八律，以為六十。其依行在辰上生色育，隔九編於冬至之後。〔註96〕

京房六十律，乃因十二律終於中呂，而中呂六寸六分小分六，弱（$6\frac{12974}{19683}$ 寸），三分益一上生約八寸八分小分七，大強（8.87886 寸），不及黃鍾九寸，是以又自中呂上生執始下生去滅，依次上、下相生，結束於南事，增列四十八律，而成六十律，其目的在於律呂依次相生，終能循環回返黃鍾之律。而京房六十律，上、下相生所得，最接近黃鍾九寸者，即依行所上生之色育八寸九分小分八，微強，而色育本在辰管，因近於黃鍾，故隔九編於子管黃鍾之部。

京房六十律之色育雖與黃鍾尚有約小分二之音差〔註97〕，然《遺論》敘文所述六十律之色育四寸四分小分五（4.45 寸），尚不及於黃鍾清宮四寸五分（4.5 寸），則又談何返還黃鍾之律？

京房六十律之南事「六寸三分小分一，弱」（≒6.31 寸）最近於蕤賓「六寸三分小分二，微強」（≒6.32 寸），故京房將之編於蕤賓之部，為蕤賓四子

〔註96〕〔唐〕魏徵等撰：〈志第十一・和聲〉，《隋書》，收入《景印摛藻堂四庫全書薈要・史部第 23 冊・正史類》，總第 109 冊，卷 16，頁 275～276。

〔註97〕按童忠良云：十二律相生到仲呂再還生的黃鍾（變律黃鍾），其長度為 8.8788 寸，與正律黃鍾 9 寸，差（短）0.1212 寸，即三分損益十二律的旋宮，不能返還黃鍾。變律黃鍾與正律黃鍾這個音差，現在叫作「最大音差」或「古代音差」。童忠良等著《中國傳統樂學》（福州：福建教育出版社，2004 年），頁 40。

之第一子。《遺論》敘文所述六十律之蕤賓四寸九分（4.9 寸），南事三寸一分小分三（3.13 寸），二者律差一寸七分小分七（1.77 寸），則欲仿京房六十律，而注「南事」曰：「生蕤賓之傍」，此說將如何成立？

　　舉一隅而知三隅反，京房六十律，執始八寸八分小分七，大強（≒8.87 寸），為黃鍾九寸（9 寸），五子之第二子，〔註98〕律差約一分小分三（0.13 寸）；去滅五寸九分小分二，弱（≒5.92 寸），為林鍾六寸（6 寸），五子之第二子，〔註99〕律差約小分八（0.08 寸）。今《遺論》敘文所稱六十律之執始四寸四分（4.4 寸）、去滅二寸九分小分三（2.93 寸），前與黃鍾九寸，律差四寸六分（4.6 寸），後與林鍾六寸，律差三寸小分七（3.07 寸），若此欲循京房六十律而於「執始」注稱：「執始在黃鍾部下……下生去滅，在林鍾之下」〔註100〕，又豈能相提而論？

　　《遺論》所陳六十律於南事、執始、去滅之矛盾，亦同然發生在所餘四十五律之中，由此可見，「先儒之所未及」〔註101〕之六十律相生之法，全然不遵京房六十律之律數規範，可謂藉京房六十律相生之基，以就己創之法，惟至終，與十二律之仲呂、京房之色育相比，反更加遠離黃鍾之律，結果已然悖逆，京房六十律創立之初始目的矣。

　　惟《遺論》所述則依然影響南宋・郝大通（1149〜1212）陰陽律呂之說。郝大通承襲敘文之論，繪出「十二律呂之圖」：

〔註98〕〔南朝・宋〕范蔚宗撰，〔唐〕李賢注，〔南朝・梁〕劉昭補志並注：〈律曆志第一・律曆志〉，《後漢書》，收入《景印摛藻堂四庫全書薈要・史部第 7 冊・正史類》，總第 93 冊，卷 11，頁 216。

〔註99〕〔南朝・宋〕范蔚宗撰，〔唐〕李賢注，〔南朝・梁〕劉昭補志並注：〈律曆志第一・律曆志〉，《後漢書》，收入《景印摛藻堂四庫全書薈要・史部第 7 冊・正史類》，總第 93 冊，卷 11，頁 221。

〔註100〕〔北宋〕劉牧撰：《遺論九事》，收入《景印摛藻堂四庫全書薈要・經部第 14 冊・易類》，總第 15 冊，頁 283。

〔註101〕按〔清〕朱彝尊（1629〜1709）稱《遺論九事》為「《周易先儒遺論九事》」。〔清〕朱彝尊撰：〈易十五〉，《經義考》，收入《景印摛藻堂四庫全書薈要・史部第 151 冊・目錄類》（臺北：世界書局，1988 年），總第 237 冊，卷 16，頁 583。而四庫館臣於〈總目提要〉則云：「其《遺論九事》……，九為〈陰陽律呂圖〉，以先儒之所未及，故曰遺論。」〔清〕永瑢等撰：〈經部二・易類二〉，《四庫全書總目提要》，收入王雲五主編《萬有文庫第一集一千種》（上海：商務印書館，1931 年），第 1 冊，卷 2，頁 11。

圖 6-4-1 郝大通「十二律呂之圖」〔註102〕

郝大通將《遺論》第二張「陰陽律呂圖」簡化成上圖；清宮置於林鍾、蕤賓之間，去滅位於夷則、林鍾之內，南事繪於蕤賓之傍，且依圖而謂：

> 夫黃鍾之律，以應十一月用事，則九寸，三分損一而生林鍾，以應六月用事，則三分而益一生太蔟，以應正月用事，則三分損一而生南呂，以應八月用事，則三分益一而生姑洗，以應三月用事，則三分損一而生應鍾，以應十月用事，則三分益一而生無射，以應九月用事，則三分損一而生夾鍾，以應二月用事，則三分益一而生夷則，以應七月用事，則三分損一而生大呂，以應十二月用事，則三分益一而生蕤賓，以應五月用事，則三分損一而生清宮，黃鍾九十分損五十七分而生仲呂，以應四月用事，則生執始，執始生去滅，去滅生南事，凡自黃鍾之節至應鍾而為十二管，其有清宮、執始、去滅、南事以為律管之終，故附之於下。〔註103〕

郝大通僅將《遺論》所陳「陰陽律呂」相生之說彙整，惟並未加以詮釋，且將「清宮最長之管」省略，直云「黃鍾九十分損五十七分而生仲呂」，如此則產

〔註102〕〔南宋〕郝大通撰：《太古集》，收入〔清〕閻永和、彭翰然重刻，賀龍驤校訂：《胃集》，《重刊道藏輯要》（成都：二仙庵版刻，光緒32年【1906】），頁24～25。

〔註103〕〔南宋〕郝大通撰：《太古集》，收入〔清〕閻永和、彭翰然重刻，賀龍驤校訂：《胃集》，《重刊道藏輯要》，頁25。

生黃鍾非但三分損一下生林鍾，尚且九十分損五十七分而生仲呂，形成一管同生二律之疑？

郝氏既言「清宮、執始、去滅、南事以為律管之終，故附之於下」，然豈未知，清宮管長與仲呂同為三寸三分，何以不將清宮改附仲呂之側？却同《遺論》所列之般，置於蕤賓、林鍾之間，且近於林鍾之畔？而執始、去滅、南事所犯皆同然於《遺論》敘述之法，而未有自知。

第五節　「陰陽律呂」欠缺古今文獻研辯，洵非劉牧所創

唐・賈公彥（？）論十二律呂有言：

> 是其陰陽六體。其黃鍾在子，一陽爻生，為初九，林鍾在未，二陰爻生，得為初六者，以陰故，退位在未，故曰〈乾〉☰貞於十一月子，〈坤〉☷貞於六月未也。〔註104〕

賈氏所謂陰陽六體，乃指六陽律、六陰呂。〈乾〉☰統六陽律，十二辟卦〈乾〉☰，一陽生於子，十一月，故以〈乾〉卦☰初九，子月，應黃鍾；九二，太蔟，寅月；九三，姑洗，辰月；九四蕤賓，午月；九五夷則，申月；上九無射，戌月，陽律皆居陽支；〈坤〉☷主六陰呂，十二辟卦〈坤〉☷，本一陰生於午，惟午屬陽，林鍾既為六呂之首，則不可處，須退於二陰生之未，故以〈坤〉卦☷初六，未月，對林鍾；六二，南呂，酉月；六三，應鍾，亥月；六四，大呂，丑月；六五，夾鍾，卯月；上六，仲呂，巳月，陰呂皆踞陰支。若此即符《易緯乾鑿度》：「〈乾〉☰陽也，〈坤〉☷陰也，並治而交錯行。〈乾〉☰貞於十一月子，左行陽時六；〈坤〉☷貞於六月未。右行陰時六，以奉順成歲」〔註105〕之理。

孔穎達亦有相類於賈公彥舉「〈乾〉☰貞於十一月子、〈坤〉☷貞於六月未」以立論者，其云：

〔註104〕〔東漢〕鄭康成注，〔唐〕陸德明音義，賈公彥正義：〈大師〉，《周禮注疏》，收入《景印摛藻堂四庫全書薈要・經部第45冊・禮類》（臺北：世界書局，1988年），總第46冊，卷23，頁447。

〔註105〕〔東漢〕鄭康成注：《易緯乾鑿度》，收入《景印摛藻堂四庫全書薈要・經部第14冊・易類》（臺北：世界書局，1988年），總第15冊，卷下，頁509。

數之所起，起於陰陽，陰陽往來在於日道。十一月，冬至，日南極，陽來而陰往，冬，水位也，以一陽生為水數。五月，夏至，日北極，陰進而陽退，夏，火位也，當以一陰生為火數，但陰不名奇數，必以偶，故以六月二陰生為火數也。是故《易說》稱「〈乾〉☰貞於十一月子，〈坤〉☷貞於六月未，而皆左行」，由此也。〔註106〕

孔穎達稱數因陰陽而起，陰陽之往來，則與太陽運行有關。十一月，冬至，日位南極，其時為冬，五行屬水，陽來陰往，一陽生而為水數。五月，夏至，日處北極，其節為夏，五行屬火，陰進陽退，當以一陰生為火數，惟陰乃偶數非奇數，故以六月二陰生為火數。是以《易說》所言「〈乾〉☰貞於十一月子，〈坤〉☷貞於六月未，而皆左行」之蘊，即在此。

孔穎達援引《易說》與賈公彥所提《易緯乾鑿度》之述，內容同然一般，咸為闡釋〈乾〉☰貞於十一月子，於左順行陽時六，〈坤〉☷貞於六月未，於右順行陰時六，二者並治而交錯。且十二律呂之林鍾，其位在未之本即源於此。惟劉牧反駁孔氏曰：

又若十一月，一陽生為奇數者，謂天一，動乎坎☵之中也；五月，一陰生，為偶數者，謂地二，動乎離☲之中也。以六月二陰生為偶數，則未知所出之宗也。〔註107〕

劉牧以十一月，一陽生，為奇數，謂天一，猶如動乎北方坎☵中之陽爻；五月，一陰生，為偶數，稱地二，好比動乎南方離☲中之陰爻。而以六月二陰生為偶數之說，則不知其根據為何。

觀乎劉牧「未知所出之宗」，筆者研判其顯然不知歷來六呂之首林鍾，所以居未之由，實根於《易緯乾鑿度》之論，倘不明《易緯》此說，則無法解釋林鍾應〈坤〉卦☷初爻，一陰生，惟不處午之理？又何能繪出「陰陽律呂」二圖？且於第二圖之「林鍾、未」目注稱：「「陰氣初盛，而生大蔟正月之律」？〔註108〕故依以上分析，可確定《遺論九事》之「陰陽律呂」絕非劉牧所著，

〔註106〕〔西漢〕孔安國傳，〔唐〕陸德明音義，孔穎達正義：《尚書注疏》，收入《景印摛藻堂四庫全書薈要‧經部第 15 冊‧書類》（臺北：世界書局，1988 年），總第 16 冊，卷 11，頁 252。
〔註107〕〔北宋〕劉牧撰：〈論中〉，《易數鉤隱圖》，收入《景印摛藻堂四庫全書薈要‧經部第 14 冊‧易類》，總第 15 冊，卷中，頁 265。
〔註108〕〔北宋〕劉牧撰：《遺論九事》，收入《景印摛藻堂四庫全書薈要‧經部第 14 冊‧易類》，總第 15 冊，頁 282。

－434－

敘文之註言，更非出於劉牧之手。

　　《遺論》所云陰陽律呂學說之內容，考諸歷來相關文獻之記載，除於前文論及之著述外，尚且核校北宋・阮逸（？）、胡瑗（993～1059）：《皇祐新樂圖記》〔註109〕、南宋・朱熹（1130～1200）：《朱子五經語類》〔註110〕、蔡元定（1135～1198）：《律呂新書》〔註111〕，元・劉瑾（1451～1510）：《律呂成書》〔註112〕、陳師凱（？）：《書蔡氏傳旁通》〔註113〕，明・倪復（？）：《鐘律通考》〔註114〕，清・李光地（1642～1718）《古樂經傳》〔註115〕、江永（1681～1762）《律呂新論》〔註116〕、《律呂闡微》〔註117〕等書，均未見有任何討論、探究、分析之片言隻語或蛛絲馬跡。

　　縱然翻閱批駁劉牧不遺餘力之北宋・李覯（（1009～1059）：〈刪定易圖序論〉〔註118〕，南宋・朱震（1072～1138）：《漢上易傳・叢說》〔註119〕，清・胡渭（1633～1714）：《易圖明辨》〔註120〕、張惠言（1761～1802）：《易圖條

〔註109〕　〔北宋〕阮逸、胡瑗撰：《皇祐新樂圖記》，收入《景印文淵閣四庫全書・經部205・樂類》（臺北：臺灣商務印書館，1983年），第211冊。

〔註110〕　〔清〕程川編：《朱子五經語類》，收入《景印文淵閣四庫全書・經部187・五經總義類》（臺北：臺灣商務印書館，1983年），第193冊。

〔註111〕　〔南宋〕蔡元定撰：《律呂新書》，收入《景印文淵閣四庫全書・經部206・樂類》（臺北：臺灣商務印書館，1983年），第212冊。

〔註112〕　〔元〕劉瑾撰：《律呂成書》，收入《景印文淵閣四庫全書・經部206・樂類》（臺北：臺灣商務印書館，1983年），第212冊。

〔註113〕　〔元〕陳師凱撰：《書蔡氏傳旁通》，收入《景印文淵閣四庫全書・經部56・書類》（臺北：臺灣商務印書館，1983年），第62冊。

〔註114〕　〔明〕倪復撰：《鐘律通考》，收入《景印文淵閣四庫全書・經部206・樂類》（臺北：臺灣商務印書館，1983年），第212冊。

〔註115〕　〔清〕李光地撰：《古樂經傳》，收入《景印文淵閣四庫全書・經部214・樂類》（臺北：臺灣商務印書館，1983年），第220冊。

〔註116〕　〔清〕江永撰：《律呂新論》，收入《景印文淵閣四庫全書・經部214・樂類》（臺北：臺灣商務印書館，1983年），第220冊。

〔註117〕　〔清〕江永撰：《律呂闡微》，收入《景印文淵閣四庫全書・經部214・樂類》（臺北：臺灣商務印書館，1983年），第220冊。

〔註118〕　〔北宋〕李覯撰，〔明〕左贊編輯、何喬新校正：〈刪定易圖序論〉，《直講先生文集》，收入張元濟輯：《四部叢刊初編・集部》（上海：商務印書館，1922年），第845冊，卷之4，葉1～21。

〔註119〕　〔南宋〕朱震撰：《叢說》，收入《景印摛藻堂四庫全書薈要・經部第2冊・易類》（臺北：世界書局，1988年），總第3冊，頁833～842。

〔註120〕　〔清〕胡渭撰：《易圖明辨》，收入《景印文淵閣四庫全書・經部38・易類》（臺北：臺灣商務印書館，1988年），第44冊。

辨》〔註121〕等文獻，亦然無一涉獵《遺論九事》所言之「陰陽律呂」諸事。

而今鑽研有關律呂學說之各類論文、專刊著作，更如雨後春筍般，蔚為大觀。期刊、學報、論文集類之文章概有：楊浚滋：〈漫話律呂〉〔註122〕、唐繼凱：〈中國古代天文歷法與律呂之學——中國傳統律呂之學及律歷合一學說初探〉〔註123〕、〈簡論「同律度量衡」〉〔註124〕、〈納音原理初探〉〔註125〕、〈秦漢律呂學研究綜述（一）《史記‧律書》與秦漢律呂之學及兵學〉〔註126〕、〈新法密率之命運再思考——旋宮、轉調及其它〉〔註127〕、〈「以律起歷」疑難——「律歷合一」學說之數理表述與哲學表述間的糾結〉〔註128〕、〈五音者何？——〔明〕葛中選《泰律》研讀心得〉〔註129〕、唐繼凱、趙建平：〈黃鐘律管與中國古代經濟〉〔註130〕、唐繼凱、何云：〈論宮商——《泰律》研讀有感〉〔註131〕、劉謹銘：〈劉牧易學研究〉〔註132〕、陳應時：〈陰陽八卦附會律呂的尷尬〉〔註133〕、

〔註121〕〔清〕張惠言撰：《易圖條辨》，收入《續修四庫全書‧經部‧易類》（上海：上海古籍出版社，1995 年），第 26 冊。

〔註122〕楊浚滋：〈漫話律呂〉，《音樂輔導》1981 年第 6 期，頁 35。

〔註123〕唐繼凱：〈中國古代天文歷法與律呂之學——中國傳統律呂之學及律歷合一學說初探〉，《交響——西安音樂學院學報（季刊）》第 19 卷第 3 期（2000 年 9 月），頁 24～32。

〔註124〕唐繼凱：〈簡論「同律度量衡」〉，《交響——西安音樂學院學報（季刊）》第 20 卷第 3 期（2001 年 9 月），頁 12～13。

〔註125〕唐繼凱：〈納音原理初探〉，《黃鐘（武漢音樂學院學報）》2004 年第 2 期，頁 60～66。

〔註126〕唐繼凱：〈秦漢律呂學研究綜述（一）《史記‧律書》與秦漢律呂之學及兵學〉（西安：漢唐音樂史國際研討會：2009 年 10 月），頁 8～16。

〔註127〕唐繼凱：〈新法密率之命運再思考——旋宮、轉調及其它〉，《中國音樂（季刊）》2011 年第 4 期，頁 28～32。

〔註128〕唐繼凱：〈「以律起歷」疑難——「律歷合一」學說之數理表述與哲學表述間的糾結〉，《民族藝術》2017 年第 1 期，頁 149～157。

〔註129〕唐繼凱：〈五音者何？——〔明〕葛中選《泰律》研讀心得〉，《交響——西安音樂學院學報（季刊）》第 36 卷第 3 期（2017 年 9 月），頁 65～71。

〔註130〕唐繼凱、趙建平：〈黃鐘律管與中國古代經濟〉，《中國音樂（季刊）》2005 年第 4 期，頁 157～160。

〔註131〕唐繼凱、何云：〈論宮商——《泰律》研讀有感〉，《交響——西安音樂學院學報（季刊）》第 31 卷第 1 期（2012 年 3 月），頁 72～76。

〔註132〕劉謹銘：〈劉牧易學研究〉，《玄奘人文學報》第 8 期（2008 年 7 月），頁 53～84。

〔註133〕陳應時：〈陰陽八卦附會律呂的尷尬〉，《音樂藝術》2010 年第 2 期，頁 32～38。

楊居讓:〈《樂經律呂通解》版本釋疑〉﹝註134﹞、翁攀峰:〈關於「康熙十四律」思想來源的初步探討〉﹝註135﹞、〈融合中西音樂理論之作——對康熙十四律的新解讀〉﹝註136﹞、〈黃鍾正律與誰合——關於朱載堉和康熙不同觀點的物理證明〉﹝註137﹞、〈江永對新法密率的贊同及其律學思想變化過程分析〉﹝註138﹞、〈西樂與傳統律學結合之作——「康熙十四律」思想來源新解〉﹝註139﹞、〈清代律學發展背景分析〉﹝註140﹞、翁攀峰、張陽陽:〈皇權與樂律——乾隆時期對十二平律律的批判〉﹝註141﹞、閻耀棕:〈劉牧《易數鈎隱圖》析論〉﹝註142﹞、邱春:〈易經中的音樂之源〉﹝註143﹞、姜海軍:〈劉牧易學的承傳、詮釋及影響探析〉﹝註144﹞、〈難得的清《樂經律呂通解》重訂稿本〉﹝註145﹞、程迎接:〈管窺古代「律歷合一」觀〉﹝註146﹞、劉婭婭:〈朱載堉等程律創立流程探析——幾何、算術、音律與物理聲學的

﹝註134﹞ 楊居讓:〈《樂經律呂通解》版本釋疑〉,《天一閣文叢》2011 年第 1 期第 9 輯,頁 60～64。

﹝註135﹞ 翁攀峰:〈關於「康熙十四律」思想來源的初步探討〉,《文化藝術研究》第 6 卷第 1 期(2013 年 1 月),頁 32～41。

﹝註136﹞ 翁攀峰:〈融合中西音樂理論之作——對康熙十四律的新解讀〉,《多學科交叉視野中的技術史研究——第三屆中國技術史論壇論文集》(合肥:中國科學技術大學出版社,2013 年),頁 336～352。

﹝註137﹞ 翁攀峰:〈黃鍾正律與誰合——關於朱載堉和康熙不同觀點的物理證明〉,《廣西民族大學學報(自然科學版)》第 19 卷第 3 期(2013 年 8 月),頁 37～46。

﹝註138﹞ 翁攀峰:〈江永對新法密率的贊同及其律學思想變化過程分析〉,《星海音樂學院學報》2014 年第 4 期(總第 137 期),頁 99～105。

﹝註139﹞ 翁攀峰:〈西樂與傳統律學結合之作——「康熙十四律」思想來源新解〉,《音樂研究》2014 年 9 月第 5 期,頁 30～43。

﹝註140﹞ 翁攀峰:〈清代律學發展背景分析〉,《文化藝術研究》第 8 卷第 3 期(2015 年 7 月),頁 45～49。

﹝註141﹞ 翁攀峰、張陽陽:〈皇權與樂律——乾隆時期對十二平律律的批判〉,《自然辯証法通訊》第 38 卷第 1 期(總 221 期)(2016 年 1 月),頁 86～91。

﹝註142﹞ 閻耀棕:〈劉牧《易數鈎隱圖》析論〉,《國文經緯》(彰化:彰化師範大學國文系,2011 年),第 7 期,頁 141～165。

﹝註143﹞ 邱春:〈易經中的音樂之源〉,《音樂大觀》2013 年第 6 期,頁 33。

﹝註144﹞ 姜海軍:〈劉牧易學的承傳、詮釋及影響探析〉,收入張濤主編:《周易文化研究》(北京:社會科學文獻出版社,2013 年),第 5 輯,頁 55～76。

﹝註145﹞ 楊居讓:〈難得的清《樂經律呂通解》重訂稿本〉,《收藏》2014 年第 12 期,頁 90～93。

﹝註146﹞ 程迎接:〈管窺古代「律歷合一」觀〉,《藝術教育》2014 年第 6 期,頁 35。

綜合〉〔註 147〕晉〈「累黍」與「指律」：中國古代度量衡思想略論〉〔註 148〕。

學位論文及專書，則約略如下：邱源媛：《唐宋雅樂的對比研究》〔註 149〕、許瑞宜：《劉牧易學研究》〔註 150〕、龍周青：《蔡元定《律呂新書》點注與分析》〔註 151〕、章瑜：《瀏陽祭孔音樂探源》〔註 152〕、石林昆：《江永律學理論初探──以《律呂新論》、《律呂闡微》為例》〔註 153〕、黃玉華：《陳暘《樂書‧樂圖論》音樂文獻價值探析》〔註 154〕、黃宇焓：《《律呂正義後編》的藝術研究》〔註 155〕、李一俊：《江永《律呂闡微》整理與研究》〔註 156〕、田甜：《《古今圖書集成‧樂律典〉的編纂研究》〔註 157〕、戴飛：《〈太律篇〉音系研究》〔註 158〕、管亞男：《《律呂正義‧續編》的初步研究》〔註 159〕、王美佳：《《清史稿‧樂志》中的禮樂研究》〔註 160〕、李紅：《江永樂律學思想初探》〔註 161〕、張航晨：《清汪烜《樂經律呂通解》與《樂經或問》中的

〔註 147〕劉婭婭：〈朱載堉等程律創立流程探析──幾何、算術、音律與物理聲學的綜合〉，《自然科學研究》第 33 卷第 2 期（2014 年），頁 173～187。

〔註 148〕曹晉〈「累黍」與「指律」：中國古代度量衡思想略論〉，《中國文化》（第 46 期）2017 年第 2 期，頁 96～115。

〔註 149〕邱源媛：《唐宋雅樂的對比研究》（成都：四川大學碩士論文，2003 年。）

〔註 150〕許瑞宜：《劉牧易學研究》（臺南：國立臺南大學語文教育學系碩士論文，2006 年）。

〔註 151〕龍周青：《蔡元定《律呂新書》點注與分析》（杭州：中國藝術研究院碩士論文，2007 年。）

〔註 152〕章瑜：《瀏陽祭孔音樂探源》（長沙：湖南師範大學碩士論文，2008 年。）

〔註 153〕石林昆：《江永律學理論初探──以《律呂新論》、《律呂闡微》為例》（天津：天津音樂學院碩士論文，2009 年。）

〔註 154〕黃玉華：《陳暘《樂書‧樂圖論》音樂文獻價值探析》（南昌：江西財經大學碩士論文，2009 年。）

〔註 155〕黃宇焓：《《律呂正義後編》的藝術研究》（福州：福建師範大學碩士論文，2009 年。）

〔註 156〕李一俊：《江永《律呂闡微》整理與研究》（杭州：中國藝術研究院碩士論文，2009 年。）

〔註 157〕田甜：《《古今圖書集成‧樂律典〉的編纂研究》（武漢：武漢音樂學院碩士論文，2010 年。）

〔註 158〕戴飛：《〈太律篇〉音系研究》（蘇州：蘇州大學碩士論文，2010 年。）

〔註 159〕管亞男：《《律呂正義‧續編》的初步研究》（福州：福建師範大學碩士論文，2010 年。）

〔註 160〕王美佳：《《清史稿‧樂志》中的禮樂研究》（昆明：雲南藝術學院音樂學院碩士論文，2010 年。）

〔註 161〕李紅：《江永樂律學思想初探》（上海：東華大學碩士論文，2011 年。）

音樂美學思想研究》〔註162〕、張檮：《《呂氏春秋》樂論「樂」之自然、社會
屬性考論》〔註163〕、崔兵：《朱元升易學思想研究》〔註164〕、劉嚴：《劉牧
《易數鈎隱圖》研究》〔註165〕、黃大同：《沈括《夢溪筆談》律論之研究》
〔註166〕、鄭俊暉：《朱熹音樂著述及思想研究》〔註167〕、黃潔莉：《魏晉樂
律、樂理、樂境抉微》〔註168〕、劉婭婭：《律以數成——朱載育與 Stevin 等
程律創立研究》〔註169〕、翁攀峰：《清代律學若干問題探討》〔註170〕、崔
廣慶：《先秦時期樂文化研究》〔註171〕、趙頔：《中國古琴藝術的「天人合
一」自然觀研究》〔註172〕、韓偉：《宋代樂論研究》〔註173〕。

　　然綜觀以上，毋論何類之深論大作，盡皆無有談及《遺論九事》之「陰
陽律呂」學說者。四庫館臣云：「其《遺論九事》：『一……，九、為陰陽律呂
圖。』以先儒之所未及，故曰《遺論》」〔註174〕之言，確然非虛，誠然先儒甚
且當今，未見一人、一文或一書進行研索，若此《遺論》所陳立論之果然與
否？則已無能覈究查考。

〔註162〕張航晨：《清江烜《樂經律呂通解》與《樂經或問》中的音樂美學思想研究》
　　　　（西安：西安音樂學院碩士論文，2016 年。）
〔註163〕張檮：《《呂氏春秋》樂論「樂」之自然、社會屬性考論》（重慶：西南大學
　　　　碩士論文，2017 年。）
〔註164〕崔兵：《朱元升易學思想研究》（濟南：山東大學碩士論文，2017 年。）
〔註165〕劉嚴：《劉牧《易數鈎隱圖》研究》（北京：中國人民大學，2017 年碩士論
　　　　文。）
〔註166〕黃大同：《沈括《夢溪筆談》律論之研究》（上海：上海音樂學院博士論文，
　　　　2006 年。）
〔註167〕鄭俊暉：《朱熹音樂著述及思想研究》（福州：福建師範大學博士論文，2007
　　　　年。）
〔註168〕黃潔莉：《魏晉樂律、樂理、樂境抉微》（臺南：成功大學中國文學研究所博
　　　　士論文，2009 年。）
〔註169〕劉婭婭：《律以數成——朱載育與 Stevin 等程律創立研究》（西安：西北大學
　　　　博士論文，2014 年。）
〔註170〕翁攀峰：《清代律學若干問題探討》（合肥：中國科學技術大學博士論文，2014
　　　　年。）
〔註171〕崔廣慶：《先秦時期樂文化研究》（天津：南開大學博士論文，2014 年。）
〔註172〕趙頔：《中國古琴藝術的「天人合一」自然觀研究》（濟南：山東大學博士論
　　　　文，2016 年。）
〔註173〕韓偉著：《宋代樂論研究》（北京：中國社會科學出版社，2013 年。）
〔註174〕〔清〕永瑢等撰：〈經部二·易類二〉，《四庫全書總目提要》，收入王雲五主
　　　　編《萬有文庫第一集一千種》（上海：商務印書館，1931 年），第 1 冊，卷
　　　　2，頁 11。

第六節　小結

　　《遺論》所稱律呂相生程序，雖採孟康「同類為夫婦」之注且循《呂氏春秋》相生理論及《漢書》「十二律呂，依序陰陽相合」、「自黃鐘始，左旋，八、八為伍」而設，惟並非全然沿襲而行。觀其諸般律呂相生違逆之處，加之「蕤賓交與戊己清宮」、「清宮卻付長子也」之論，咸非《呂氏》、《漢書》、孟康之例，均為自創律呂相生之法。

　　其於十二律呂之間，摻入右旋隔八相生之式，且以孟康「同類為父母」作為應鐘上生无射之憑藉，使之成為左旋、右轉隔八相生之轉運，而為配合左旋、右轉之相生，填補蕤賓、仲呂之聯繫，尚得加入「戊己清宮」與「清宮最長之管」，使之十二律呂合理結束於仲呂，而能與京房四十八律自然接續。此說，堪稱從所未見，全然不類於《呂氏春秋》、《淮南子》、《史記》、《漢書》十二律呂乃至京房六十律相生之論。

　　所敘律呂相生，除《呂氏春秋》、《淮南子》、《漢書》之運用，尚且融入另類之規，其自應鐘上生无射以後諸相生，盡皆歷來首創。《遺論》所陳十二律呂相生步驟，蓋因加諸「戊己清宮」及「最長清宮之管」，且以「應鐘上生无射」，作為左旋、右轉，隔八相生之分界，已然不類京房六十律之程序。

　　綜覽以觀，《遺論九事》「陰陽律呂」之六十律相生之則，純然不遵京房六十律之律數規範，可謂依託京房六十律相生之基，以就己創之識，惟至終，反更加遠離黃鍾之律。若此郭彧所言：「《陰陽律呂圖第九》為本漢儒三分損益律呂說所出之圖」，則恐須重新修正。

　　然比較《遺論》所列第二張「陰陽律呂圖」之「黃鍾、子」目標注：「十一月，陽始生而生林鍾。亦因娶大呂而能生，再得清宮之律而生仲呂」〔註175〕之言及「清宮」目下批注：「戊己清宮，既與蕤賓交，遂付與長子黃鍾，生仲呂也」〔註176〕之語，則「清宮之律」，即指「戊己清宮」，顯然《遺論》視「戊己清宮」為律，而該律付與長子黃鍾成「清宮最長之管」，按理，「清宮最長之管」亦應視為一律，惟此兩律，於《遺論》所述文中，均未見有說明，當分配於何辰、何律之部？又因與期年三百六十有六日之分日有關，二者既已為律，

〔註175〕　〔北宋〕劉牧撰：《遺論九事》，收入《景印摛藻堂四庫全書薈要・經部第14
　　　　　冊・易類》（臺北：世界書局，1988年），總第15冊，頁282。
〔註176〕　〔北宋〕劉牧撰：《遺論九事》，收入《景印摛藻堂四庫全書薈要・經部第14
　　　　　冊・易類》，總第15冊，頁282。

理當配有日數，然此《遺論》皆未有所陳說。

　　既增兩律，則《遺論》於「南事」律下所注：「至此變，六十律盡于此，而相生之道畢矣」〔註177〕之語，是否應將「六十律」，更正為「六十二律」方屬得當？更何況戊己清宮（黃鍾清宮）之律三寸三分（3.3 寸），竟與仲呂相垺，亦是令人頗為費解之處。

　　惟觀《遺論》敘文所述六十律，其「清宮最長之管（商，12.3 寸，？日）（宮），下生仲呂（徵，3.3 寸，八日）」，則猶如京房六十律之「南事……下生南事，窮，無商、徵，不為宮」及「分烏……上生南事，分烏窮，次無徵，不為宮」之情狀。由於「清宮最長之管」為宮，下生仲呂徵，並無上生得商律，不構成「宮→徵→商」要件，故不為宮，此則並無疑義。

　　歷來觸及《遺論九事》之「陰陽律呂」學說者，僅章潢與郝大通二人，然章氏只作收錄，不予分析，而郝氏亦僅略述，未有解釋，且二者均不言明，所錄、所述蓋出何人之處，是以筆者不揣淺陋，管中窺豹，嘗以粗拙之認知，逐一與《呂氏春秋》、《史記》、《漢書》、京房六十律法參校核對。驗證《遺論》所言之學，不全然沿襲呂、史、漢、京之樞機筦鍵，其說可謂以四者之論為鋪墊，從中擾入己創之方式，而自成其六十二律相生之律法，然創者為誰？恐已無從探究，惟可證者，即其作者，定非劉牧無誤。此先儒之「陰陽律呂」學說，概經本章之分析，對於爾後研究古代樂律學者，或能提供另一思考之方向，抑且未定，倘若如此，則不枉此般滔滔陳述之功矣。文中所談或有未當，尚祈方家不吝糾謬指正為禱。

〔註177〕〔北宋〕劉牧撰：《遺論九事》，收入《景印摛藻堂四庫全書薈要·經部第 14 冊·易類》，總第 15 冊，頁 282。

第七章　結　論

　　藉由本研究之探索與審辨，非僅劉牧《易數鈎隱圖》，猶如郭彧考證所稱，該當居有宋明理學一席之地，更且已然確定，北宋・彭城劉牧（？）《新注周易》（含《卦德通論》）之解《易》，純然藉采「十翼」諸說，詮注各卦、爻辭。其間或有以《經》解《經》、以〈卦〉釋〈卦〉，以〈爻〉訓〈爻〉，惟用字遣詞毫無象數摻和，亦未訛會依附，盡皆遵奉孔聖趣旨，未違〈易傳〉典要，堪稱經義敦明，脈絡有依，簡切淳美，洵然未悖夫子「十翼」之諦。且將諸傳義理融通己論，自立一家之解，咸無屋下架屋，牀上施牀之病，猶如南宋・張九成（1092～1159）所云：「何謂理？何謂義？理即義之本體，義即理之見於用者」之意。劉牧可謂已將義理體用之蘊，全然發揮，直至明、清以降，始被諸儒注意而多所引用，甚且抄襲據為己論。

　　劉牧《新注周易》、《卦德通論》之成書問世，誠然早出北宋・胡瑗（993～1059）《周易口義》之作，至少三十四年有餘，已為不爭之歷史。且以〈繫辭〉、〈彖傳〉、〈象傳〉、〈文言〉、〈說卦〉諸傳解《易》之方式，純然不違義理諸家釋《易》之規，若然推崇其為宋初義理《易學》之肇端，確然實至名歸，無有置疑。

　　本研究亦發現，劉牧尚具有以史證《易》、天文、地理注《易》、經典詮《易》之特性。其藉人事對照史事以釋《易》，盡能詳實徵引，條理通達，陳敘朗捷；更且博覽群書，嫻熟經典，了然諸家之長，展現通今博古之思，發揮沿循經傳、典籍，解《易》之法，擇取經傳載述天文、地理，自然科學及相關字詞文義，綜合融會，以詮釋《易》經卦象、爻辭之精義，內容符契人情義理之遞嬗，誠然具備儒家天人合一之風範，更且讓人見識其學識之精粹與廣厚。

所陳天文、地理之注，洵為一家之言而不過，南宋‧朱震（1072～1138）、南宋‧牟子才（？）、明‧鍾惺（1574～1624）、日人‧賀茂在方（？）咸皆剽取，竊為己用。

惟其「以史證《易》」；「擴天文、地理科學解《易》」；「摘經傳、典籍闡《易》」之特質，誠然架構於儒理釋《易》之核心要義之上，進行相關之詮論及演繹。字裡行間，未有抄掇竄改先儒之跡，可謂純然一己之創；咸未混雜象數之譯，全然契合義理之範。

北宋仁宗各朝，言數者業已奉劉牧為宗，《新注周易》、《卦德通論》之成書，早於北宋‧范仲淹（989～1052）執掌南京應天府學之時。若然，慶曆其間，劉牧儒理《易》學，亦已同然內外知曉，若此劉牧《新注周易》、《卦德通論》之詮註，不僅列於宋初義理《易》學濫觴之尊，尚且占有宋代史事解《易》之承先啟後席位，更且居於宋初儒學勃興開創之先，具有慶曆《易》學啟迪之功，誠不為過。亦有不被清儒發覺，而處兩派六宗之外，蓋屬獨有之「科學釋《易》」翹楚之次。

歷來言象數者，概皆沿《左傳》所云：「物生而後有象，象而後有滋，滋而後有數」之「物→象→數」模式，劉牧則提出：「象者，形上之應，原其本，則形由象生，象由數設，捨其數則無以見四象所由之宗矣」之「數→象→形」獨特論見。故而結合〈繫辭〉「一陰、一陽之謂道。」及「易有太極，是生兩儀，兩儀生四象，四象生八卦」之說，沿習老子、列子、《易緯乾鑿度》思想，提出「易」為「太易」為「無」；「道」即「太極」、「太初」、「太一」，均始於一之理論。

且以「天一、天三」為陽儀，「地二、地四」為陰儀，彼此搭配，蘊涵陰、陽兩儀，猶如一陰、一陽之謂道而合五之「一、四」；「二、三」，若然構成兩儀之喻。惟此四者，亦如兩儀所生四象之生數，劉牧則循東漢‧班固（32～92）、東漢‧穎容（？）、西晉‧杜預（222～285）、南朝梁‧皇侃（488～545）一脈以降之淵流，采「天五」幹駕四生之數，而為地六、天七、地八、天九四象之成數，該數，亦為揲蓍之老陰、少陽、少陰、老陽四象，同為五行水、火、木、金之成數。

若此劉牧提出歷來首創「四象」兩義之解，一指「老陰、老陽、少陽、少陰」之四象；一即〈繫傳〉所云「吉凶者，失得之象也；悔吝者，憂虞之象也。變化者，進退之象也；剛柔者，晝夜之象也。」之「失得、悔吝、憂虞、

變化」四象。且依四象成數與四象生數，并為天一、地二、天三、地四、天五、地六、天七、地八、天九，合得天五居中之四十有五〈河圖〉之數。其圖、數，則如劉牧所云：「以五為主，六、八為膝，二、四為肩，左三右七，戴九履一」之布置。

劉牧同然於《遺論九事》「重六十四卦推盪訣」記述八卦生成之思想淵源，藉四象、五行之成數六、七、八、九，衍化而生四正坎☵、離☲、震☳、兌☱，四隅乾☰、巽☴、艮☶、坤☷之八卦卦象與方位，若然形成「四象生八卦」亦即「〈河圖〉八卦」。然「重六十四卦推盪訣」四黑巽☴，五白艮☶之擺放與前二圖顛倒，經此可證，「重六十四卦推盪訣」之圖、述，絕非劉牧所作，且為不知何代、何名之先儒詮述。

〈河圖〉未列土行成數十，成數皆由天五幹運變化而生。若然天五自駕天五，應生地十居中，共組〈繫辭〉所云「天一，地二，天三，地四，天五，地六，天七，地八，天九，地十」之天地之數，亦為〈洛書〉五十有五之數，劉牧即稱「此乃五行生、成之數」。天地生成之數五十有五，由天一、地二、天三、地四、天五，十五之數居內，外則圍繞五行成數六、七、八、九、十，四十之數。生、成皆遵「一陰、一陽之謂道」之蘊，即一、六共宗於北方，生水；二、七同道於南方，生火；三、八為朋於東方，生木，四、九為友於西方，生金；五、十相守於中央，生土，依次布置水、火、木、金、土五行之形物與方位。

劉牧謂〈河圖〉僅陳天五居中之四十五數，只顯四象所生八卦，不列土之成數，不論五行，無著乎形體，其狀猶如「形而上者之謂道」之「道」者，屬「先天」之義。〈洛書〉，加入土之成數十，五、十守中，總計五十五數，以闡揚水、火、木、金、土，五行生成之數。不著四象，僅布五行，其情即如「形而下者之謂器」之「器」者，「後天」之喻。是以劉牧洵為歷來，首位詮釋「〈河圖〉先天」、「〈洛書〉後天」之識者，且此創論，直至明代才被確然提出，泊明歷清迄今，誠然方興未艾而弗違。

〈河圖〉、〈洛書〉，同出而異名，前者形而上，僅示其象，為先天之數；後者形而下，唯演五行，如後天之數。其間差別，即在於土數十之有無，而此「十」數存在與否之關鍵，則在於「天五」之變動。

若然大衍之數，即因天五，退藏於密，居中无象，並非不用，已然隱入四象六、七、八、九之內。故自天地極數五十有五，減天五而成大衍之數五

十，劉牧稱此為天地之用數。惟天一同然於太極、太初之尊，猶如造化之尊，巍峨不移。若此大衍減一，祗用四十有九，以推演天地，陰陽，生成萬物之事，而其整體之變化，則在於老陰六、少陽七、少陰八、老陽九之四象、四數之間。

少陽七、少陰八；老陽九、老陰六，咸契一陰、一陽之理，均符天一、地二、天三、地四、天五，十五之數。若然劉牧即循《易緯乾鑿度》所云「《易》一陰、一陽，合而為十五之謂道。陽變七之九，陰變八之六，亦合於十五，則象變之數若一。陽動而進，變七之九，象其氣之息也。陰動而退，變八之六，象其氣之消也。」據此開創「七→九→八→六」，循環往復之「老陰六數盡，上接少陽七數生」之〈復〉卦䷗「七日來復」詮釋。

惟劉牧之立論，雖與《遺論九事》「復見天地之心」所言：「六者，陰數也。……六乃老陰之數，至於少陽來復，則七日之象明矣」之字面詞意相近，或有些許思想同脈，且《易數鈎隱圖》「七日來復」與「復見天地之心」二圖一般，然則劉牧諸般之訓解，卻與「復見天地之心」摘撥「一爻為一日」，以注〈復〉卦䷗「七日來復」之陳敘，全然相悖，未有交集。

劉牧遵循「十翼」之〈說卦〉、〈序卦〉、〈彖〉、〈象〉及重卦諸言，兼采十二辟卦、《易緯稽覽圖》、《易緯是類謀》之脈絡，摻合東漢・鄭玄（127～200）、荀爽（128～190）之訓解，猶然遵循「一陰、一陽之謂道」者之理，故以〈乾〉☰、〈坤〉☷對應坎☵、離☲，而獨創「〈復〉卦䷗為重卦之首」論。

其謂〈復〉䷗，生之於坎☵，一陽動於下卦震☳，上交於外卦坤☷，震☳、坎☵，同屬四正之卦，形成四正之坎☵、震☳與坤☷地、〈乾〉天☰之陽，彼此之牽聯。

「一陰、一陽之謂道。」若然既有陽氣始生於坎☵子之〈復〉卦䷗，亦當有陰氣初息於離☲午之〈姤〉卦䷫，形成離☲、巽☴、乾☰，〈坤〉地☷之陰，四者之聯繫。劉牧為求離☲、巽☴、乾☰能與坎☵、震☳、坤☷，同然符契四正；天、地；子、午相因之趣，故采巽☴改兌☱，乾☰易震☳，而成〈歸妹〉䷵之變易說，以解巽☴非四正之惑。

劉牧綜合「十翼」、十二辟卦、《易緯稽覽圖》、《易緯是類謀》，融入鄭玄、荀爽之述，依循「一陰、一陽之謂道」者之蘊，提出「〈復〉卦䷗為重卦之首」，並藉〈歸妹〉䷵〈彖〉、初之辭，以圓〈姤〉䷫乏四正之病，洵然已開《易》學之先河，自成其一家之見。

　　《遺論九事》「太皞氏授龍馬負圖」之圖、論，已證絕非劉牧所為。其言
「戴九履一，左三右七，二與四為肩，六與八為足，五為腹心。」則與劉牧前
述「以五為主，六、八為膝」云云不同。若然已昭，劉牧其時，存有兩種不同
描繪〈河圖〉九數排布之說法。更由劉牧已稱「觀今〈龍圖〉」、「非後人能假
偽而設之也」、「今河圖相傳於前代」、「今代之所傳〈龜書〉」、「今世之所傳者」、
「今書世之傳者，〈龍圖〉、〈龜書〉」、「亦前賢迭相傳授也」及「非人智所能設
之也。況乎古今陰陽之書，靡不宗之！」等字句，洵然肯定，「〈河圖〉四十
五」、「〈洛書〉五十五」之圖、數，於劉牧年代，早已流傳，且古今陰陽之書，
皆已祖效，絕非由他始創而出；尚且當時，亦毫無相關推衍排列〈河圖〉九數
之釋解留存。

　　若此劉嚴屢屢提及：「劉牧創造黑白點河圖洛書」，況以之詮敘：「『劉牧
創造黑白點河圖洛書』，并以其點數為數，構建宇宙生成過程，描繪八卦和六
十四卦的來源」；「『劉牧創造黑白點河圖洛書』，并以其點數為數，構建宇（宙）
〔註1〕以數為根本，數生象，象生形，形合而生動物及人的宇宙生成過程。」
其視劉牧「創造黑白點河圖、洛書」之立論，誠須重新省審。

　　劉牧遵循《易緯乾坤鑿度》、《易緯乾鑿度》、《黃帝內經》之陳述，以離
☲火，表五臟之心，對應五常之禮；兌☱金，喻五臟之肺，相應五常之義；震
☳木，譬五臟之肝，呼應五常之仁；坎☵水，示五臟之腎，感應五常之智。

　　且承西漢・毛亨（？）、西漢・京房（77～37B.C.）、《漢書》、《易緯乾坤
鑿度》之言，持「土為信」，「水為智」之訓，歸結木、火、土、金、水之天、
地外在五行，對照於人體之內在五臟，則為肝、心、脾、肺、腎，化生人類稟
性之五常道德，即為仁、禮、信、義、智。若然劉牧「水為智、土為信」之執
論，確有其一脈之源由，非憑空無據之虛語。

　　同然劉牧詮註〈臨〉卦☷居丑，「至於八月有凶」之「八月」，采以周曆為
本，泊周正即夏曆之子月起算，歷丑、寅、卯、辰、巳、午迄未，所得即為周
八月之「八」數。其思想則緣於鄭玄及三國吳・虞翻（164～233）之述，兼取
《周易》行世，西伯未王之歷史及夏曆丑、未相衝為破之旨，渾圓匯聚而成，
亦非無根無實之白話。

　　校覈《易數鈎隱圖》全書五十五圖，劉牧為輔佐不同之詮釋，惟采用相
同之圖示；若此狀況計有：

〔註1〕按原文缺漏，觀其語意，邐補「宙」字。

一、「天地數十有五第四」與「〈河圖〉天地數第五十」，名稱雖然不類，惟圖形全然一般，兩圖同為一圖。

二、「七、八、九、六合數第二十一」、「〈河圖〉四象第五十一」，二圖所繪相埒，皆與「兩儀生四象第九」，僅於少陽「七數」，二、五白點之間連線有別，然此僅為便於區分而設，實則三者猶然一式。

三、「四象生八卦第十」與「〈河圖〉八卦第五十二」，兩者僅於譬喻四正卦之三黑、三白點，擺放位置相異，前者陳居內層，外層排布四耦；後者則與四耦同列一層，惟彼此內容、本質，毫無區別，視如一圖。

四、「乾☰下交坤☷第三十五」與「坤☷上交乾☰第三十六」，二圖實則一圖。

五、「乾☰畫，三位第二十二」與「陽中陰第二十四」，兩圖本為一圖。

六、「坤☷畫，三位第二十三」與「陰中陽第二十五」，兩者重複，即是一圖。

　　若然一、三、四、五、六，各去一圖數，二除二圖數，凡有七圖之數重複，是以五十五圖減七，則餘四十八圖。若此南宋・晁公武（1105～1180）所稱三卷，四十八圖，殆指已然扣除重複七圖，所剩之圖數，確然其時之總圖數，猶如今本之般，共有五十五圖。

　　且由四十八圖與五十五圖差異之確定，可證泊北宋・李淑（1002～1059）《書目》載記《易數鈎隱圖》之篇數一卷始，歷一卷、二卷，迄今三卷之諸般變異，洵然皆在五十五圖之範圍更動，總圖之數並無增減。且南宋・李衡（1100～1178）、鄭樵（1104～1162）、晁公武（1105～1180），均為同時之人。惟李衡錯將《遺論九事》「大衍之數五十」、「蓍數揲法」，視為劉牧之述，而刪裁接合輯入《周易義海撮要》。顯然《遺論九事》及歐陽修序文，被并入《易數鈎隱圖》，最遲當在李衡增刪《周易義海》之時。然是否早在北宋・房審權（？）編定《義海》之際已然如此，則確然無從考證。惟晁公武不同於李衡，尚知《遺論九事》並非劉牧之作，故而九圖之數未與《易數鈎隱圖》合併計算。

　　若然郭彧所稱：「《易數鈎隱圖》為太常博士彭城劉牧所撰，初為一卷本，後有二卷本或三卷本。至三卷本，晁公武所見則是有四十八圖之刻本，為今見《易數鈎隱圖》前兩卷的內容……。陳振孫所見則是三衢劉敏士刻於浙右庾司的三卷本，有圖共五十五幅，即為今見《道藏》本內容。」其間攸關卷數、版本問題之陳述，誠有重新檢討商榷之必要。

　　尚且李淑之際，僅見《易數鈎隱圖》五十五圖一卷登錄，若此《遺論九事》之并入，當在李淑《書目》問世之後，惟劉牧早已仙逝，如何能有作為？

況《遺論九事》總計九圖之圖示與內容，僅「重六十四卦推蕩訣第二」、「辨陰陽卦第五」、「復見天地之心第六」三處，能與《易數鈎隱圖》存有些許聯繫。前者四象生八卦之詮註，與劉牧「四象生八卦」(「〈河圖〉八卦」)之陳釋可謂一脈；中者，部分字面詞意相類，或稍稍同流；後者，則與劉牧「乾☰坤☷生六子」之三白、六黑點排布及點數畫法，堪稱同源。惟縱使如此，連同《遺論》其餘六處，全書上、下，咸非劉牧所著，甚且不知《遺論》之作者為何名、何代之人，洵然業已得證。

　　是以鄭吉雄嘗謂：「〈遺論九事〉實即論九圖，『一圖』亦即一事。如『辨陰陽卦』、『蓍數揲法』之類，大體是補前三卷論說不足的地方。」許瑞宜所云：「《易數鈎隱圖》與《周易先儒遺論九事》均是劉牧之著作」及「此《遺論九事》之九圖，大體乃補《易數鈎隱圖》前三卷論說之不足也」之見解，咸須重返評估與思考。更且《遺論九事》之併入，絕非劉牧所作，亦無任何疑惑，若然王風諸項之論證：

一、《遺論九事》雖非劉牧著作，但它是《鈎隱圖》的直接思想來源之一。

二、《遺論九事》第三章《大衍之數五十》的「天地生合五行圖」，被劉牧取為洛書。

三、《遺論九事》第六章《復見天地之心》說：「子午相去隔亥上之六則六日也，六乃老陰之數，至於少陽來復，則七日之象明矣。」這個思想也被吸收在《鈎隱圖》第四十六章《七日來復》中：「天有十日，陽上生也，至七為少陽。」

四、《鈎隱圖》的「七日來復」圖來自《遺論九事》的《復見天地之心》圖。

五、《鈎隱圖》的《乾為陽》圖、《坤為陰》圖、《離為火》圖、《坎為水》圖、《兌為金》圖、《震為木》圖，則來自《遺論九事》的《辨陰陽卦》圖式。

六、《鈎隱圖》汲取了《遺論九事》的精華，同時捨棄了其中的雜說，是對《遺論九事》的繼承和發展。

七、《遺論九事》為劉牧之前的文獻。

八、《遺論九事》應是劉牧傳自前人的資料。

誠然皆已序次顛倒，時空錯亂，淆混一談，尤須全然重作校嚴與改正。

　　北宋・陳摶（871～989）之世，雖已布陳〈洛書〉之圖，然僅見圖，未有任何相關〈洛書〉推衍之義理詮述。是以劉牧〈洛書〉演繹計算之解析源由，絕非沿於陳摶之脈；再者，北宋・范諤昌（？）所提「龍馬負圖出河」之〈河圖〉圖、數，與劉牧所云〈洛書〉之「五行生成之數」同然一般，〈河圖〉、〈洛

書〉體例相互顛倒，確然可證劉牧師承定非諤昌。是以南宋・晁說之（1059～1129）：「諤昌授彭城劉牧」之言，及朱震：「濮上陳摶以先天圖傳种放，……放以河圖、洛書傳李溉。溉傳許堅，堅傳范諤昌，諤昌傳劉牧」之傳承，純然有誤，無法成立，必得重作查考。

況本研究之對象，本即彭城劉牧字長民，非三衢劉牧（1011～1064）字先之，原已確定。若然清・黃宗羲（1610～1695）《宋元學案》所敘：「劉牧字先之，號長民，衢之西安人，……。先生又受《易》學于范諤昌，諤昌本于許堅，堅本于种放，實與康節同所自出。」且將彭城劉牧及其弟子黃黎獻（？）、吳祕（？），皆歸於北宋・孫復（992～1057）門下之訛錯，猶然必須重修改寫。

同然之理，清・朱彝尊（1629～1709）《曝書亭集》之述：「三衢固仕國也。昔之言經術者，若鄭灼之三《禮》；劉牧、徐庸、柴翼之《易》；徐晉卿、王宏之《春秋》，是皆西安產也。」亦須加以訂正。

彭城劉牧師承，終將成謎！然其早出北宋・邵雍（1012～1077）已屬不疑。四庫館臣既云：「至宋而象數之中，復岐出圖書一派，牧在邵子之前，其首倡者也。」若此館臣所提「兩派六宗」之「圖書宗」代表，亦當由「陳摶、邵雍」，更定為「陳摶、劉牧」。尚且館臣所稱：

> 《易數鈎隱圖》三卷，附《遺論九事》一卷。宋劉牧撰。其說出於陳摶與邵子先天之學，異派同源，惟以九數為〈河圖〉，十數為〈洛書〉，與邵子異。宋人《易》數以此書為首。其《遺論九事》，皆奇、偶、陰、陽之說，先儒之所未言也。〔註2〕

〈河圖〉先天、〈洛書〉後天，本為劉牧首創，《遺論九事》更非其作，師承不出陳摶一脈，惟或同源。若然「其說出於陳摶與邵子先天之學」、「其《遺論九事》，皆奇、偶、陰、陽之說，先儒之所未言也。」同然皆須改易。

劉牧《易》學，於北宋之初，非但引領義理《易》學之發端、尚且列序宋初儒學創建之首要，亦且身界史事訓《易》，承上起下之肇端，更為宋初科學釋《易》之魁元，若然非僅圖書定位之釐正，實則劉牧，甚且已然匯集義理、史事、科學、象數，兼容並蓄之《易學》涵養，儼然不失一代巨儒之格局與風範。惟是否草澤出身，無有背景，而遭疏落與攻擊，致使《新注周易》亡佚不

〔註2〕〔清〕永瑢等著：〈經部一・易類〉，《四庫全書簡明目錄》（上海：古典文學出版社，1957年），卷1，頁3。

傳，洵然已無可考，惟其著作之不全，實為後世之損失，誠然令人唏噓且慨歎不已。

綜覽省審本研究之貢獻與未來發展，筆者不揣，以為具有如下數點：

一、研究成果與貢獻

（一）「〈河圖〉四十五」、「〈洛書〉五十五」之圖、數創作

確定「〈河圖〉四十五」、「〈洛書〉五十五」之圖、數，咸非劉牧所創，惟經其著書提出，而發展顯揚於世。洎北宋以降，迄朱震之際，莫不奉遵河九、洛十之說，未有任何疑異，然張其成之言：「北宋時期對十數圖和九數圖究竟誰為河圖誰為洛書，曾有過爭論。」則莫知依憑為何？

（二）證明《遺論九事》之作者，絕非劉牧所為且無惑。

（三）肯定劉牧《易》學之歷史定位

確然劉牧義理《易》學、圖書《易》學、史事《易》學乃至科學《易》學之歷史地位。

（四）〈河圖〉為先天，〈洛書〉為後天之創見

本研究發現，劉牧首創〈河圖〉為先天，〈洛書〉為後天之論，有助於明白，洎有漢以降，羅盤所用後天八卦二十四山分陰陽，[註3] 即藉〈河圖〉先天九數，搭配先天八卦，而得淨陰、淨陽之合理；亦由此同然了解「子平學」，男命寄坤☷、女命寄艮☶之根據。

若然南宋・朱熹（1130～1200）、蔡元定（1135～1198），改易〈洛書〉為九、為後天，〈河圖〉為十、為先天，則變後天九數，配先天八卦，以成就後天二十四山之淨陰、淨陽，於理，確然產生牴牾。

二、未來發展與延伸

（一）〈河圖〉、〈洛書〉接續問題之延伸

隋・蕭吉（？）曾引《黃帝九宮經》，詮釋「九宮數」，其謂：

〔註3〕按《易緯乾鑿度》已載：「八卦數二十四，以生陰陽，衍之皆合之於度量。」此「八卦數二十四」，鄭玄即注：「數二十四者，即分八卦，各為三氣之數。」由此可知，早於漢代之時，八卦二十四山已然形成。〔東漢〕鄭康成注：《易緯乾鑿度》，收入《景印摛藻堂四庫全書薈要・經部第 14 冊・易類》（臺北：世界書局，1988 年），總第 15 冊，卷下，頁 509。

《黃帝九宮經》云：戴九履一，左三右七，二、四為肩，六、八為足，五居中宮，總御得失。其數則坎☵一、坤☷二、震☳三、巽☴四、中宮五、乾☰六、兌☱七、艮☶八、離☲九。太一行九宮從一，以少之多，順其數也。〔註4〕

文中陳述，全然劉牧所稱〈河圖〉天一、地二、天三、地四、天五、地六、天七、地八、天九之數。且《黃帝九宮經》「戴九履一……，五居中宮」云云，可謂《遺論九事》「太皡氏授龍馬負圖」之翻版。更且說明該〈河圖〉九數之布列方式，即是依循《易緯乾鑿度》，沿後天八卦行走之順序，自北方坎☵一、西南坤☷二、東方震☳三、東南巽☴四、中宮五、西北乾☰六、西方兌☱七、東北艮☶八、南方離☲九而成。

依上所言，可知隋、唐之際，並無〈河圖〉之名，僅有「九宮之數」。若然〈龍圖〉之稱，始於五代末、北宋初之道士陳摶《龍圖》序：「且夫龍馬，始負圖出於羲皇之代，在太古之先也。」〔註5〕該〈龍圖〉即〈河圖〉，兩宋期間，未有何人目睹《龍圖》一書，且無人知曉〈河圖〉起例。

迄元初雷思齊（1231～1303）始得親見而謂：「愚幸，及其全書。」〔註6〕且加描述，惟未繪圖配合以示。然其所言之圖、書形貌，皆與劉牧所陳內容相同，並駁朱熹、蔡元定：「至其甚者，以五十五數之圖，乃妄謂之〈河圖〉，而以圖南所傳之〈河圖〉，反謂之〈洛書〉，顛倒迷繆，靡所底止。」〔註7〕

至元‧張理（?）《易象圖說》則以朱、蔡，河十、洛九一脈，繪製「〈龍圖〉天地生成之數」圖：

〔註4〕〔隋〕蕭吉撰：〈第三明數‧第五論九宮數〉，《五行大義》，收入《續修四庫全書‧子部‧術數類》（上海：上海古籍出版社，1995年），第1060冊，卷1，頁209。

〔註5〕〔南宋〕呂祖謙編：〈《龍圖》序〉，《宋文鑑》，收入《景印摛藻堂四庫全書薈要‧集部第131冊‧總集類》（臺北：世界書局，1988年），總第478冊，卷85，頁221。

〔註6〕〔元〕雷思齊撰：〈河圖辨徵〉，《易圖通變》，收入《景印摛藻堂四庫全書薈要‧經部第14冊‧易類》（臺北：世界書局，1988年），總第15冊，卷4，頁469。

〔註7〕〔元〕雷思齊撰：〈河圖辨徵〉，《易圖通變》，收入《景印摛藻堂四庫全書薈要‧經部第14冊‧易類》，總第15冊，卷4，頁470。

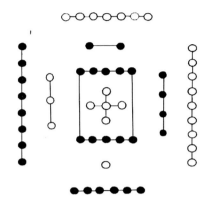

圖 7-1〈龍圖〉天地生成之數〔註8〕

該圖、數，即如劉牧之「洛書天地生成之數」。又繪「洛書縱橫十五之象」圖：

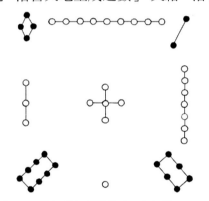

圖 7-2〈洛書〉縱橫十五之象〔註9〕

該圖、數，猶如劉牧之〈河圖〉。張理詮釋此圖則云：

> 〈洪範〉「初一曰五行；次二曰敬用五事；次三曰農用八政；次四曰
> 協用五紀；次五曰建用皇極；次六曰乂用三德；次七曰明用稽疑；
> 次八曰念用庶徵；次九曰嚮用五福，咸用六極。」漢儒以此六十五
> 字為〈洛書〉本文，而希夷所傳，則以此為〈龍圖〉，三變以生成圖
> 為〈洛書〉本文。蓋疑傳寫之誤，而啟圖九書十之辨。〔註10〕

張理全然承襲朱、蔡沿漢儒洛九之說，而疑陳摶以此稱〈龍圖〉，三變而成〈洛

<hr>

〔註8〕〔元〕張理撰：〈內篇〉，《易象圖說》，收入《景印摛藻堂四庫全書薈要・經
　　　部第 14 冊・易類》（臺北：世界書局，1988 年），總第 15 冊，卷上，頁 292。
〔註9〕〔元〕張理撰：〈內篇〉，《易象圖說》，收入《景印摛藻堂四庫全書薈要・經
　　　部第 14 冊・易類》（臺北：世界書局，1988 年），總第 15 冊，卷上，頁 293。
〔註10〕〔元〕張理撰：〈內篇〉，《易象圖說》，收入《景印摛藻堂四庫全書薈要・經
　　　部第 14 冊・易類》，總第 15 冊，卷上，頁 293。

書〉之文，為傳抄之誤，亦因此之訛舛，而開北宋遵「圖九、洛十」，南宋宗「圖十、洛九」之爭。元‧胡一桂（？）即類張理之述，且循朱、蔡之言，而斥：「愚案〈《龍圖》序〉，希夷正以五十五數為〈河圖〉，則劉牧乃以四十五數為圖，托言出於希夷者，蓋亦妄矣。」〔註11〕

南、北兩宋「圖、書」之紛紛，延擾至元、明迄清，幾乎已摒「圖九、洛十」，獨鍾「圖十、洛九」。惟清‧黃宗羲（1610～1695）、黃宗炎（1616～1686）、毛其齡（1623～1716）、胡渭（1633～1714），猶然展開一連串戰火煙硝之議論與批判。對於〈河圖〉、〈洛書〉之考辨，尤其胡渭不采元初近宋之思齊，惟掇晚出，差逾數十載之張理陳敘，作為進行深入、詳細探索與剖析之憑丈。其間對於劉牧相關之功過與評別；〔註12〕〈河圖〉、九宮之數；〈洛書〉、天地之數，彼此之易名，相應於整體學術之運用，以及產生之影響等，皆是本研究，必須持續探討之重點。

（二）持續《新注周易》未完之分析

本研究，遍覽眾籍，搜羅裒彙，凡輯劉牧《新注周易》佚文 249 條，扣除一則李衡刪節《遺論九事》「大衍之數五十第三」之敘，接合劉牧《易數鈎隱圖》「其用四十有九第十六」〈論下〉些許之述，所成之文，〔註13〕一則李衡采掇《遺論九事》「蓍數揲法第八」、〔註14〕一則李衡謬將朱震之說，標註為劉牧之注、〔註15〕以及清‧李榮陛（？）誤將《遺論九事》「復見天地之心第六」之陳，錯視為三衢劉牧之詮，〔註16〕若此，實則應有 245 條之數。惟審酌篇幅考量，本研究僅能折衷，分辨解析其中 38 條，若然即已獲取，此般令人發聾振聵之結果。是以為求更加完善與齊備，所餘未竟共計 207 條輯佚之文，將於本研究之後，秉持有始有終，義無反顧，理所當然之態度，猶然依

〔註11〕 元‧胡一桂撰：〈傳注‧宋〉，《周易啟蒙翼傳》，收入《景印摛藻堂四庫全書薈要‧經部第 10 冊‧易類》（臺北：世界書局，1988 年），總第 11 冊，中篇，頁 275。

〔註12〕 按胡渭亦誤視《遺論九事》「太皞氏授龍馬負圖」為劉牧所為，而注云：「〈龍圖〉第三變，劉牧謂之太皞授龍馬負圖。」〔清〕胡渭撰：〈九宮〉，《易圖明辨》，收入《景印文淵閣四庫全書‧經部 38‧易類》（臺北：臺灣商務印書館，1983 年），44 冊，卷 2，頁 672。

〔註13〕 詳附錄編號 237。

〔註14〕 詳附錄編號 238。

〔註15〕 詳附錄編號 241。

〔註16〕 詳附錄編號 244。

卦之次，持續逐一完成，以彰顯劉牧《新注周易》、《卦德通論》，更近全然之
風貌。

（三）將來預定進行之工作

本研究非但發現李衡錯把《遺論九事》之說，冠以劉牧之名，輯錄於《周
易義海撮要》，且明代葉良佩（？）同犯此誤。同時，亦發覺《義海撮要》，尚
有以「陸」字表示作者之輯文，葉良佩則有「東漢・陸績（188〜219）」、「唐・
陸德明（556〜627）」、「唐・陸震（？）」〔註17〕、「唐・陸希聲（？）」、「北
宋・陸秉（？）」、「？陸介（？）」〔註18〕不同之記錄，然清・黃奭（1809〜
1853），竟依《撮要》之「陸」字，全然輯入《黃氏逸書考・陸希聲易傳》。

《撮要》標著作者為「薛」字之輯文，葉良佩（？）則錄「唐・薛仁貴
（614〜683）」或「北宋・薛溫其（？）」或「？・薛籛（？）」〔註19〕，或無
輯引，惟南宋王應麟（1223〜1296年），則記「薛氏」〔註20〕；《撮要》記作

〔註17〕按葉良佩云：「陸氏希聲，房氏喬，郭氏京，陸氏震，薛氏仁貴，孔氏穎達。」
葉氏將陸震排於前、後皆唐儒之中，若此筆者視其為唐代之人。〔明〕葉良佩
撰：〈先賢先儒姓氏三〉，《周易義叢》，卷首，頁4。

〔註18〕按依葉良佩〈先賢先儒姓氏〉、〈拾遺〉之記錄，均無此人，不知何代之人，
恐或傳抄筆訛之致。〔明〕葉良佩撰：〈先賢先儒姓氏三〉、〈拾遺〉，《周易義
叢》，收入《續修四庫全書・經部・易類》（上海：上海古籍出版社，1995年），
第7冊，卷首，頁3〜6。

〔註19〕按遍查文獻，未知薛籛之朝代、生卒。

〔註20〕按南宋・王應麟稱「薛氏」，不知朝代、生卒。例如〔南宋〕王應麟著引：「薛
氏曰：『易以初爻為七日者，舉前卦而云也。〈復〉▤之七日來復，〈震〉▤、
〈既濟〉▤之七日得，皆舉初爻。」〔南宋〕王應麟撰，〔清〕閻若璩、何焯
評註：《困學紀聞》，收入《景印文淵閣四庫全書・子部160・雜家類》（臺北：
臺灣商務印書館，1985年），第854冊，卷1，頁145。惟此則，葉良佩未有
輯錄，然李衡於〈震▤・六二〉載記作者，以「薛」字表示：「九者，陽數之
極也。七日，初爻之謂也。卦必以初爻為七日者，舉前卦而云也。故〈復〉
▤之七日來復，〈既濟〉▤之七日勿逐，皆舉初爻之謂也。薛」〔南宋〕李衡刪
增：《周易義海撮要》，收入《景印摛藻堂四庫全書薈要・經部第3冊・易類》
（臺北：世界書局，1988年），總第4冊，卷5，頁182。但清・翁元圻（1751
〜1825）卻依朱彝尊之言，而認定此「薛氏」為薛溫其，其云：「元圻案：此
薛溫其之說也。見《易義海撮要・〈震〉▤・六二》。朱竹垞《經義考》曰：
薛氏溫其《易義》，散見《周易義海》其釋皆引唐事以為之證，當屬宋初人。」
〔清〕翁元圻撰：《困學紀聞注》，收入《續修四庫全書・子部・雜家類》（上
海：上海古籍出版社，1995年），第1142冊，卷1，頁422。〔清〕黃以周
（1828〜1899）即逕稱該「薛氏」為薛溫其，而謂：「薛氏溫其曰：『《易》以
初爻為七日，舉前卦而言云也。〈復〉▤之七日來復，〈震〉▤、〈既濟〉▤之

者「房」字之文，葉良佩則錄「唐·房喬（579～648）」、「北宋·房審權（？）」，或葉良佩無相對載錄，即無法判別，該「房」屬何人；亦有因北宋·王安石（1021～1086）之名有「石」，且字「介甫」；北宋·石介（1005～1045），姓「石」、名「介」，惟《撮要》常以「石」、「介」標記區分，而往往造成錯亂，……，舉凡此類，不勝枚舉。

　　若然，由於檢覈劉牧相關著說，而衍生《周易義海撮要》之審校，及因該書混雜不清，造成相關文獻之訛失釐正，亦是本研究之後，預定計畫進行之項目。

七日得，皆舉初爻。』」〔清〕黃以周撰：《十翼後錄》，收入《續修四庫全書·經部·易類》（上海：上海古籍出版社，1995 年），第 37 冊，卷 13，頁 192。又按《周易義海撮要》一個「薛」字，葉良佩無有輯錄，惟歷來則有「薛氏」、「薛溫其」不同之稱名，若然該「薛」，是否亦該「薛仁貴」或「薛簪」之可能？凡此相類情況，《撮要》比比皆是，僅舉一例，以喻其全，是以特須進行校正。

參考文獻

一、古籍（以年代先後）

1. 〔齊〕管仲撰，〔唐〕房玄齡注：《管子》，收入《景印摛藻堂四庫全書薈要・子部第 7 冊・法家類》總第 252 冊，臺北：世界書局，1988 年。

2. 〔東周〕李耳撰，〔三國・魏〕王弼注：《老子道德經》，收入《景印摛藻堂四庫全書薈要・子部第 30 冊・墨家類、道家類》總第 275 冊，臺北：世界書局，1988 年。

3. 〔東周〕卜子夏撰：《子夏易傳》，收入《景印文淵閣四庫全書・經部 1・易類》第 7 冊，臺北：臺灣商務印書館，1983 年。

4. 〔東周〕列禦寇撰，〔東晉〕張湛注：《列子》，收入《景印摛藻堂四庫全書薈要・子部第 31 冊・道家類》總第 276 冊，臺北：世界書局，1988 年。

5. 〔東周〕莊周撰，〔西晉〕郭象注，〔唐〕陸德明音義：《莊子》，收入《景印摛藻堂四庫全書薈要・子部第 30 冊・墨家類、道家類》總第 275 冊，臺北：世界書局，1988 年。

6. 〔東周〕辛銒撰：《文子》，收入《景印摛藻堂四庫全書薈要・子部第 31 冊・道家類》總第 276 冊，臺北：世界書局，1988 年。

7. 〔東周〕左丘明傳，〔西晉〕杜預注，〔唐〕孔穎達正義：《春秋左傳注疏》，北京：北京大學出版社，2000 年。

8. 〔東周〕韓非撰，〔？〕李瓚注：《韓非子》，收入《景印摛藻堂四庫全書

薈要‧子部第 7 冊‧法家類》總第 252 冊，臺北：世界書局，1988 年。

9. 〔秦〕呂不韋撰，〔東漢〕高誘注：《呂氏春秋》，收入《景印文淵閣四庫全書‧子部 154‧雜家類》第 848 冊，臺北：臺灣商務印書館，1985 年。

10. 〔西漢〕河上公撰：《老子道德經》，收入《景印文淵閣四庫全書‧子部 361‧道家類》第 1055 冊，臺北：臺灣商務印書館，1985 年。

11. 〔西漢〕毛亨傳，〔東漢〕鄭玄箋，〔唐〕孔穎達疏：《毛詩正義》，北京：北京大學出版社，2000 年。

12. 〔西漢〕劉安撰，〔東漢〕高誘注：《淮南鴻烈解》，收入《景印摛藻堂四庫全書薈要‧子部第 32 冊‧雜家類》總第 277 冊，臺北：世界書局，1988 年。

13. 〔西漢〕董仲舒撰：《春秋繁露》，收入《景印文淵閣四庫全書‧經部 175‧春秋類》第 181 冊，臺北：臺灣商務印書館，1983 年。

14. 〔西漢〕孔安國傳，〔唐〕陸德明音義，孔穎達正義：《尚書注疏》，收入《景印摛藻堂四庫全書薈要‧經部第 15 冊‧書類》，臺北：世界書局，1988 年。

15. 〔西漢〕孔安國傳，〔唐〕陸德明音義，孔穎達正義：《尚書注疏》，收入《景印摛藻堂四庫全書薈要‧經部第 15 冊‧書類》總第 16 冊，臺北：世界書局，1988 年。

16. 〔西漢〕司馬遷撰，〔南朝‧宋〕裴駰集解，〔唐〕司馬貞索隱，張守節正義：《史記》，收入《景印摛藻堂四庫全書薈要‧史部第 1 冊‧正史類》總第 87 冊，臺北：世界書局，1988 年。

17. 〔西漢〕司馬遷撰，〔南朝‧宋〕裴駰集解、〔唐〕司馬貞索隱、張守節正義：《史記》，收入《景印摛藻堂四庫全書薈要‧史部第 2 冊‧正史類》總第 88 冊，臺北：世界書局，1988 年。

18. 〔西漢〕司馬遷撰，〔南朝‧宋〕裴駰集解，〔唐〕司馬貞索隱，張守節正義：《史記》，收入《景印摛藻堂四庫全書薈要‧史部第 3 冊‧正史類》總第 89 冊，臺北：世界書局，1988 年。

19. 〔西漢〕京房撰，〔東漢〕陸績注：《京氏易傳》，收入《景印摛藻堂四庫全書薈要‧子部第 19 冊‧數術類》總第 264 冊，臺北：世界書局，1988 年。

20. 〔西漢〕戴德撰，〔北周〕盧辯註：《大戴禮記》，收入《景印文淵閣四庫全書・經部 122・禮類》第 128 冊，臺北：臺灣商務印書館，1983 年。

21. 〔西漢〕揚雄撰，〔西晉〕范望注：《太玄經》，收入《景印文淵閣四庫全書・子部 109・術數類》第 803 冊，臺北：臺灣商務印書館，1985 年。

22. 〔西漢〕揚雄撰，〔東晉〕李軌、〔唐〕柳宗元、〔北宋〕宋咸、吳祕、司馬光注：《揚子法言》，收入《景印摛藻堂四庫全書薈要・子部第 2 冊・儒家類》總第 247 冊，臺北：世界書局，1988 年。

23. 〔東漢〕班固撰，〔唐〕顏師古注：《前漢書》，收入《景印摛藻堂四庫全書薈要・史部第 4 冊・正史類》總第 90 冊，臺北：世界書局，1988 年。

24. 〔東漢〕班固撰，〔唐〕顏師古注：《前漢書》，收入《景印摛藻堂四庫全書薈要・史部第 5 冊・正史類》總第 91 冊，臺北：世界書局，1988 年。

25. 〔東漢〕班固撰，〔唐〕顏師古注：《前漢書》，收入《景印摛藻堂四庫全書薈要・史部第 6 冊・正史類》總第 92 冊，臺北：世界書局，1988 年。

26. 〔東漢〕許慎撰，〔北宋〕徐鉉增釋：《說文解字》，收入《景印摛藻堂四庫全書薈要・經部第 79 冊・小學類》總第 80 冊，臺北：世界書局，1988 年。

27. 〔東漢〕許慎撰，〔北宋〕徐鉉增釋：《說文解字》，收入《景印文淵閣四庫全書・經部 217・小學類》第 223 冊，臺北：臺灣商務印書館，1983 年。

28. 〔東漢〕鄭康成箋，〔唐〕陸德明音義，孔穎達疏：《毛詩注疏》，收入《景印摛藻堂四庫全書薈要・經部第 22 冊・詩類》總第 23 冊，臺北：世界書局，1988 年。

29. 〔東漢〕鄭康成注，〔唐〕陸德明音義，賈公彥正義：《周禮注疏》，收入《景印摛藻堂四庫全書薈要・經部第 45 冊・禮類》總第 46 冊，臺北：世界書局，1988 年。

30. 〔東漢〕鄭康成注，〔唐〕陸德明音義，賈公彥正義：《儀禮注疏》，收入《景印摛藻堂四庫全書薈要・經部第 48 冊・禮類》總第 49 冊，臺北：世界書局，1988 年。

31. 〔東漢〕鄭康成注，〔唐〕陸德明音義，孔穎達正義：《禮記注疏》，收入《景印摛藻堂四庫全書薈要・經部第 50 冊・禮類》總第 51 冊，臺北：

世界書局，1988 年。

32. 〔東漢〕鄭康成注，〔唐〕陸德明音義，孔穎達正義：《禮記注疏》，收入《景印摛藻堂四庫全書薈要・經部第 51 冊・禮類》總第 52 冊，臺北：世界書局，1988 年。

33. 〔東漢〕鄭康成注：《易緯乾坤鑿度》，收入《景印摛藻堂四庫全書薈要・經部第 14 冊・易類》總第 15 冊，臺北：世界書局，1988 年。

34. 〔東漢〕鄭康成注：《易緯乾鑿度》，收入《景印摛藻堂四庫全書薈要・經部第 14 冊・易類》總第 15 冊，臺北：世界書局，1988 年。

35. 〔東漢〕鄭康成注：《易緯稽覽圖》，收入《景印摛藻堂四庫全書薈要・經部第 14 冊・易類》總第 15 冊，臺北：世界書局，1988 年。

36. 〔東漢〕鄭康成注，〔南宋〕王應麟編：《周易鄭注》，收入《景印摛藻堂四庫全書薈要・經部第 6 冊・易類》總第 7 冊，臺北：世界書局，1988 年。

37. 〔東漢〕鄭玄注，〔唐〕賈公彥疏：《周禮注疏》，北京：北京大學出版社，2000 年。

38. 〔東漢〕鄭玄注，〔唐〕孔穎達疏：《禮記正義》，北京：北京大學出版社，2000 年。

39. 〔東漢〕鄭玄撰，〔南宋〕王應麟編：《周易鄭康成注》，收入《景印文淵閣四庫全書・經部 1・易類》第 7 冊，臺北：臺灣商務印書館，1983 年。

40. 〔東漢〕陸績撰，〔明〕姚士粦輯：《陸氏易解》，收入《景印文淵閣四庫全書・經部 1・易類》第 7 冊，臺北：臺灣商務印書館，1983 年。

41. 〔三國・魏〕王肅注：《家語》，收入《景印摛藻堂四庫全書薈要・子部第 1 冊・儒家類》總第 246 冊，臺北：世界書局，1988 年。

42. 〔三國・魏〕何晏注，〔唐〕陸德明音義，〔北宋〕邢昺正義：《論語注疏》，收入《景印摛藻堂四庫全書薈要・經部第 69 冊・論語類》總第 70 冊，臺北：世界書局，1988 年。

43. 〔三國・魏〕王弼注，〔唐〕陸德明音義，孔穎達正義：《周易經傳注疏》，收入《景印摛藻堂四庫全書薈要・經部第 1 冊・易類》總第 2 冊，臺北：世界書局，1988 年。

44. 〔三國・魏〕王弼著，〔唐〕邢璹注，陸德明音義：《周易略例》，收入《景

印摛藻堂四庫全書薈要・經部第 1 冊・易類》總第 2 冊，臺北：世界書局，1988 年。

45. 〔三國・魏〕王弼，〔東晉〕韓康伯撰：《周易註》，收入《文淵閣四庫全書・經部 1・易類》第 7 冊，臺北：臺灣商務印書館，1983 年。

46. 〔三國・魏〕王弼、〔東晉〕韓康伯注，〔唐〕陸德明音義，孔穎達疏：《周易注疏附略例》，收入《景印文淵閣四庫全書・經部 1・易類》第 7 冊，臺北：臺灣商務印書館，1983 年。

47. 〔三國・魏〕王弼、〔東晉〕韓康伯注，〔唐〕孔穎達等正義：《周易正義》，收入〔清〕阮元校定《十三經注疏附校勘記》第 1 冊，臺北：藝文印書館，2001 年據嘉慶二十一年江西南昌府學重栞宋本影印。

48. 〔三國・吳〕韋昭注：《國語》，收入《景印摛藻堂四庫全書薈要・史部第 117 冊・別史類》總第 203 冊，臺北：世界書局，1988 年。

49. 〔西晉〕杜預注，〔唐〕陸德明音義，孔穎達正義：《春秋左氏傳注疏》，收入《景印摛藻堂四庫全書薈要・經部第 29 冊・春秋類》總第 30 冊，臺北：世界書局，1988 年。

50. 〔西晉〕杜預注，〔唐〕陸德明音義，孔穎達正義：《春秋左氏傳注疏》，收入《景印摛藻堂四庫全書薈要・經部第 30 冊・春秋類》總第 31 冊，臺北：世界書局，1988 年。

51. 〔西晉〕陳壽撰，〔南朝宋〕裴松之注：《三國志》，收入《景印摛藻堂四庫全書薈要・史部第 11 冊・正史類》總第 97 冊，臺北：世界書局，1988 年。

52. 〔東晉〕郭璞注，〔唐〕陸德明音義，〔北宋〕邢昺正義：《爾雅注疏》，收入《景印摛藻堂四庫全書薈要・經部第 78 冊・小學類》總第 79 冊，臺北：世界書局，1988 年。

53. 〔東晉〕范寧注，〔唐〕陸德明音義，楊士勛正義：《春秋穀梁傳注疏》，收入《景印摛藻堂四庫全書薈要・經部第 32 冊・春秋類》總第 33 冊，臺北：世界書局，1988 年。

54. 〔北齊〕魏收撰：《魏書》，收入《景印摛藻堂四庫全書薈要・史部第 21 冊・正史類》總第 107 冊，臺北：世界書局，1988 年。

55. 〔北周〕庾季才原撰，〔北宋〕王安禮等重修：《靈臺秘苑》，收入《景印

文淵閣四庫全書・子部 113・術數類》第 807 冊，臺北：臺灣商務印書館，1985 年。

56. 〔北周〕甄鸞撰，〔唐〕李淳風注：《五經算術》，收入《景印文淵閣四庫全書・子部 103・天文算法類》第 797 冊，臺北：臺灣商務印書館，1985 年。

57. 〔南朝・宋〕范蔚宗撰，〔唐〕李賢注，〔南朝・梁〕劉昭補志並注：《後漢書》，收入《景印摛藻堂四庫全書薈要・史部第 7 冊・正史類》總第 93 冊，臺北：世界書局，1988 年。

58. 〔南朝・宋〕范蔚宗撰，〔唐〕李賢注，〔後梁〕劉昭補志並注：《後漢書》，收入《景印摛藻堂四庫全書・史部第 8 冊・正史類》總第 94 冊，臺北：世界書局，1988 年。

59. 〔南朝・宋〕范蔚宗撰，〔唐〕李賢注，〔後梁〕劉昭補志並注：《後漢書》，收入《景印摛藻堂四庫全書薈要・史部第 9 冊・正史類》總第 95 冊，臺北：世界書局，1988 年。

60. 〔南朝・梁〕釋僧祐編：《弘明集》，收入《景印文淵閣四庫全書・子部 354・釋家類》第 1048 冊，臺北：臺灣商務印書館，1985 年。

61. 〔南朝・梁〕楊侃輯：《兩漢博聞》，收入《景印文淵閣四庫全書・史部 219・史鈔類》第 461 冊，臺北：臺灣商務印書館，1984 年。

62. 〔南朝・梁〕蕭統編，〔唐〕李善、呂延濟、劉良、張銑、呂向、李周翰注：《文選》，收入《景印摛藻堂四庫全書薈要・集部第 119 冊・總集類》總第 466 冊，臺北：世界書局，1988 年。

63. 〔隋〕蕭吉撰：《五行大義》，收入《續修四庫全書・子部・術數類》第 1060 冊，上海：上海古籍出版社，1995 年。

64. 〔唐〕徐堅等撰：《初學記》，收入《景印文淵閣四庫全書・子部 196・類書類》第 890 冊，臺北：臺灣商務印書館，1985 年。

65. 〔唐〕唐太宗撰，何超音義：《晉書》，收入《景印摛藻堂四庫全書薈要・史部第 12 冊・正史類》總第 98 冊，臺北：世界書局，1988 年。

66. 〔唐〕陸德明撰：《經典釋文》，收入《景印摛藻堂四庫全書薈要・經部第 76 冊・經解類》總第 77 冊，臺北：世界書局，1988 年。

67. 〔唐〕陸德明撰：《經典釋文》，收入《景印文淵閣四庫全書・經部 176・

孝經類、五經總義類》第 182 冊，臺北：臺灣商務印書館，1983 年。

68. 〔唐〕吳兢撰，〔民國〕謝保成集校：《貞觀政要集校》，北京：中華書局，2012 年。

69. 〔唐〕明皇御注，陸德明音義，〔北宋〕邢昺正義：《孝經注疏》，收入《景印摛藻堂四庫全書薈要・經部第 67 冊・孝經類》總第 68 冊，臺北：世界書局，1988 年。

70. 〔唐〕魏徵等撰：《隋書》，收入《景印摛藻堂四庫全書薈要・史部第 23 冊・正史類》總第 109 冊，臺北：世界書局，1988 年。

71. 〔唐〕王冰注：《黃帝內經素問》，收入《景印摛藻堂四庫全書薈要・子部第 9 冊・醫家類》總第 254 冊，臺北：世界書局，1988 年。

72. 〔唐〕李鼎祚撰：《周易集解》，收入《景印文淵閣四庫全書・經部 1・易類》第 7 冊，臺北：臺灣商務印書館，1983 年。

73. 〔唐〕呂嵒撰：《易說》，收入〔清〕閻永和，彭翰然重刻，賀龍驤校訂：《重刊道藏輯要・壁集》第 14 冊，成都：二仙庵版刻，光緒 32 年（1906 年）。

74. 〔唐〕李籍撰：《周髀算經音義》，收入《景印摛藻堂四庫全書薈要・子部・第 19 冊・數術類》總第 264 冊，臺北：世界書局，1988 年。

75. 〔後晉〕劉昫撰：《舊唐書》，收入《景印摛藻堂四庫全書薈要・史部第 32 冊・正史類》總第 118 冊，臺北：世界書局，1988 年。

76. 〔北宋〕李昉等撰：《太平御覽》，收入《景印文淵閣四庫全書・子部 199・類書類》第 893 冊，臺北：臺灣商務印書館，1985 年。

77. 〔北宋〕劉牧撰：《易數鈎隱圖》，收入《景印摛藻堂四庫全書薈要・經部第 14 冊・易類》總第 15 冊，臺北：世界書局，1988 年。

78. 〔北宋〕劉牧撰：《遺論九事》，收入《景印摛藻堂四庫全書薈要・經部第 14 冊・易類》，總第 15 冊，臺北：世界書局，1988 年。

79. 〔北宋〕劉牧撰：《易數鈎隱圖附遺論九事》，收入《景印文淵閣四庫全書・經部 2・易類》第 8 冊，臺北：臺灣商務印書館，1983 年。

80. 〔北宋〕劉牧撰：《易數鈎隱圖附遺論九事》，收入嚴靈峯編輯：《易經集成》第 143 冊，臺北：成文出版有限公司，1976 年據清康熙十九年通志堂原刊本影印。

81.〔三衢〕劉牧撰：《易數鉤隱圖》，收入李一泯編校：《道藏》第 3 冊，北京、上海、天津：文物出版社、上海書店、天津古籍出版社，1988 年。

82.〔北宋〕姚鉉編：《唐文粹》，收入《景印摛藻堂四庫全書薈要‧第 129 冊‧總集類》總第 476 冊，臺北：世界書局，1988 年。

83.〔北宋〕楊億撰：《武夷新集》，收入《景印摛藻堂四庫全書薈要‧集部第 21 冊‧別集類》總第 368 冊，臺北：世界書局，1988 年。

84.〔北宋〕張伯端著，〔南宋〕薛式，陸墅，〔元〕陳致虛注《悟真篇》，收入《重刊道藏輯要‧奎集》第 15 冊，成都：二仙庵版刻，光緒 32 年【1906 年】。

85.〔北宋〕王溥撰：《唐會要》，收入《景印文淵閣四庫全書‧史部 365‧政書類》第 607 冊，臺北：臺灣商務印書館，1984 年。

86.〔北宋〕范仲淹撰：《范文正集》，收入《景印摛藻堂四庫全書薈要‧集部第 22 冊‧別集類》總 369 冊，臺北：世界書局，1988 年。

87.〔北宋〕胡瑗撰：《周易口義》，收入《景印摛藻堂四庫全書薈要‧經部第 1 冊‧易類》總第 2 冊，臺北：世界書局，1988 年。

88.〔北宋〕宋祁撰：《宋景文筆記》，收入《景印文淵閣四庫全書‧子部 168‧雜家類》第 862 冊，臺北：臺灣商務印書館，1985 年。

89.〔北宋〕王堯臣、王洙、歐陽修等撰：《崇文總目》，收入《景印文淵閣四庫全書‧史部 432‧目錄類》第 674 冊，臺北：臺灣商務印書館，1984 年。

90.〔北宋〕歐陽修、宋祁等撰，董衝釋音：《唐書》，收入《景印摛藻堂四庫全書薈要‧史部第 35 冊‧正史類》總第 121 冊，臺北：世界書局，1988 年。

91.〔北宋〕歐陽修撰：《歐陽文忠公集》，美國哈佛大學燕京圖書館珍藏：明嘉靖庚申三十九年（1560）。

92.〔北宋〕歐陽修撰：《文忠集》，收入《景印摛藻堂四庫全書薈要‧集部第 23 冊‧別集類》總第 370 冊，臺北：世界書局，1988 年。

93.〔北宋〕歐陽修撰：《文忠集》，收入《景印摛藻堂四庫全書薈要‧集部第 24 冊‧別集類》總第 371 冊，臺北：世界書局，1988 年。

94.〔北宋〕李覯撰：《盱江集》，收入《景印文淵閣四庫全書‧集部 34‧別

集類》第 1095 冊，臺北：臺灣商務印書館，1985 年。

95. 〔北宋〕李覯撰，〔明〕左贊編輯、何喬新校正：《直講先生文集》，收入張元濟輯：《四部叢刊初編・集部》第 845 冊，上海：商務印書館，1922年。

96. 〔北宋〕陳襄撰：《古靈集》，收入《景印文淵閣四庫全書・集部・別集類》第 1093 冊，臺北：臺灣商務印書館，1985 年。

97. 〔北宋〕呂陶撰：《淨德集》，收入《景印文淵閣四庫全書・集部 37・別集類》第 1098 冊，臺北：臺灣商務印書館，1985 年。

98. 〔北宋〕司馬光撰：《涑水記聞》，收入《景印文淵閣四庫全書・子部 342・小說家類》第 1036 冊，臺北：臺灣商務印書館，1985 年。

99. 〔北宋〕司馬光撰，〔元〕胡三省音注：《資治通鑑》，收入《景印摛藻堂四庫全書薈要・史部第 71 冊・編年類》總第 157 冊，臺北：世界書局，1988 年。

100. 〔北宋〕張載撰：《橫渠易說》，收入《景印摛藻堂四庫全書薈要・經部第 1 冊・易類》總第 2 冊，臺北：世界書局，1988 年。

101. 〔北宋〕鄭獬撰：《鄖溪集》，收入《景印文淵閣四庫全書・集部 36・別集類》第 1097 冊，臺北：臺灣商務印書館，1985 年。

102. 〔北宋〕程頤撰：《易程傳》，收入王雲五主編：《叢書集成初篇》，上海：商務印書館，1936 年據古逸叢書本影印。

103. 〔北宋〕阮逸、胡瑗撰：《皇祐新樂圖記》，收入《景印文淵閣四庫全書・經部 205・樂類》第 211 冊，臺北：臺灣商務印書館，1983 年。

104. 〔北宋〕沈括撰：《夢溪筆談》，收入《景印文淵閣四庫全書・子部 168・雜家類》第 862 冊，臺北：臺灣商務印書館，1985 年。

105. 〔北宋〕沈括撰：《補筆談》，收入《景印文淵閣四庫全書・子部 168・雜家類》第 862 冊，臺北：臺灣商務印書館，1985 年。

106. 〔北宋〕程顥、程頤撰：《二程文集》，收入《景印文淵閣四庫全書・集部 284・總集類》第 1345 冊，臺北：臺灣商務印書館，1985 年。

107. 〔北宋〕陸佃撰：《埤雅》，收入《景印文淵閣四庫全書・經部 216・小學類》第 222 冊，臺北：臺灣商務印書館，1983 年。

108. 〔南宋〕晁說之撰：《景迂生集》，收入《景印摛藻堂四庫全書薈要・集部

第 40 冊‧別集類》總第 387 冊，臺北：世界書局，1988 年。

109.〔南宋〕朱震撰：《漢上易傳》，收入《景印文淵閣四庫全書‧經部 5‧易類》第 11 冊，臺北：臺灣商務印書館，1983 年。

110.〔南宋〕朱震撰：《漢上易傳》，收入《景印摛藻堂四庫全書薈要‧經部第 2 冊‧易類》）總第 3 冊，臺北：世界書局，1988 年。

111.〔南宋〕朱震撰：《卦圖》，收入《景印摛藻堂四庫全書薈要‧經部第 2 冊‧易類》總第 3 冊，臺北：世界書局，1988 年。

112.〔南宋〕朱震撰：《叢說》，收入《景印摛藻堂四庫全書薈要‧經部第 2 冊‧易類》總第 3 冊，臺北：世界書局，1988 年。

113.〔南宋〕李光撰：《讀易詳說》，收入《景印文淵閣四庫全書‧經部 4‧易類》第 10 冊，臺北：臺灣商務印書館，1983 年。

114.〔南宋〕張九成撰：《孟子傳》，收入《景印文淵閣四庫全書‧經部 190‧四書類》第 196 冊，臺北：臺灣商務印書館，1983 年。

115.〔南宋〕張行成撰：《皇極經世觀物外篇衍義》，收入《景印文淵閣四庫全書‧子部 110‧術數類》第 804 冊，臺北：臺灣商務印書館，1985 年。

116.〔南宋〕李衡刪增：《周易義海撮要》，收入《景印摛藻堂四庫全書薈要‧經部第 3 冊‧易類》總第 4 冊，臺北：世界書局，1988 年。

117.〔南宋〕鄭樵撰：《通志》，收入《景印摛藻堂四庫全書薈要‧史部第 128 冊‧別史類》總第 214 冊，臺北：世界書局，1988 年。

118.〔南宋〕晁公武撰：《郡齋讀書志》，收入《景印文淵閣四庫全書‧史部 432‧目錄類》第 674 冊，臺北：臺灣商務印書館，1984 年。

119.〔南宋〕胡宏撰：《皇王大紀》，收入《景印文淵閣四庫全書‧史部 71‧編年類》第 313 冊，臺北：臺灣商務印書館，1984 年。

120.〔南宋〕李石撰：《方舟集》，收入《景印文淵閣四庫全書‧集部 88‧別集類》第 1149 冊，臺北：臺灣商務印書館，1985 年。

121.〔南宋〕周必大編：《文忠集年譜》，收入《景印摛藻堂四庫全書薈要‧集部第 25 冊‧別集類》總第 372 冊，臺北：世界書局，1988 年。

122.〔南宋〕李燾撰：《續資治通鑑長編》，收入《景印文淵閣四庫全書‧史部 73‧編年類》第 315 冊，臺北：臺灣商務印書館，1984 年。

123.〔南宋〕李燾撰：《續資治通鑑長編》，收入《景印文淵閣四庫全書‧史部

74‧編年類》第 316 冊，臺北：臺灣商務印書館，1984 年。

124. 〔南宋〕李燾撰：《續資治通鑑長編》，收入《景印文淵閣四庫全書‧史部 80‧編年類》第 322 冊，臺北：臺灣商務印書館，1984 年。

125. 〔南宋〕尤袤撰：《遂初堂書目》，收入《景印文淵閣四庫全書‧史部 432‧目錄類》第 674 冊，臺北：臺灣商務印書館，1984 年。

126. 〔南宋〕樓鑰撰：《范文正公年譜》，收入四庫全書存目叢書編纂委員會編：《四庫全書存目叢書‧史部》第 82 冊，濟南：齊魯書社，1996 年。

127. 〔南宋〕樓鑰撰：《范文正公年譜》，收入張壽鏞輯：《四明叢書》第 8 冊，揚州：廣陵書社，2006 年。

128. 〔南宋〕項安世撰：《周易玩辭》，收入《景印摛藻堂四庫全書薈要‧經部第 3 冊‧易類》總第 4 冊，臺北：世界書局，1988 年。

129. 〔南宋〕朱熹撰：《易學啟蒙》，輯入〔清〕李光地等編校：《御纂性理精義》，收入《景印摛藻堂四庫全書薈要‧子部第 3 冊‧儒家類》總第 248 冊，臺北：世界書局，1988 年。

130. 〔南宋〕朱熹撰：《晦庵集》，收入《景印文淵閣四庫全書‧集部 84‧別集類》第 1145 冊，臺北：臺灣商務印書館，1985 年。

131. 〔南宋〕朱熹撰：《原本周易本義》，收入《景印文淵閣四庫全書‧經部 6‧易類》第 12 冊，臺北：臺灣商務印書館，1983 年。

132. 〔南宋〕朱熹編：《二程遺書》，收入《景印文淵閣四庫全書‧子部 4‧儒家類》第 698 冊，臺北：臺灣商務印書館，1985 年。

133. 〔南宋〕陳埴撰：《木鍾集》，收入《景印文淵閣四庫全書‧子部 9‧儒家類》第 703 冊，臺北：臺灣商務印書館，1985 年。

134. 〔南宋〕張栻撰：《南軒易說》，收入《景印文淵閣四庫全書‧經部 7‧易類》第 13 冊，臺北：臺灣商務印書館，1983 年。

135. 〔南宋〕蔡元定撰：《律呂新書》，收入《景印文淵閣四庫全書‧經部 206‧樂類》第 212 冊，臺北：臺灣商務印書館，1983 年。

136. 〔南宋〕呂祖謙編：《古周易》，收入《景印文淵閣四庫全書‧經部第 9 冊‧易類》第 15 冊，臺北：世界書局，1983 年。

137. 〔南宋〕呂祖謙編：《宋文鑑》，收入《景印摛藻堂四庫全書薈要‧集部第 131 冊‧總集類》總第 478 冊，臺北：世界書局，1988 年。

138. 〔南宋〕黃度撰，〔清〕陳金鑒輯：《宋黃宣獻公周禮說》，收入《續修四庫全書‧經部‧禮類》第 78 冊，上海：上海古籍出版社，1995 年。

139. 〔南宋〕馮椅撰：《厚齋易學》，收入《景印文淵閣四庫全書‧經部 10‧易類》第 16 冊，臺北：臺灣商務印書館，1983 年。

140. 〔南宋〕朱元昇撰，朱士立補輯：《三易備遺》，收入《景印摛藻堂四庫全書薈要‧經部第 8 冊‧易類》總第 9 冊，臺北：世界書局，1988 年。

141. 〔南宋〕葛立方撰：《韻語陽秋》，收入《景印文淵閣四庫全書‧集部 418‧詩文評類》第 1479 冊，臺北：臺灣商務印書館，1986 年。

142. 〔南宋〕徐總幹撰：《易傳燈》，收入《景印文淵閣四庫全書‧經部 9‧易類》第 15 冊，臺北：臺灣商務印書館，1983 年。

143. 〔南宋〕張文伯撰：《九經疑難》，收入《續修四庫全書‧經部‧群經總義類》第 171 冊，上海：上海古籍出版社，1995 年。

144. 〔南宋〕陳振孫撰：《直齋書錄解題》，收入《景印摛藻堂四庫全書薈要‧史部第 151 冊‧目錄類》總第 237 冊，臺北：世界書局，1988 年。

145. 〔南宋〕朱鑑撰：《朱文公易說》，收入《景印摛藻堂四庫全書薈要‧經部第 5 冊‧易類》總第 6 冊，臺北：世界書局，1988 年。

146. 〔南宋〕稅與權撰：《易學啟蒙小傳》，收入《景印文淵閣四庫全書‧經部 13‧易類》第 19 冊，臺北：臺灣商務印書館，1983 年。

147. 〔南宋〕魏峙撰《李直講年譜》，輯入〔北宋〕李覯撰：《盱江集》，收入《景印文淵閣四庫全書‧集部 34‧別集類》第 1095 冊，臺北：臺灣商務印書館，1985 年。

148. 〔南宋〕彭百川撰：《太平治迹統類》，收入《景印文淵閣四庫全書‧史部 166‧雜史類》第 408 冊，臺北：臺灣商務印書館，1984 年。

149. 〔南宋〕章如愚撰：《羣書考索》，收入《景印文淵閣四庫全書‧子部‧》第 936 冊，臺北：臺灣商務印書館。

150. 〔南宋〕王應麟撰：《玉海》，收入《景印文淵閣四庫全書‧子部 250‧類書類》第 944 冊，臺北：臺灣商務印書館，1985 年。

151. 〔南宋〕王應麟撰：《小學紺珠》，收入《景印文淵閣四庫全書‧子部 254‧類書類》第 948 冊，臺北：臺灣商務印書館，1985 年。

152. 〔南宋〕王應麟撰，〔清〕閻若璩、何焯評註：《困學紀聞》，收入《景印

文淵閣四庫全書・子部 160・雜家類》第 854 冊，臺北：臺灣商務印書館，1985 年。

153. 〔南宋〕黎靖德編：《朱子語類》，收入《景印文淵閣四庫全書・子部 7・儒家類》第 701 冊，臺北：臺灣商務印書館，1985 年。

154. 〔南宋〕劉荀撰：《明本釋》，收入《景印文淵閣四庫全書・子部 9・儒家類》第 703 冊，臺北：臺灣商務印書館，1985 年。

155. 〔南宋〕郝大通撰：《太古集》，收入〔清〕閻永和、彭翰然重刻，賀龍驤校訂：《重刊道藏輯要》，成都：二仙庵版刻，光緒 32 年（1906）。

156. 〔南宋〕趙汝楳撰：《筮宗》，收入《景印摛藻堂四庫全書薈要・經部第 6 冊・易類》總第 7 冊，臺北：世界書局，1988 年。

157. 〔宋〕佚名編：《宋文選》，收入《景印文淵閣四庫全書・集部 285・誌集類》1346 冊，臺灣商務印書館，1985 年。

158. 〔元〕胡方平撰：《易學啟蒙通釋》，收入《景印摛藻堂四庫全書薈要・經部第 8・易類》總第 9 冊，臺北：世界書局，1988 年。

159. 〔元〕鮑雲龍撰，〔明〕鮑寧辨正：《天原發微》，收入《景印文淵閣四庫全書・子部 112・術數類》第 806 冊，臺北：臺灣商務印書館，1985 年。

160. 〔元〕俞琰撰：《讀易舉要》，收入《景印文淵閣四庫全書・經部 15・易類》第 21 冊，臺北：臺灣商務印書館，1983 年。

161. 〔元〕雷思齊撰：《易圖通變》，收入《景印摛藻堂四庫全書薈要・經部第 14 冊・易類》總第 15 冊，臺北：世界書局，1988 年。

162. 〔元〕托克托撰：《宋史》，收入《景印摛藻堂四庫全書薈要・史部第 47 冊・正史類》總第 133 冊，臺北：世界書局，1988 年。

163. 〔元〕張理撰：《易象圖說》，收入《景印摛藻堂四庫全書薈要・經部第 14 冊・易類》總第 15 冊，臺北：世界書局，1988 年。

164. 〔元〕李簡撰：《學易記》，收入《景印文淵閣四庫全書・經部 19・易類》第 25 冊，臺北：臺灣商務印書館，1983 年。

165. 〔元〕馬端臨著：《文獻通考》，收入《景印文淵閣四庫全書・史部 372・政書類》第 614 冊，臺北：臺灣商務印書館，1984 年。

166. 〔元〕胡一桂撰：《周易啟蒙翼傳》，收入《景印摛藻堂四庫全書薈要・經部第 10 冊・易類》總第 11 冊，臺北：世界書局，1988 年。

167. 〔元〕董真卿撰:《周易會通》,收入《景印摛藻堂四庫全書薈要‧經部第11冊‧易類》總第12冊,臺北:世界書局,1988年。

168. 〔元〕陳櫟撰:《定宇集》,收入《景印文淵閣四庫全書‧集部144‧別集類》第1205冊,臺北:臺灣商務印書館,1985年。

169. 〔元〕劉瑾撰:《律呂成書》,收入《景印文淵閣四庫全書‧經部206‧樂類》第212冊,臺北:臺灣商務印書館,1983年。

170. 〔元〕陳師凱撰:《書蔡氏傳旁通》,收入《景印文淵閣四庫全書‧經部56‧書類》第62冊,臺北:臺灣商務印書館,1983年。

171. 〔明〕楊士奇等撰:《歷代名臣奏議》,收入《景印文淵閣四庫全書‧史部199‧詔令奏議類》第441冊,臺北:臺灣商務印書館,1984年。

172. 〔日本〕賀茂在方著:《曆林問答集》(應永甲午【1414年】,東京圖書館藏。)

173. 〔明〕廖道南撰:《楚紀》,收入四庫全書存目叢書編纂委員會編:《四庫全書存目叢書‧史部‧雜史類》第47冊,濟南:齊魯書社,1996年據北京圖書館藏明嘉靖25年何城李桂刻本影印。

174. 〔明〕葉良佩輯:《周易義叢》,收入《續修四庫全書‧經部‧易類》第7冊,上海:上海古籍出版社,1995年。

175. 〔明〕熊過撰:《周易象旨決錄》,收入《景印文淵閣四庫全書‧經部25‧易類》第31冊,臺北:臺灣商務印書館,1983年。

176. 〔明〕姜寶撰:《周易傳義補疑》,收入《續修四庫全書‧經部‧易類》第8冊,上海:上海古籍出版社,1995年。

177. 〔明〕來知德撰:《周易集註》,收入《景印文淵閣四庫全書‧經部26‧易類》第32冊,臺北:臺灣商務印書館,1983年。

178. 〔明〕章潢撰:《圖書編》,收入《景印文淵閣四庫全書‧子部274‧類書類》第968冊,臺北:臺灣商務印書館,1985年。

179. 〔明〕章潢撰:《圖書編》,收入《景印文淵閣四庫全書‧子部278‧類書類》第972冊,臺北:臺灣商務印書館,1985年。

180. 〔明〕李贄撰:《九正易因》,收入《續修四庫全書‧經部‧易類》第9冊,上海:上海古籍出版社,1995年。

181. 〔明〕王圻,王思義輯:《三才圖會》,收入《續修四庫全書‧子部‧類書

《類》第 1235 冊，上海：上海古籍出版社，1995 年。

182. 〔明〕朱載堉撰：《樂律全書》，收入《景印文淵閣四庫全書‧經部 208‧樂類》第 214 冊，臺北：臺灣商務印書館，1983 年。

183. 〔明〕潘士藻撰：《讀易述》，收入《景印文淵閣四庫全書‧經部 27‧易類》第 33 冊，臺北：臺灣商務印書館，1983 年。

184. 〔明〕焦竑撰：《易筌》，收入《續修四庫全書‧經部‧易類》第 11 冊，上海：上海古籍出版社，1995 年。

185. 〔明〕程汝繼輯：《周易宗義》，收入《續修四庫全書‧經部‧易類》第 14 冊，上海：上海古籍出版社，1995 年。

186. 〔明〕胡應麟撰：《少室山房筆叢正集》，收入《景印文淵閣四庫全書‧子部 192‧雜家類》第 886 冊，臺北：臺灣商務印書館，1985 年。

187. 〔明〕張介賓撰：《類經附翼》，收入《景印文淵閣四庫全書‧子部 82‧醫家類》第 776 冊，臺北：臺灣商務印書館，1985 年。

188. 〔明〕鍾惺撰，陸雲龍評：《翠娛閣評選鍾伯敬先生合集》，收入《續修四庫全書‧集部‧別集類》第 1371 冊，上海：上海古籍出版社，1995 年。

189. 〔明〕錢士升撰：《周易揆》，收入《續修四庫全書‧經部‧易類》第 13 冊，上海：上海古籍出版社，1995 年。

190. 〔明〕倪復撰：《鐘律通考》，收入《景印文淵閣四庫全書‧經部 206‧樂類》第 212 冊，臺北：臺灣商務印書館，1983 年。

191. 〔明〕張元蒙撰：《讀易纂》，收入《續修四庫全書‧經部‧易類》第 8 冊，上海：上海古籍出版社，1995 年。

192. 〔明〕張鏡心撰：《易經增註》，收入《續修四庫全書‧經部‧易類》第 14 冊，上海：上海古籍出版社，1995 年。

193. 〔明〕崔銑撰：《讀易餘言》，收入《景印文淵閣四庫全書‧經部 24‧易類》第 30 冊，臺北：臺灣商務印書館，1983 年。

194. 〔明〕喬中和撰：《說易》，收入《四庫全書存目叢書‧經部‧易類》第 25 冊，濟南：齊魯書社，1997 年據中國科學院圖書館藏明崇禎刻躋新堂集本影印。

195. 〔明〕逯中立撰：《周易箚記》，收入《景印文淵閣四庫全書‧經部 28‧易類》第 34 冊，卷 2，臺北：臺灣商務印書館，1983 年。

196. 〔明〕李本固撰:《周易古本全書彙編》,收入《續修四庫全書‧經部‧易類》第 12 冊,上海:上海古籍出版社,1995 年。

197. 〔明〕梅膺祚撰:《字彙》,收入《續修四庫全書‧經部‧小學類》第 233 冊,上海:上海古籍出版社,1995 年。

198. 〔明〕張溥編:《漢魏六朝百三家集》,收入《景印摛藻堂四庫全書薈要‧集部第 124 冊‧總集類》總第 471 冊,臺北:世界書局,1988 年。

199. 〔清〕胡世安撰:《大易則通》,收入《續修四庫全書‧經部‧易類》第 17 冊,上海:上海古籍出版社,1995 年。

200. 〔清〕朱之俊撰:《周易纂》,收入四庫全書存目叢書編纂委員會編:《四庫全書存目叢書‧經部‧易類》第 23 冊,濟南:齊魯書社,1997 年據中國科學院圖書館藏清順治硯廬刻本影印。

201. 〔清〕刁包撰:《易酌》,收入《景印文淵閣四庫全書‧經部 33‧易類》第 39 冊,臺北:臺灣商務印書館,1983 年。

202. 〔清〕黃宗羲輯,全祖望訂補,馮雲濠、王梓材校正:《宋元學案》,收入《續修四庫全書‧史部‧傳記類》第 518 冊,上海:上海古籍出版社,1995 年。

203. 〔清〕顧炎武撰:《日知錄》,收入《景印文淵閣四庫全書‧子部 164‧雜家類》第 858 冊,臺北:臺灣商務印書館,1985 年。

204. 〔清〕朱彝尊撰:《經義考》,收入《景印摛藻堂四庫全書薈要‧史部第 151 冊‧目錄類》總第 237 冊,臺北:世界書局,1988 年。

205. 〔清〕朱彝尊撰:《曝書亭集》,收入《景印文淵閣四庫全書‧集部 257‧別集類》第 1318 冊,臺北:臺灣商務印書館,1985 年。

206. 〔清〕胡渭撰:《易圖明辨》,收入《景印文淵閣四庫全書‧經部 38‧易類》第 44 冊,臺北:臺灣商務印書館,1983 年。

207. 〔清〕李光地撰:《榕村集》,收入《景印文淵閣四庫全書‧集部 263‧別集類》第 1324 冊,臺北:臺灣商務印書館,1985 年。

208. 〔清〕李光地撰:《古樂經傳》,收入《景印文淵閣四庫全書‧經部 214‧樂類》第 220 冊,臺北:臺灣商務印書館,1983 年。

209. 〔清〕陳夢雷原編,蔣廷錫校訂:《古今圖書集成》第 562 冊,上海:中華書局,1934 年據康有為所藏雍正銅活字本影印。

210. 〔清〕王克昌修，殷夢高纂：《山西省保德州志》，臺北：成文出版社有限公司，1976 年據康熙四十九年鉛印本影印。

211. 〔清〕郝玉麟等監修，謝道承等編纂：《福建通志》，收入《景印文淵閣四庫全書‧史部 287‧地理類》第 529 冊，臺北：臺灣商務印書館，1984 年。

212. 〔清〕李塨撰：《周易傳註》，收入《景印文淵閣四庫全書‧經部 41‧易類》第 47 冊，臺北：臺灣商務印書館，1983 年。

213. 〔清〕江永撰：《律呂闡微》，收入《景印文淵閣四庫全書‧經部 214‧樂類》第 220 冊，臺北：臺灣商務印書館，1983 年。

214. 〔清〕江永撰：《律呂新論》，收入《景印文淵閣四庫全書‧經部 214‧樂類》第 220 冊，臺北：臺灣商務印書館，1983 年。

215. 〔清〕陳法撰：《易箋》，收入《景印文淵閣四庫全書‧經部 43‧易類》第 49 冊，臺北：臺灣商務印書館，1983 年。

216. 〔清〕傅恆等撰：《周易述義》，收入《景印文淵閣四庫全書‧經部 32‧易類》第 38 冊，臺北：臺灣商務印書館，1983 年。

217. 〔清〕允祿、梅瑴成、何國宗等撰：《協紀辨方書》，收入《景印文淵閣四庫全書‧子部 117‧術數類》第 811 冊，臺北：臺灣商務印書館，1985 年。

218. 〔清〕惠棟撰：《周易述》，收入《景印文淵閣四庫全書‧經部 47‧易類》第 52 冊，臺北：臺灣商務印書館，1983 年。

219. 〔清〕顧藹吉撰：《隸辨》，收入《景印文淵閣四庫全書‧經部 229‧小學類》第 235 冊，臺北：臺灣商務印書館，1983 年。

220. 〔清〕何志高撰：《易經本意》，收入《續修四庫全書‧經部‧易類》第 33 冊，卷 3，上海：上海古籍出版社，1995 年。

221. 〔清〕王鳴盛撰：《尚書後案》，收入《續修四庫全書‧經部‧書類》第 45 冊，上海：上海古籍出版社，1995 年。

222. 〔清〕李榮陛撰：《易續考》，收入《續修四庫全書‧經部‧易類》第 24 冊，上海：上海古籍出版社，1995 年。

223. 〔清〕段玉裁撰：《說文解字注》，收入《續修四庫全書‧經部‧小學類》第 204 冊，上海：上海古籍出版社，1995 年。

224. 〔清〕段玉裁撰:《說文解字注》,收入《續修四庫全書·經部·小學類》第 205 冊,上海:上海古籍出版社,1995 年。

225. 〔清〕段玉裁撰:《說文解字注》,收入《續修四庫全書·經部·小學類》第 206 冊,上海:上海古籍出版社,1995 年。

226. 〔清〕段玉裁撰:《說文解字注》,收入《續修四庫全書·經部·小學類》第 207 冊,上海:上海古籍出版社,1995 年。

227. 〔清〕永瑢等撰:《四庫全書總目》(乾隆六十年【1795 年】武英殿本)。

228. 〔清〕永瑢等撰:《四庫全書總目提要》,收入王雲五主編:《萬有文庫第一集一千種》第 1 冊,上海:商務印書館,1931 年。

229. 〔清〕永瑢等撰:《四庫全書總目提要》,收入王雲五主編:《萬有文庫第一集一千種》第 2 冊,上海:商務印書館,1931 年。

230. 〔清〕永瑢等撰:《四庫全書總目提要》,收入王雲五主編:《萬有文庫第一集一千種》第 5 冊,上海:商務印書館,1931 年。

231. 〔清〕永瑢等撰:《四庫全書總目提要》,收入王雲五主編:《萬有文庫第一集一千種》第 17 冊,上海:商務印書館,1931 年。

232. 〔清〕永瑢等著:《四庫全書簡明目錄》,上海:古典文學出版社,1957 年。

233. 〔清〕永瑢,紀昀等撰:《四庫全書簡明目錄》,收入《景印文淵閣四庫全書簡明目錄·附索引》第 6 冊,臺北:臺灣商務印書館,1983 年。

234. 〔清〕徐松輯,〔民國〕陳垣主持影印:《宋會要輯稿》第 95 冊,上海:大東書局,1936 年影印。

235. 〔清〕翁元圻撰:《困學紀聞注》,收入《續修四庫全書·子部·雜家類》第 1142 冊,上海:上海古籍出版社,1995 年。

236. 〔清〕朱駿聲撰:《說文通訓定聲》,收入《續修四庫全書·經部·小學類》第 220 冊,上海:上海古籍出版社,1995 年。

237. 〔清〕萬年淳撰:《易拇》,收入四庫未收書輯刊編纂委員會編:《四庫未收書輯刊》第叁輯,第 3 冊,北京:北京出版社,1998 年據道光四年刻本影印。

238. 〔清〕張惠言撰:《易圖條辨》,收入《續修四庫全書·經部·易類》第 26 冊,上海:上海古籍出版社,1995 年。

239. 〔清〕張次仲撰：《周易玩辭困學記》，收入《景印文淵閣四庫全書・經部30・易類》第 36 冊，臺北：臺灣商務印書館，1983 年。

240. 〔清〕張爾岐撰：《周易說略》，收入《續修四庫全書・經部・易類》第 17 冊，上海：上海古籍出版社，1995 年。

241. 〔清〕沈起元撰：《周易孔義集說》，收入《景印文淵閣四庫全書・經部44・易類》第 50 冊，臺北：臺灣商務印書館，1983 年。

242. 〔清〕許桂林撰：《易確》，收入四庫未收書輯刊編纂委員會編：《四庫未收書輯刊》第 3 輯，第 2 冊，北京：北京出版社，2000 年。

243. 〔清〕姚配中撰：《周易姚氏學》，收入《續修四庫全書。經部・易類》第 30 冊，上海：上海古籍出版社，1995 年。

244. 〔清〕程廷祚撰：《大易擇言》，收入《景印文淵閣四庫全書・經部47・易類》第 52 冊，臺北：臺灣商務印書館，1983 年。

245. 〔清〕翟均廉撰：《周易章句證異》，收入《景印文淵閣四庫全書・經部47・易類》第 53 冊，臺北：臺灣商務印書館，1983 年。

246. 〔清〕馬國翰輯：《玉函山房輯佚書》，收入《續修四庫全書・子部・雜家類》第 1201 冊，上海：上海古籍出版社，1995 年。

247. 〔清〕馬國翰輯：《玉函山房輯佚書》，收入《續修四庫全書・子部・雜家類》第 1204 冊，上海：上海古籍出版社，1995 年。

248. 〔清〕黃奭輯：《黃氏逸書考》，收入《續修四庫全書・子部・雜家類》第 1206 冊，上海：上海古籍出版社，1995 年。

249. 〔清〕強汝諤撰：《周易集義》，收入《續修四庫全書・經部・易類》第 39 冊，上海：上海古籍出版社，1995 年。

250. 〔清〕黃以周撰：《十翼後錄》，收入《續修四庫全書・經部・易類》第 36 冊，上海：上海古籍出版社，1995 年。

251. 〔清〕黃以周撰：《十翼後錄》，收入《續修四庫全書・經部・易類》第 37 冊，上海：上海古籍出版社，1995 年。

252. 〔清〕黃守平輯：《易象集解》，收入《續修四庫全書・經部・易類》第 35 冊，上海：上海古籍出版社，1995 年。

253. 〔清〕辛紹業撰：《易圖存是》，收入《續修四庫全書・經部・易類》第 26 冊，上海：上海古籍出版社，1995 年。

254. 〔清〕丁晏撰：《周易述傳》，收入《續修四庫全書．經部．易類》第 31 冊，上海：上海古籍出版社，1995 年。
255. 〔清〕丁晏撰：《續錄》，收入《續修四庫全書．經部．易類》第 31 冊，上海：上海古籍出版社，1995 年。
256. 〔清〕劉紹攽撰：《周易詳說》，收入《續修四庫全書．經部．易類》第 22 冊，上海：上海古籍出版社，1995 年。
257. 〔清〕晏斯盛撰：《易翼宗》，收入《景印文淵閣四庫全書．經部 43．易類》第 49 冊，臺北：臺灣商務印書館，1983 年。
258. 〔清〕晏斯盛撰：《易翼說》，收入《景印文淵閣四庫全書．經部 43．易類》第 49 冊，臺北：臺灣商務印書館，1983 年。
259. 〔清〕程川編：《朱子五經語類》，收入《景印文淵閣四庫全書．經部 187．五經總義類》第 193 冊，臺北：臺灣商務印書館，1983 年。
260. 〔清〕趙繼序《周易圖書質疑》，收入《景印文淵閣四庫全書．經部 47．易類》第 53 冊，臺北：臺灣商務印書館，1983 年。
261. 〔清〕朱霈撰：《經學質疑》，（楚南淥江書院：嘉慶辛酉【六年】望嶽樓刻本）。
262. 〔清〕錢澄之撰：《田間易學》，收入《景印文淵閣四庫全書．經部 33．易類》第 39 冊，臺北：臺灣商務印書館，1983 年。
263. 〔清〕乾隆十三年欽定：《周官義疏》，收入《景印摛藻堂四庫全薈要．經部第 57 冊．禮類》總第 58 冊，臺北：世界書局，1988 年。
264. 〔清〕吳汝綸撰：《易說》，收入《續修四庫全書．經部．易類》第 38 冊，上海：上海古籍出版社，1995 年。
265. 不著編輯人：《程氏經說》，收入《景印文淵閣四庫全書．經部 177．五經總義類》第 183 冊，臺北：臺灣商務印書館，1983 年。
266. 作者不詳：《修真十書悟真篇》，收入李一氓編校：《道藏》第 4 冊，北京、上海、天津：文物出版社、上海書店、天津古籍出版社，1988 年。
267. 不知撰者何人：《年譜補遺》，收入四庫全書存目叢書編纂委員會編：《四庫全書存目叢書．史部》第 82 冊，濟南：齊魯書社，1996 年。
268. 〔民國〕張其淦撰：《邵村學易》，收入嚴靈峯編輯：《無求備齋易經集成》第 100 冊，臺北：成文出版社有限公司，1976 年據民國十五年排印本影

印。

269. 〔民國〕馬其昶撰:《重定周易費氏學》,收入《續修四庫全書‧經部‧易類》第 40 冊,上海:上海古籍出版社,1995 年。

二、專書(依姓氏筆畫)

1. 方詩銘編:《中國歷史紀年表》,上海:上海辭書出版社,1980 年。

2. 朱伯崑著:《易學哲學史第二卷》,北京:崑崙出版社,2005 年。

3. 吳洪澤、尹波主編:《宋人年譜叢刊》,成都:四川大學出版社,2002 年。

4. 吳國武著:《兩宋經學學術編年》,南京:鳳凰出版社,2015 年。

5. 李裕民:《四庫提要訂誤》,北京:書目文獻出版社,1990 年。

6. 李裕民著:《宋人生卒行年考》,北京:中華書局,2010。

7. 李申著:《易圖考》,北京:北京大學出版社,2000 年。

8. 束景南著:《中華太極圖與太極文化》,蘇州:蘇州大學出版社,1994 年。

9. 林益勝撰:《胡瑗的義理易學》,臺北:臺灣商務印書館,1974 年。

10. 林忠軍著:《象數易學發展史第二卷》,濟南:齊魯書社,1998 年。

11. 易行廣編著:《余靖譜傳誌略》,廣州:暨南大學出版社,1993 年。

12. 范懷超、羅明雲編著:《行星地球概論》,成都:電子科技大學出版社,2006 年。

13. 馬雲飛主編:《神奇的地球》,武漢:湖北科學技術出版社,2013 年。

14. 徐建平、陳鍾石著:《【北宋大儒一代宗師】胡瑗》,蘇州:蘇州大學出版社,2012 年。

15. 徐洪興著:《思想的轉型:理學發生過程研究》,上海:上海人民出版社,2016 年。

16. 陳樂素著:《宋史藝文志考證》,廣州:廣東人民出版社,2002 年。

17. 陳鼓應註譯:《老子今註今譯及評介》,臺北:臺灣商務印書館,2006 年。

18. 許老居著:《京氏易傳發微》,臺北:新文豐出版公司,2007 年。

19. 黃慶萱撰:《魏晉南北朝易學書考佚》,臺北:幼獅文化事業公司,1975 年。

20. 馮時著:《中國古代物質文化史.天文歷法》,北京:開明出版社,2013 年。

21. 馮錦榮、林學忠、陳志明譯注:《夢溪筆談》,香港:中華書局有限公司,

2017 年。

22. 張其成著：《易圖探秘》，南寧：廣西科學技術出版社，2007 年。

23. 張固也著：《古典目錄學研究》，武漢：華中師範大學出版社，2014 年。

24. 鄭吉雄著：《易圖象與易詮釋》，臺北：國立臺灣大學出版中心，2004 年。

25. 童忠良等著：《中國傳統樂學》，福州：福建教育出版社，2004 年。

26. 劉學富主編：《基礎天文學》，北京：高等教育出版社，2004 年。

27. 劉延愷、黃玉璋、張書函編著：《留住雨水　利用雨洪》，北京：清華大學出版社，2017 年。

28. 劉秀蘭撰：《宋代史事易學之義理風華》，高雄：麗文化事業股份有限公司，2011 年。

29. 蔣錫昌著：《老子校詁》，上海：商務印書館，1937 年。

30. 錢基博撰：《周易解題及其讀法》，收入王雲五主編《國學小叢書》，上海：商務印書館，1931 年。

31. 韓偉著：《宋代樂論研究》，北京：中國社會科學出版社，2013 年。

三、學位論文（依畢業年度先後）

（一）碩士論文

1. 邱源媛：《唐宋雅樂的對比研究》（成都：四川大學碩士論文，2003 年。）

2. 程曉文：《文章、學術與政治：北宋慶曆學者之文化網絡與學術理念》（臺北：臺灣大學中國文學研究所碩士論文，2005 年。）

3. 許瑞宜：《劉牧易學研究》（臺南：國立臺南大學語文教育學系碩士論文，2006 年）。

4. 龍周青：《蔡元定《律呂新書》點注與分析》（杭州：中國藝術研究院碩士論文，2007 年。）

5. 章瑜：《瀏陽祭孔音樂探源》（長沙：湖南師範大學碩士論文，2008 年。）

6. 石林昆：《江永律學理論初探——以《律呂新論》、《律呂闡微》為例》（天津：天津音樂學院碩士論文，2009 年。）

7. 黃玉華：《陳暘《樂書·樂圖論》音樂文獻價值探析》（南昌：江西財經大學碩士論文，2009 年。）

8. 黃宇焓：《《律呂正義後編》的藝術研究》（福州：福建師範大學碩士論文，

2009 年。）

9. 李一俊：《江永《律呂闡微》整理與研究》（杭州：中國藝術研究院碩士論文，2009 年。）

10. 田甜：《〈古今圖書集成・樂律典〉的編纂研究》（武漢：武漢音樂學院碩士論文，2010 年。）

11. 戴飛：《〈太律篇〉音系研究》（蘇州：蘇州大學碩士論文，2010 年。）

12. 管亞男：《〈律呂正義・續編〉的初步研究》（福州：福建師範大學碩士論文，2010 年。）

13. 王美佳：《〈清史稿・樂志〉中的禮樂研究》（昆明：雲南藝術學院音樂學院碩士論文，2010 年。）

14. 李紅：《江永樂律學思想初探》（上海：東華大學碩士論文，2011 年。）

15. 劉向東：《〈中興館閣書目〉重輯與考述》（上海：華東師範大學古籍研究所碩士論文，2015 年）

16. 張航晨：《清汪烜《樂經律呂通解》與《樂經或問》中的音樂美學思想研究》（西安：西安音樂學院碩士論文，2016 年。）

17. 張檮：《〈呂氏春秋〉樂論「樂」之自然、社會屬性考論》（重慶：西南大學碩士論文，2017 年。）

18. 崔兵：《朱元升易學思想研究》（濟南：山東大學碩士論文，2017 年。）

19. 劉嚴：《劉牧《易數鉤隱圖》研究》（北京：中國人民大學碩士論文，2017 年。）

（二）博士論文

1. 黃忠天：《宋代史事易學研究》（高雄：高雄師範大學國文研究所博士論文，1995 年。）

2. 黃大同：《沈括《夢溪筆談》律論之研究》（上海：上海音樂學院博士論文，2006 年。）

3. 鄭俊暉：《朱熹音樂著述及思想研究》（福州：福建師範大學博士論文，2007 年。）

4. 黃潔莉：《魏晉樂律、樂理、樂境抉微》（臺南：成功大學中國文學研究所博士論文，2009 年。）

5. 劉婭婭：《律以數成——朱載育與 Stevin 等程律創立研究》（西安：西北

大學博士論文，2014年。）

6. 翁攀峰：《清代律學若干問題探討》（合肥：中國科學技術大學博士論文，
2014年。）

7. 崔廣慶：《先秦時期樂文化研究》（天津：南開大學博士論文，2014年。）

8. 趙頔：《中國古琴藝術的「天人合一」自然觀研究》（濟南：山東大學博士論文，2016年。）

四、期刊、學報論文（依出版先後順序）

1. 楊浚滋：〈漫話律呂〉，《音樂輔導》1981年第6期，頁35。

2. 鄭吉雄：〈論宋代易圖之學及其後的發展〉，《中國文學研究》第1期（1987年5月），頁1～38。

3. 漆俠：〈宋學的發展和演變〉，《文史哲》1995年第1期，頁3～26。

4. 詹石窗：〈劉牧《易數鈎隱圖》略析〉，《宗教學研究》1996年第3期，頁1～6。

5. 唐繼凱：〈中國古代天文歷法與律呂之學——中國傳統律呂之學及律歷合一學說初探〉，《交響——西安音樂學院學報（季利）》第19卷第3期（2000年9月），頁24～32。

6. 唐繼凱：〈簡論「同律度量衡」〉，《交響——西安音樂學院學報（季刊）》第20卷第3期（2001年9月），頁12～13。

7. 郭彧：〈《易數鈎隱圖》作者等問題辨〉，《周易研究》2003年第2期（總第五十八期），頁49～55。

8. 王風：〈劉牧的學術淵源及其學術創新〉，《道學研究》2003年第2期（總第2期），頁107～125。

9. 唐繼凱：〈納音原理初探〉，《黃鍾（武漢音樂學院學報）》2004年第2期，頁60～66。

10. 楊亞利：〈「慶曆易學」發微〉，《周易研究》2004年第4期（總第66期），頁71～80。

11. 唐繼凱、趙建平：〈黃鐘律管與中國古代經濟〉，《中國音樂（季刊）》2005年第4期，頁157～160。

12. 郭彧：〈北宋兩劉牧再考〉，《周易研究》2006年第1期（總第75期），頁27～33。

13. 鄭可卉,袁敏:〈古代中西黃赤交角測量和計算中幾個問題的比較〉,《內蒙古師範大學學報》(自然科學漢文版)第 36 卷第 2 期(2007 年 3 月),頁 240～243。

14. 劉謹銘:〈劉牧易學研究〉,《玄奘人文學報》第 8 期(2008 年 7 月),頁 53～84。

15. 趙福平:〈黃赤交角的變化帶來的思考〉,《教育教學論壇》2009 年第 2 期,頁 161～163。

16. 陳應時:〈陰陽八卦附會律呂的尷尬〉,《音樂藝術》2010 年第 2 期,頁 32～38。

17. 楊居讓:〈《樂經律呂通解》版本釋疑〉,《天一閣文叢》2011 年第 1 期第 9 輯,頁 60～64。

18. 王永芳:〈圖文解析黃赤交角及其影響〉,《中華少年》2011 年第 3 期,頁 362～363。

19. 唐繼凱:〈新法密率之命運再思考——旋宮、轉調及其它〉,《中國音樂(季刊)》2011 年第 4 期,頁 28～32。

20. 唐繼凱、何云:〈論宮商——《泰律》研讀有感〉,《交響——西安音樂學院學報(季刊)》第 31 卷第 1 期(2012 年 3 月),頁 72～76。

21. 劉炳良:〈范仲淹的易學與政治改革思想研究〉,《中央社會主義學院學報》2012 年 6 月第 3 期(總第 177 期),頁 83～86。

22. 李存山:〈對宋學之開端的檢討〉,《中國儒學》(北京:中國社會科學出版社,2013 年),第 8 輯,頁 112～135。

23. 邱春:〈易經中的音樂之源〉,《音樂大觀》2013 年第 6 期,頁 33。

24. 翁攀峰:〈關於「康熙十四律」思想來源的初步探討〉,《文化藝術研究》第 6 卷第 1 期(2013 年 1 月),頁 32～41。

25. 翁攀峰:〈黃鍾正律與誰合——關於朱載堉和康熙不同觀點的物理證明〉,《廣西民族大學學報(自然科學版)》第 19 卷第 3 期(2013 年 8 月),頁 37～46。

26. 程迎接:〈管窺古代「律歷合一」觀〉,《藝術教育》2014 年第 6 期,頁 35。

27. 楊居讓:〈難得的清《樂經律呂通解》重訂稿本〉,《收藏》2014 年第 12

期，頁 90～93。

28. 劉婭婭：〈朱載堉等程律創立流程探析——幾何、算術、音律與物理聲學的綜合〉，《自然科學研究》第 33 卷第 2 期（2014 年），頁 173～187。

29. 翁攀峰：〈江永對新法密率的贊同及其律學思想變化過程分析〉，《星海音樂學院學報》2014 年第 4 期（總第 137 期），頁 99～105。

30. 翁攀峰：〈西樂與傳統律學結合之作——「康熙十四律」思想來源新解〉，《音樂研究》第 5 期（2014 年 9 月），頁 30～43。

31. 李科：〈北宋二劉牧生平補考及其詩文歸屬考辨〉，收入周裕鍇主編：《新國學第十卷》（成都：四川大學出版社，2014 年），頁 166～185。

32. 翁攀峰：〈清代律學發展背景分析〉，《文化藝術研究》第 8 卷第 3 期（2015 年 7 月），頁 45～49。

33. 翁攀峰、張陽陽：〈皇權與樂律——乾隆時期對十二平律律的批判〉，《自然辯証法通訊》第 38 卷第 1 期（總 221 期）（2016 年 1 月），頁 86～91。

34. 曹晉〈「累黍」與「指律」：中國古代度量衡思想略論〉，《中國文化》（第 46 期）2017 年第 2 期，頁 96～115。

35. 張書豪：〈京房《易》災異理論探微〉，《成大中文學報》第 57 期，2017 年 6 月，頁 1～38。

36. 唐繼凱：〈「以律起歷」疑難——「律歷合一」學說之數理表述與哲學表述間的糾結〉，《民族藝術》2017 年第 1 期，頁 149～157。

37. 唐繼凱：〈五音者何？——〔明〕葛中選《泰律》研讀心得〉，《交響——西安音樂學院學報（季利）》第 36 卷第 3 期（2017 年 9 月），頁 65～71。

38. 楊智：〈易經與中國古代氣象預測的關係淺析〉，《國學》2018 年第 4 期，頁 33～37。

五、論文集、研討會論文（依出版先後年代）

1. 唐繼凱：〈秦漢律呂學研究綜述（一）《史記·律書》與秦漢律呂之學及兵學〉（西安：漢唐音樂史國際研討會：2009 年 10 月），頁 8～16。

2. 閻耀棕：〈劉牧《易數鉤隱圖》析論〉，《國文經緯》（彰化：彰化師範大學國文系，2011 年），第 7 期，頁 141～165。

3. 翁攀峰：〈融合中西音樂理論之作——對康熙十四律的新解讀〉，《多學科交叉視野中的技術史研究——第三屆中國技術史論壇論文集》（合肥：中

國科學技術大學出版社，2013 年），頁 336～352。

4. 姜海軍：〈劉牧易學的承傳、詮釋及影響探析〉，收入張濤主編：《周易文化研究》（北京：社會科學文獻出版社，2013 年），第 5 輯，頁 55～76。

六、網路資源

1. 郭彧：〈《易類》二‧《四庫全書總目》卷二‧易數鉤隱圖三卷附遺論九事一卷〉，《續《四庫提要辨證》（經部易類）》，「東里書齋論壇」貼文。http://www.donglishuzhai.net/books/00/00/102/3.html。

2. 網址：http://202.181.247.90/upload/mall/productImages/17/8/9787555701439.jpg。

3. 網址：https://zh.wikipedia.org/wiki/%E8%BD%89%E8%BB%B8%E5%82%BE%E8%A7%92。

4. 網址：http://www.360doc.com/content/17/1010/16/7436612_693808007.shtml。

5. 明然：〈厚齋先生傳及四子生卒考略〉（2017 年 2 月 16 日）http://blog.sina.com.cn/s/blog_49f503880102wtwt.html。

6. 明然：〈丁酉，別這樣的春節味道〉（2017 年 3 月 1 日）http://www.chinawriter.com.cn/n1/2017/0301/c404013-29115878.html。

7. 明然：〈覓踪厚齋，疑釋譜牒〉（2017 年 3 月 6 日）https://www.meipian.cn/efrfgpy。

附錄──北宋・劉牧《新注周易》(含《卦德通論》) 輯佚釋文彙整

凡例

一、北宋彭城劉牧《新註周易》相關佚文，蒐輯出處之古籍編號：

（一）編號 A──〔南宋〕李衡輯：《周易義海撮要》，收入《景印摛藻堂四庫全書薈要・經部第 3 冊・易類》（臺北：世界書局，1988 年），總第 4 冊。

（二）編號 B──〔明〕葉良佩輯：《周易義叢》，收入《續修四庫全書・經部・易類》（上海：上海古籍出版社，1995 年），第 7 冊。

（三）編號 C──〔明〕姜寶撰：《周易傳義補疑》，收入《續修四庫全書・經部・易類》（上海：上海古籍出版社，1995 年），第 8 冊。

（四）編號 D──〔清〕沈起元撰：《周易孔義集說》，收入《景印文淵閣四庫全書・經部 44・易類》（臺北：臺灣商務印書館，1983 年），第 50 冊。

（五）編號 E──〔明〕潘士藻撰：《讀易述》，收入《景印文淵閣四庫全書・經部 27・易類》（臺北：臺灣商務印書館，1983 年），第 33 冊。

（六）編號 F──〔南宋〕馮椅撰：《厚齋易學》，收入《景印文淵閣四庫全書・經部 10・易類》（臺北：臺灣商務印書館，1983 年），第 16 冊。

（七）編號 G──〔清〕程廷祚撰：《大易擇言》，收入《景印文淵閣四庫全書・經部 47・易類》（臺北：臺灣商務印書館，1983 年），第 52 冊。

二、文獻載錄劉牧之釋解辭句，少於 10 則以下者，逕以註腳方式表示。

三、各項輔助說明，亦以註腳方式補充之。

四、附錄表格之「輯錄出處」欄，標明來源典籍，書名代以英文編號，卷數後之頁碼，以Ｐ？登記。

編號	《周易》原文	劉牧詮解內容	輯錄出處
1	〈乾〉卦☰：乾，元亨利貞。	天者，強名也。又何德之可名？因天為〈乾〉☰，因四時為元、亨、利、貞，因陰、陽而為道，因道為德，因德而為仁、義、禮、智。以元為仁，以禮為亨，以義為利，以智為貞。〔註1〕	
2	〈乾卦☰·九三〉：君子終日乾乾，夕惕若，厲，无咎。	劉長民曰：「三、四俱明人道，故不稱龍。」	F-卷5，P82
		龍能變化之物，其神不可測，其迹不可見，同☰道之變化。若人則升沉出處之跡皆可觀。以三、四俱明人道，故不稱龍。	A-卷1，P4
3	〈乾〉卦☰各爻辭及用九：「潛龍勿用，陽在下也。見龍在田，德施普也。終日乾乾，反復道也。或躍在淵，進无咎也。飛龍在天，大人造也。亢龍有悔，盈不可久也。用九：天德不可為首也。」	「劉牧云：『〈小象〉，獨〈乾〉☰不繫於爻辭，尊君也。』石守道亦曰：『孔子作〈彖〉、〈象〉於六爻之前，〈小象〉繫逐爻之下，惟〈乾〉☰悉屬之於後者，讓也。』嗚呼！他人尚何責哉？」〔註2〕	
4	〈乾卦☰·文言·九二〉曰：「見龍在田，利見大人，何謂也？子曰：龍德而正中者也，庸言之信，庸行之謹，閑邪存其誠，善世而不伐，德博而化。易曰見龍在田，利見大人，君德也。」	未得位而上同乎五，故曰君德。牧	A-卷1，P8
		二得中位而上同乎五，故曰君德。劉牧	B-卷之1，P28

〔註1〕〔南宋〕李石撰：〈四德論〉，《方舟集》，收入《景印文淵閣四庫全書·集部88·別集類》（臺北：臺灣商務印書館，1985年），第1149冊，卷8，頁616。

〔註2〕〔南宋〕晁說之撰：〈後記·題古周易後〉，《景迂生集》，收入《景印摛藻堂四庫全書薈要·集部第40冊·別集類》（臺北：世界書局，1988年），總第387冊，卷18，頁348。

5	〈乾卦䷀‧文言‧九三〉曰：「君子終日乾乾，夕惕若，厲，无咎，何謂也？子曰：君子進德脩業，忠信所以進德也，脩辭立其誠，所以居業也。知至至之，可與幾也，知終終之，可與存義也。是故居上位而不驕，在下位而不憂，故乾乾因其時而惕，雖危无咎矣。」	立德而智能及之，知至而能至之者也。立功而仁能守之，知終而能終之者也。惟幾成務，義存守成，太公、周公之術之道盡矣。牧	A-卷 1，P9
		立德而智能及之，知至而能至之者也。立功而仁能守之，知終而能終之者也。幾可成務，義存守成，太公、周公之道之術盡矣。劉牧	B-卷之 1，P29
		劉牧《周易新注》：「立德而智能及之，知至而能至之者也。立功而仁能守之，知終而能終之者也。」〔註3〕	
6	〈乾卦䷀‧文言‧上九〉：亢龍有悔，與時偕極。	君子能與時俱退也。牧	A-卷 1，P10
		君子能與時俱退也。劉牧	B-卷之 1，P33
7	〈坤〉卦䷁：坤，元亨利牝馬之貞。君子有攸往，先迷後得主，利。西南得朋，東北喪朋，安貞吉。	陰離其類，乃能獲得其安也。居安而能守其正則吉矣。牧	A-卷 1，P13
		陰離其類，乃能獲得其安也。居安而能守其正則吉矣。劉牧	B-卷之 1，P38
8	〈坤䷁‧彖〉曰：至哉坤元，萬物資生，乃順承天，坤厚載物，德合无疆。含弘光大，品物咸亨，牝馬地類，行地无疆，柔順利貞。君子攸行，先迷失道，後順得常，西南得朋，乃與類行，東北喪朋，乃終有慶，安貞之吉，應地无疆。	龍則升騰，翔于天，馬則附著，行于地。牧	A-卷 1，P14
		龍則升騰，翔于天，馬則附著，行於地。劉牧	B-卷之 1，P40

〔註3〕〔清〕馬國翰輯：〈目耕帖〉，《玉函山房輯書》，收入《續修四庫全書‧子部‧雜家類》（上海：上海古籍出版社，1995 年），第 1204 冊，卷 1，頁 644。

9	〈坤▤·大象〉曰:地勢,坤;君子以厚德載物。	〈乾〉▤始東南,地形傾而順之。牧	A-卷1,P14
10	〈坤▤·初六〉:履霜,堅冰至。〈象〉曰:履霜堅冰,陰始凝也,馴致其道,至堅冰也。	陰之為道,漸至於著,以其柔順故也。且陰雖柔順,終反剛矣。〈象〉辭:「堅冰」二字,當為羨文;「馴」,狎也。〔註4〕	A-卷1,P14
		陰之為道,漸至於著,以其柔順故也。且陰雖柔順,終反剛矣。〈象〉辭:「堅冰」二字,當為羨文;「馴」,狎也。劉牧	B-卷之1,P43
11	〈坤▤·六四〉:括囊,无咎,无譽。〈象〉曰:括囊无咎,慎不害也。	四以陰處陰,是有其位而不當用者。復過〈坤〉▤之體,是失臣下之節,又不居陽,故无含章之美。夫〈坤〉▤,其動也闢,應二之德;其靜也翕,應四之位,翕,閉也。是天地否閉之時,賢人乃隱,不可衒其才知也。牧	A-卷1,P15
		四以陰處陰,是有其位而不當用者。復過〈坤〉▤之體,是失臣下之節,又不居陽,故无含章之美。夫〈坤〉▤,其動也闢,應二之德;其靜也翕,應四之位,翕,閉也。是天地否閉之時,賢人乃隱,不衒其才智可也。劉牧	B-卷之1,P44
		劉長民曰:「夫〈坤〉▤,其靜也翕,應四之位,其動也闢,應二之德。」	F-卷5,P98
		劉長民曰:「〈坤〉▤,其動也闢,應二之德;其靜也翕,應四之位,翕,閉也。是天地否閉之時,賢人乃隱,不可衒其才知也。」	D-卷20,頁500

〔註4〕 葉良佩標記作者為「劉牧」,李衡則疏漏未著。此差錯,或於李氏裁翦刪削《義海》所犯,抑或後人傳抄之誤,雖有未定,然幸有葉氏之補逸,否則該文恐將湮沒就此亡佚,又或張冠李戴而為李衡一己之言。

12	〈坤☷·文言·六四〉：「天地變化，草木蕃，天地閉，賢人隱，易曰：括囊无咎无譽，蓋言謹也。」	四亦〈坤〉☷位，六位皆屬〈坤〉☷。而云「天地變化」者，蓋聖人欲明〈否〉☷、〈泰〉☷之義，故兼天地而言之也。牧	A-卷 1，P17
		四亦坤位，六位皆屬〈坤〉☷。而云「天地變化」者，蓋聖人欲明〈否〉☷、〈泰〉☷之義，故兼天地而言之也。劉牧	B-卷之 1，P50
13	〈坤☷·文言·六五〉：「君子黃中通理，正位居體，美在其中，而暢於四支，發於事業，美之至也。」	五過四而不為失臣節者，以其得中道也。內隱陽明，故能通乎物理。處五之位，故曰正位體居。陰處陽，而陽不發，故曰美在其中，暢於四支也。牧	A-卷 1，P18
		五居尊而不為失臣節者，以其得中道也。內隱陽明，故能通乎物理。處五之位而在坤體，故曰正位居體。以陰處陽而陽必發，故曰美在其中，暢於四支也。劉牧	B-卷之 1，P51
14	〈坤☷·文言·上六〉：「陰疑於陽，必戰，為其嫌於无陽也，故稱龍焉；猶未離其類也，故稱血焉。夫玄黃者，天地之雜也，天玄而地黃。」	陰過極，不肯自守。其陰柔嫌己无陽位，欲奪陽位而代之也。〈坤〉☷无陽，欲代陽之位，志在乎龍，故稱龍也。牧	A-卷 1，P18
15	〈屯〉☳：屯，元亨，利貞，勿用有攸往，利建侯。	坎☵險震☳動，動而之險，故謂之〈屯〉☳。牧	A-卷 1，P18
		坎☵險震☳動，動而之險，故謂之〈屯〉☳。劉牧	B-卷之 2，P53
16	〈屯☳·彖〉曰：屯，剛柔始交而難生，動乎險中。大亨貞，雷雨之動滿盈。天造草昧，宜建侯而不寧。	險難在前，不往，何由以濟？而能動乎險中，故得大亨也。既亨而不可復動，故曰：勿用有攸往也。草在土上，芽藏未萌，則未能別其類。牧	A-卷 1，P19
		劉長民曰：「險難在前，不動，何由可濟？」	F-卷 33，P597
17	〈屯☳·大象〉：雲雷，屯；君子以經綸。	雨則「屯」，解矣。〈象〉言「雷雨」，要終而言也。解絲棼者，綸之、經之，經而又綸，終則有始。離☲南、坎☵北為經。牧	A-卷 1，P19

		雲未成雨，原始而言也。既雨則「屯」，解矣。〈彖〉言「雷雨」，要終而言也。解絲棼者，綸之、經之，經而又綸，終則有始。震☳東、兌☱西，東、西為綸；離☲南、坎☵北，南、北為經。劉牧	R-卷之2，P55
18	〈屯䷂·六二〉：屯如邅如，乘馬班如，匪寇婚媾，女子貞不字，十年乃字。 〈象〉曰：六二之難，乘剛也。十年乃字，反常也。	二以險在前，故謂之寇，非初為二之寇也。牧	A-卷1，P20
19	〈屯䷂·六三〉：即鹿无虞，惟入于林中，君子幾，不如舍，往吝。 〈象〉曰：即鹿无虞，以從禽也，君子舍之，往吝窮也。	屯難之世，二以有應而往，猶不得字，況其无應乎？三當茲而有求焉，何異於无虞以從禽也？當舍正從權之際，惟君子能行之。牧〔註5〕	A-卷1，P20
		屯難之世，二以有應而往，猶不得字，況其无應乎？三當茲而有求焉，何異於无虞以從禽也？當舍正從權之際，惟君子能行之。劉牧	B-卷之2，P57
20	〈屯䷂·六四〉：乘馬班如，求婚媾，往吉，无不利。 〈象〉曰：求而往，明也。	四應於初，故道迂遠。為其在難，故難進也。初為康屯之主，四得正而應之，故「往吉，无不利。」言得所往之道也。見求而往，所以為明。六四以陰得陰位，險難在上，正應在下，背險而往，途无寇難也。初志存謙，下往必見納，故吉无不利。牧〔註6〕	A-卷1，P21

〔註5〕黃以周（1828～1899）誤將劉牧長民視為劉牧先之，而將此注文輯入其著，稱之：「劉先之曰：屯難之世，二以有應而往，猶不得字，況其无應乎？三當茲有求焉，何異于无虞從禽也。」〔清〕黃以周撰：《十翼後錄》，收入《續修四庫全書·經部·易類》（上海：上海古籍出版社，1995年），第36冊，卷2，頁101～102。

〔註6〕按葉良佩《周易義叢》自「所以為明」句（含）以上，標注為東晉·干寶（？）之言；以下則註記為劉牧之述，與李衡《周易義海撮要》所載存有差異，惟孰真、孰偽，無能判別，莫衷一是。

		四應於初，而道迂遠。為其在難，故難進也。初為康屯之主，四得正而應之，故「徃吉，无不利。」言得所徃之道也。見求而徃，所以為明。干寶〇〔註7〕六四以陰德居陰位，險難在上，正應在下，背險而徃，途无寇難也。初志存謙，下徃必見納，故吉无不利。劉牧	B-卷之2，P57～58
21	〈蒙☲‧彖〉曰：蒙，山下有險，險而止，蒙。蒙亨，以亨行時中也。匪我求童蒙，童蒙求我，志應也。初筮告，以剛中也，再三瀆，瀆則不告，瀆蒙也。蒙以養正，聖功也。	行時中者，謂訓不失時也。過稚則性未成，過長則扞格不入，必時中，乃能通於學。志應者，謂中相應也。牧	A-卷1，P22
		行時中者，謂訓不失時也。過穉則性未成，過長則扞格不入，必時中，乃能通於學。志應，謂兩中相應也。	B-卷之2，P62
		劉長民曰：「（行）時中（者），謂訓不失時也。過稚則性未成，過長則扞格不入。（必時中，乃能通於學）『匪我求童蒙，童蒙求我，志應也。』九二為內卦之主而能發蒙六五應之。（志應，謂兩中相應也。）」〔註8〕	F-卷33，P598
22	〈蒙☲‧初六〉：發蒙，利用刑人，用說桎梏，以往吝。〈象〉曰：利用刑人，以正法也。	蒙之象，止險，猶人之拘於桎梏也。牧	A-卷1，P23 B-卷之2，P64
23	〈蒙☲‧六三〉：勿用取女，見金夫，不有躬，无攸利。〈象〉曰：勿用取女，行不順也。	稱「見」，自上窺下也。牧	A-卷1，P23

〔註7〕 按近人馬其昶（1855～1930）沿襲李衡所記，猶視此段為劉牧之述，而節刪稱：「劉牧曰：『初為康屯之主，四得正而應之，見求而往，所以為明。』」〔民國〕馬其昶撰：〈上經一〉，《重訂周易費氏學》，收入《續修四庫全書‧經部‧易類》（上海：上海古籍出版社，1995年），第40冊，卷1，頁376。

〔註8〕 按原文並無括弧（ ）之字，惟筆者為與《周易義海撮要》所載之文比較，故於此加之。

24	〈蒙☷·六五〉：童蒙，吉。〈象〉曰：童蒙之吉，順以巽也。	居尊以誠待物，而物无所猜。眾以錫其誠而貢其明，吉斯臻也。牧	A-卷1，P24
		居尊以誠一待物，而物无不應。眾以錫其誠而貢其明，吉斯臻也。劉牧	B-卷之2，P66
25	〈需☲·象〉曰：需，須也，險在前也。剛健而不陷，其義不困窮矣。需，有孚，光亨，貞吉，位乎天位，以正中也。利涉大川，往有功也。	〈需〉☲之義有四：雲上於天，陽氣在下，蒸而須為雨，一也；百穀須膏雨以生成，二也；飲食須百穀而化，三也；蒙稚須飲食而養，四也。五為〈需〉☲之主，既信而正，達乎盛位，故其道光亨，居中而不偏，无應而不私，履四之柔順，是飲食燕樂與眾共之也。牧	A-卷1，P25
		〈需〉☲之義有四：雲上於天，陽氣在下，蒸而須為雨，一也；百穀需膏雨以生成，二也；飲食須百穀而化，三也；蒙穉須飲食而養，四也。五為〈需〉☲之主，既信而正，達居盛位，故其道光亨，居中而不偏，无應而不私，履四之柔順，是飲食宴樂與眾須之也。劉牧	B-卷之2，P70
26	〈需☲·初九〉：需于郊，利用恆，无咎。〈象〉曰：需于郊，不犯難行也。利用恆，无咎，未失常也。	三陽齊進，已若競進，必成交爭之患。牧	A-卷1，P25
27	〈需☲·九三〉：需于泥，致寇至。〈象〉曰：需于泥，災在外也，自我致寇，敬慎不敗也。」	三逼乎坎☵，故稱泥也。居陽之首，先登犯難，致身至敵，坎☵，屬外卦，是災在外也。初、二居內，與己同志，我先犯敵，必同志者來助己，則勝也。以剛居物之上，必能敬慎接下，則同志從而助之矣。牧	A-卷1，P26
		三逼乎坎☵，故稱泥也。居陽之首，先登犯難，自身致敵。坎☵屬外卦，是災在外也。初、二居二，與己同志，我先犯敵，必同志者來助己，則勝也。以	B-卷之2，P72

		剛居物之上，必能敬慎接下，則同志從而助之矣，故得不敗。劉牧	
28	〈訟☰☵‧彖〉曰：訟，上剛下險，險而健，訟。訟有孚窒惕中吉，剛來而得中也。終凶，訟不可成也。利見大人，尚中正也。不利涉大川，入于淵也。	剛來謂二也。性本剛直好勝而訟也。來居柔，能屈其性也。處中正不失中道也。牧	A-卷 1，P27
		剛來謂二也。性本剛直好勝而訟也。來居柔能屈其性也。處中正不失中道也。劉牧	B-卷之 2，P77～78
		劉長民曰：「剛來謂二，性本剛直好勝而訟也。來居柔，能屈其性也。處中位，不失中道也。」	D-卷 2，P42～43
29	〈訟☰☵‧大象〉曰：天與水違行，訟；君子以作事謀始。	五禮修而民未化，必明法以固之。訟起多途，非禮法不能防人其始，司契者，乃法之一端耳。牧	A-卷 1，P28
		五禮修而民未化，必明法以固防之。訟起多途，非禮法不能防人其始，司契者，乃法之一端耳。劉牧	B-卷之 2，P78
30	〈訟☰☵‧初六〉：不永所事，小有言，終吉。〈象〉曰：不永所事，訟不可長也。	初雖應四而體惟相違，故亦為訟。四以剛處柔，能變其志而不成訟，故得中（終）〔註9〕吉。牧	A-卷 1，P28
		初雖應四而體性相違，故亦不能无訟。四以剛處柔，能變其志而不成訟，故得中吉。劉牧	B-卷之 2，P79
		劉長民曰：「初雖應四而體惟相違，故亦為訟。四以剛處柔，能變其志而不成訟，故終吉。」	D-卷 2，P43
31	〈訟☰☵‧六三〉：食舊德，貞，厲終吉。或從王事，无成。〈象〉曰：食舊德，從上吉也。	雖失其位，專心應上，故能保全舊恩，食舊德也。處兩剛之間，近不相得，乘二負四，正之危也，剛不能侵，故終吉。牧	A-卷 1，P28 B-卷之 2，P79

〔註 9〕按不知是劉牧原文「終」誤植為「中」，抑或李衡輯錄錯誤？理當為「終」字才對。

32	〈訟☷・九四〉：不克訟，復即命，渝安貞，吉。〈象〉曰：復即命，渝安貞，不失也。	凡變上從下，稱「渝」。牧〔註10〕	A-卷1，P29
33	〈訟☷・上九〉：或錫之鞶帶，終朝三褫之。〈象〉曰：以訟受服，亦不足敬也。	以訟受服，惡人之見，自徹去之，恥以衒人也。三明理而不拒命，雖勝三而曲在己。牧	A-卷1，P29
		以訟受服，惡人之見，自徹去之，恥以衒人也。三明理而不拒命，上雖勝三而曲在己。劉牧	B-卷之2，P81
34		「劉牧注〈師〉卦☷：『當行師用兵之時，勝敵而已，唯才能智勇是用，不復錄其行。』故陳平盜嫂、韓信出袴下、黥布刑，不妨為漢之功臣，況兵家宜取負罪遺行之人用之。何者，負罪則世不錄？遺行則人不齒？知其無以進於時而信於人，終將廢矣，則思效用以自補，立功以自贖，故兵書曰：『王臣失位，思立其功者，聚為一隊，言必能決死以戰。』是以漢武帝賢良之詔，求斫弛之士，奔踶之馬，取是道也。溫與起宜先收，而不宜見棄，閣下幸當留意。」〔註11〕	

〔註10〕葉良佩將《周易義海撮要》上、下兩條文：「反就前理，變其詔命。侯凡變上從下稱渝。牧」，合併載記為侯果注文：「反就前志，變其詔命。凡變上從下，稱渝。侯果」〔明〕葉良佩輯：《周易義叢》，收入《續修四庫全書・經部・易類》（上海：上海古籍出版社，1995年），第7冊，卷之2，頁80。惟唐・李鼎祚（？）輯錄「侯果曰：初既辯明，四訟，妄也。詔既不克，當『反就前理，變其詔命』，則安靜貞吉，而不失初也。」〔唐〕李鼎祚撰：《周易集解》，收入《景印文淵閣四庫全書・經部1・易類》（臺北：臺灣商務印書館，1983年），第7冊，卷3，頁644。並無「凡變上從下，稱『渝』」之說，故葉良佩於此，恐有誤植之嫌。

〔註11〕〔宋〕佚名編：〈石守道文・上范經畧書〉，《宋文選》，收入《景印文淵閣四庫全書・集部285・誌集類》（臺灣商務印書館，1985年），1346冊，卷16，頁239。

35		劉牧曰：「凡用師以賞前導之，故順也；以刑後威之，故能行也。坤☷順在前，坎☵威居後，應有象矣。」因知王者之師，亦不能違是道者，理當然爾。〔註12〕	
36	〈師☷‧六四〉：師左次，无咎。〈象〉曰：左次无咎，未失常也。	四處坤☷，坤☷為平陸。《師律》曰：「平陸處易，而右背高，前死後生。」此處平陸之地，退守待敵，不足取勝，可保常也。牧	A-卷1，P31 B-卷之3，P87
		劉牧《新注》：「四處坤☷，坤☷為平陸。《師律》曰：『平陸處易而右背高，前死後生。』此處平陸之地，退守待敵，不足取勝，可保常也」〔註13〕	
37	〈師☷‧上六〉：大君有命，開國承家，小人勿用。〈象〉曰：大君有命，以正功也，小人勿用，必亂邦也。	立師之始，不錄其行，保大定功，則制禮作樂，以興教化。牧	A-卷1，P31
38	〈比☵‧初六〉：有孚，比之，无咎。有孚盈缶，終來有它吉。〈象〉曰：比之初六，有它吉也。	「缶，時用之器，居順之首，為比之先，眾願從之，故有它吉。牧	A-卷1，P32 B-卷之3，P92
		劉長民曰：「居順之首，為比之先，眾願從之，故有他吉。」	D-卷2，P53
39	〈比☵‧六三〉：比之匪人。〈象〉曰：比之匪人，不亦傷乎？	比，貴先，而三處坤☷之末，初敦信、五賢明，而為二、四所隔，以柔處剛，內好剛也；以陰居陽，行乖僻也。過二之上，不由中也。牧。	A-卷1，P33
		比，貴先，而三處坤☷之末，初敦信、五賢明，而為二、四所隔，以柔處剛，內好剛也；以陰居陽，行乖僻也。過二之上，不由中也，故欲比而无人。劉牧	B-卷之3，P93

〔註12〕〔南宋〕劉荀撰：〈刑賞者制師之本〉，《明本釋》，收入《景印文淵閣四庫全書‧子部9‧儒家類》（臺北：臺灣商務印書館，1985年），第703冊，卷中，頁191。

〔註13〕〔清〕馬國翰輯：〈目耕帖‧易二〉，《玉函山房輯佚書》，收入《續修四庫全書‧子部‧雜家類》（上海：上海古籍出版社，1995年），1204冊，卷2，頁656。

40	〈比☷·六四〉：外比之，貞吉。〈象〉曰：外比於賢，以從上也。	坎☵性趨下。今外比者，以三行乖僻而志剛不可抑也，故上從於五。牧	A-卷1，P33 B-卷之3，P93
41	〈比☷·九五〉：顯比，王用三驅，失前禽，邑人不誡，吉。〈象〉曰：顯比之吉，位正中也。舍逆取順，失前禽也。邑人不誡，上使中也。	行顯誅，以威諸侯之心。牧	A-卷1，P34
42	〈小畜☰·彖〉曰：小畜，柔得位而上下應之，曰小畜。健而巽，剛中而志行，乃亨。密雲不雨，尚往也；自我西郊，施未行也。	一陰小而眾陽大，陰為主，而上下皆歸之。牧	A-卷1，P35
43	〈小畜☰·初九〉：復自道，何其咎？吉。〈象〉曰：復自道，其義吉也。	凡陽升而上，曰復。牧〔註14〕〔註15〕	A-卷1，P35
		陽升而上，曰復。劉牧	B-卷之3，P99
		劉牧云：「陽升而上，曰復。」	C-卷2，P448
44	〈小畜☰·九二〉：牽復，吉。〈象〉曰：牽復在中，亦不自失也。	與初同志而進，猶拔茅之義，不失中道，故吉。牧	A-卷1，P35 B-卷之3，P99
45	〈小畜☰·上九〉：既雨既處，尚德載，婦貞厲。月幾望，君子征凶。〈象〉曰：既雨既處，德積載也，君子征凶，有所疑也。	以卦言之，陽老而陰長不已，極則反陽，密雲不已，終為雨也。上九居女之長，長而不已，至坤☷儀也。坤☷德，積而不已，至龍戰也。牧	A-卷1，P37

〔註14〕「『陽升而上，曰復。』三陽同上，初為類首，自道者，固有也。五剛位尊，力能制二，故援連於初，乃可復矣。」〔明〕崔銑撰：〈上經卦畧〉，《讀易餘言》，收入《景印文淵閣四庫全書·經部24·易類》（臺北：臺灣商務印書館，1983年），第30冊，卷1，頁9。未言明出自何人，而形成抄襲，惟實自劉牧而來。

〔註15〕「陽升而上，曰復。三陽同上，初為類首，自道者，固有也。」〔明〕張元蒙撰：《讀易纂》，收入《續修四庫全書·經部·易類》（上海：上海古籍出版社，1995年），第8冊，卷1，頁39。似援引崔銑之說，但未言明出自何人，而形成抄襲，但其思想雖受崔銑影響，惟實自劉牧而來。

		以卦言之，陽老而陰長不已，極則反陽，密雲不雨，終為雨也。上九居女之長，長而不已，至坤☷儀也。坤☷德不已，至龍戰，是以君子征則凶也。劉牧	B-卷之 3，P102
		劉長民曰：陽老而陰長不已，極則反陽，密雲不已，終為雨也。上九居女之長，長而不已，至坤儀也。坤德積而不已，至龍戰也。	D-卷3，P64
46	〈履☲‧大象〉曰：上天下澤，履；君子以辯上下，定民志。	尊卑序，則民志定，禮之用也。牧	A-卷1，P37 B-卷3，P105
47	〈履☲‧九二〉：履道坦坦，幽人貞吉。〈象〉曰：幽人貞吉，中不自亂也。	禮行中道。今二履中，是其道行而坦夷也。幽人之志，專靜而不過越，履茲中道，不可過也。過則煩而自亂矣。牧〔註16〕	A-卷 1，P38～39 B-卷之 3，P106
48	〈履☲‧六三〉：眇能視，跛能履，履虎尾，咥人凶，武人為于大君。〈象〉曰：眇能視，不足以有明也；跛能履，不足以與行也；咥人之凶，位不當也；武人為于大君，志剛也。	謂之不明，則陽位也。謂之明又陰薮之，眇之象也。謂之不能行，又說而乘陽。謂之能行，又柔而乘剛，跛之象也。牧	A-卷1，P39
		謂之不明，則陽位也。謂之明，陰又蔽之，眇之象也。謂之不能行，則以說而承陽。謂之能行，又柔而乘剛，跛之象也。劉牧	B-卷之 3，P106
		劉牧云：「謂之不明，則陽位也。謂之明，陰又蔽之，眇之象也。謂之不能行，則以說而承陽。謂之能行，又柔而乘剛，跛之象也。」	C-卷2，P452

〔註16〕黃以周，將此條誤以「劉先之」之名，輯入其《十翼後錄》：「劉先之曰：禮行中道，今二履中，是其道行而坦夷也。幽人之志，專靜而不過越，履茲中道，不可過也。」〔清〕黃以周撰：《十翼後錄》，收入《續修四庫全書‧經部‧易類》（上海：上海古籍出版社，1995 年），第 36 冊，卷 3，頁 246。

49	〈履☲・九五〉：夬履貞厲。 〈象〉曰：夬履貞厲，位正當也。	厲，嚴也。剛而居尊，故嚴。 牧	A-卷 1，P39 B-卷之 3， P107
		劉牧曰：「厲，嚴也。剛而居尊， 故嚴，非危也。」	R-卷 1，P463
		劉牧曰：「厲，嚴也。剛而居尊， 故嚴，非危也。」	E-卷 3，P90
50	〈泰〉卦☷：泰，小往大來，吉 亨。	往、來者，以內、外卦言之。 由內而之外，為往，由外而復 內，為來。臣往、君來，陰往、 陽來，小人往，君子來，如此， 則泰道成，故古亨。牧	A-卷 2，P42 B-卷之 3， P109
		小謂陰，大謂陽。往、來以內、 外之卦言之。由內而之外，曰 往；由外而之內，曰來。〔註17〕	
		劉牧云：「往、來者，以內、外 卦言之。由內而之外，為往； 由外而復內，為來。」	C-卷 2，P453
		牧〈泰〉卦☷解曰：「往、來者， 以內、外卦言之。由內而之外， 為往，由外而復內，為來。」 〔註18〕	
51	〈泰☷・初九〉：拔茅茹，以其 彙，征吉。 〈象〉曰：拔茅征吉，志在外也。	乾☰，剛直之德，能屈其剛而俯 於下，用柔也。又復其道而順 焉，故以「柔」明其象，此高 明柔克者也。牧	A-卷 2，P43
		乾☰，剛直之德，能屈其剛而俯 于下，用柔也。又復其道而順 焉，故以「茅」明其象，此高 明柔克者也。劉牧	B-卷之 3， P111
52	〈泰☷・九三〉：无平不陂，无 往不復，艱貞无咎，勿恤其孚， 于食有福。	〈泰〉☷、〈否〉☰與〈乾〉☰、 〈坤〉☷異者，以其變於中也。 此九三，知幾存義，與〈乾〉 ☰之九三，同其象焉。牧	A-卷 2，P44 B-卷之 3， P113

<hr>

〔註17〕〔明〕來知德撰：《周易集註》，收入《景印文淵閣四庫全書・經部 26・易類》（臺北：臺灣商務印書館，1983 年），第 32 冊，卷 3，頁 120。來知德（1526～1604）於〈泰〉卦☷卦辭，即采劉牧「往、來」之說法，加以詮釋。

〔註18〕〔清〕辛紹業撰：《易圖存是》，收入《續修四庫全書・經部・易類》（上海：上海古籍出版社，1995 年），第 26 冊，卷上，頁 266。

	〈象〉曰：无往不復，天地際也。		
53	〈泰䷊‧六四〉：翩翩，不富以其鄰，不戒以孚。 〈象〉曰：翩翩不富，皆失實也，不戒以孚，中心願也。	失實者，實言居止之地。久離其居，故窮而不富。牧	A-卷 2，P44
		失實者，失其居上之地。久離其居，故窮而不富。劉牧	B-卷之 3，P113
54	〈泰䷊‧上六〉：城復于隍，勿用師，自邑告命，貞吝。 〈象〉曰：城復于隍，其命亂也。	施命不行於王庭，故各自於其邑告命。牧	A-卷 2，P45
		施命不行于王庭，故各自于邑告命。劉牧	B-卷之 3，P115
55	〈否〉卦䷋：否之匪人。不利君子貞，大往小來。	危言危行，禍斯及矣。宜遜以辟難，无自立辟也。牧	A-卷 2，P46 B-卷之 3，P116
56	〈否䷋‧初六〉：拔茅茹，以其彙，貞吉，亨。 〈象〉曰：拔茅貞吉，志在君也。	三陰同體，志在從陽。牧	A-卷 2，P46 B-卷之 3，P117
57	〈否䷋‧六三〉：包羞。 〈象〉曰：包羞，位不當也。	初以處卑而應上，故吉亨。二以中正而應上，故否亨。是居小人道長之際，不居小人之行者也。以陰居陽，不正也。處下體之上，失中道也。不言凶咎，以其體順而承陽也。牧	A-卷 2，P47
		初以處卑而應上，故吉亨。二以中正而應上，故否亨。是居小人道長之際，不為小人之行者也。三以陰居陽，不正也。處下體之上，失中道也。是純為小人矣，故有包含羞愧之象，不言凶咎，以其體順而承陽也。劉牧	B-卷之 3，P118
		劉長民曰：「初以處卑而守貞，故吉亨。二以中正而應上，故否亨。是居小人道長之際，而不居小人之行者也。以柔居陽，不正也。處下體之巨，失中也。不言凶咎，體順而承陽也。」	F-卷 10，P198

		劉牧曰:「初以處卑而應上,故吉亨。二以中正而應上,故否亨。」	E-卷3,P100
58	〈否䷋・九四〉:有命无咎,疇離祉。 〈象〉曰:有命,无咎,志行也。	過否之中,亨否之道,而已為之先。牧	A-卷2,P47
		過否之中,亨否之道,而已為之先,故无咎而麗福。劉牧	B-卷之3,P119
		劉長民曰:過否之中,有亨否之道,而已為之先。	F-卷10,P199
59	〈否䷋・九五〉:休否,大人吉,其亡,其亡,繫于苞桑。 〈象〉曰:大人之吉,位正當也。	休,退也。四過中,否道方變,五則否道退矣。牧	A-卷2,P47
		休,退也。四遇否,中道方變,至五則否退矣,故大人吉也。劉牧	B-卷之3,P119
60	〈同人䷌・初九〉:同人于門,无咎。 〈象〉曰:出門同人,又誰咎也。	初剛而能屈於下,毀方瓦合者也。牧	A-卷2,P49
61	〈大有䷍・大象〉曰:火在天上,大有;君子以遏惡揚善,順天休命。	天之昭命,福善禍淫,遏惡揚善,是順天休命也。牧	A-卷2,P52
62	〈大有䷍・九二〉:大車以載,有攸往,无咎。 〈象〉曰:大車以載,積中不敗也。	下乘陽為動,上承陽為實,得中位為安。五以虛中納下,往則不拒,故无咎。牧〔註19〕	A-卷2,P53
		下乘陽為動,上承陽為實,得中為安,五以虛中納下,往而不拒,故无咎。劉牧	B-卷之4,P130

〔註19〕〔清〕・黃守平:「乾☰為大車,二也;載謂載五。二,才剛德順,下乘陽為動,上承陽為實,得中位為安。引以馬之健,行以輪之圜,皆乾☰象也。五以虛中納下,往則无咎。」〔清〕黃守平輯:《易象集解》,收入《續修四庫全書・經部・易類》(上海:上海古籍出版社,1995年),第35冊,卷2,頁112。黃守平引劉牧之說以解〈大有䷍・九二〉,但未註明出自何人之言,有抄襲之嫌。

		劉長民曰：「下乘陽為動，上承陽為實，得中之位為安。五以虛中接下，往則无咎。」	F-卷 11，P214
		劉長民曰：「下乘陽為動，上乘陽為實，得中位為安。五以虛中納下，往則无咎。」	D-卷 4，頁 91～92
63	〈大有䷍‧九四〉：匪其彭，无咎。〈象〉曰：匪其彭无咎，明辯哲也。	劉牧：「旁為三，當用而己居其上，能自度其勢，不勝于三，不為三之事而避三之盛，則知幾也。」〔註20〕	
64	〈謙䷎‧彖〉曰：謙，亨，天道下濟而光明，地道卑而上行。天道虧盈而益謙。地道變盈而流謙。鬼神害盈而福謙。人道惡盈而好謙。謙尊而光，卑而不可踰，君子之終也。	降卑接下，名譽益隆，故其道光顯，辭貌。卑遜而志行剛正，故雖卑退而不可踰，猶坤之用六永貞，以代有終也。牧	A-卷 2，P55～56
		降接卑下，名譽益隆，故其道光顯，謙尊而光也。猶天德不可為首之義，辭貌。卑巽而志行剛正，故雖卑退而不可踰，猶坤之用六，以大終也。劉牧	B-卷之 4，P135
		劉氏長民曰：「降卑接下，名譽益隆，故其道光顯，辭貌。卑遜而志行剛正，故雖卑退而不可踰。」	G-卷 9，P604
65	〈謙䷎‧六二〉：鳴謙，貞吉。〈象〉曰：鳴謙貞吉，中心得也。	以柔居中，嘉譽旁達。功德雖未著，而中心亦自得也。夫譽「斯」隆者，戒其名過而損實，故正則吉。牧	A-卷 2，P56
		以柔居中，嘉譽旁達，功德雖未著，而中心亦自得也。夫譽「之」隆者，戒其名過而損實，故正則吉。劉牧	B-卷之 4，P136
		劉氏牧曰：以柔居中，嘉譽旁達，功德雖未著，而中心亦自得也。夫譽之隆者，戒其名過而實損，故正則吉。	C-卷 3，P468

〔註20〕〔北宋〕陳襄撰：〈易講義‧大有〉，《古靈集》，收入《景印文淵閣四庫全書‧集部‧別集類》（臺北：臺灣商務印書館，1985 年），第 1093 冊，卷 10，頁 577～578。

66	〈謙☷☶·六五〉：不富以其鄰，利用侵伐，无不利。 〈象〉曰：利用侵伐，征不服也。	六五爻辭，无謙，字明，不可用謙也。謙恭過甚，威武不耀，漸物情離叛，猶復用謙乎？必用武以服之也。五以柔居尊位，謙而履中，是務損己而不居盈也，故曰：不富。遠人離叛，不為之用，斯則惟能用其鄰也。五以謙中履順，陰而乘柔，是君子過於謙者也。小人以為卑而可陵，故君子反用侵伐之，是卑而不可踰也。牧	A-卷2，P58
		六五爻辭，无謙，字明，不可用謙也。謙恭過甚，威武不耀，物漸離叛，猶復用謙乎？必用武以服之也。陸介 五以柔居尊位，謙而履中，是務損己而不居盈也，故曰：不富。遠人離叛，不為之用，斯則惟能用其鄰也。凌唐佐 五以謙中履順，承陰而乘柔，是君子過乎謙者也。小人以為卑而可陵，故君子反用侵伐之，是卑而不可踰也。劉牧	B-卷之4，P138
67	〈謙☷☶·上六〉：鳴謙，利用行師，征邑國。 〈象〉曰：鳴謙，志未得也，可用行師，征邑國也。	處謙之末，物情益叛。五始侵伐，至上乃行師也。五以侵伐雖小，而猶能及遠，上以行師雖大，而纔及邑國，明謙道轉薄，而物情大變。尚能利用行師者，以謙譽尚存也。牧	A-卷2，P59 B-卷之4，P139
68	〈豫☷☳·彖〉曰：豫，剛應而志行，順以動，豫。豫順以動，故天地如之，而況建侯行師乎？天地以順動，故日月不過，而四時不忒，聖人以順動，則刑罰清而民服。豫之時義大矣哉。	建侯利正，行師利順。九四以陽居臣位而能正眾陰，故利建侯。陽動而陰皆應之，故利行師。〈豫〉☷☳之用，在於權臣，以臣專君，故聖人歎之。牧	A-卷2，P59 B-卷之4，P141
69	〈豫☷☳·六二〉：介于石，不終日，貞吉。 〈象〉曰：不終日貞吉，以中正也。	介者，專一也。中正則貞一，得位則專固，中則不越，正則不亂。雖專「介」於石，見幾則動，赴幾貴速，終日則後時。牧	A-卷2，P60

		介者，專一也。中正則貞一，得位則專固，中則不越，正則不亂。雖專於石，見幾則動，赴幾迅速，「若」終日則後時。劉牧	B-卷之 4，P143
70	〈豫☷☳·九四〉：由豫，大有得，勿疑，朋盍簪。 〈象〉曰：由豫，大有得，志大行也。	羣陰止滯，獨體剛陽，居動之始，震☳發羣陰，故陰皆由我而得豫。四雖體陽，猶居陰位，猶未離其類也，故稱朋焉。簪者，所以固冠而總髮，冠之危賴簪以固之，猶君位危，賴臣以安之，其桓、文之事乎！牧	A-卷2，P61 B-卷之 4，P144
		劉長民曰：「羣陰止滯，獨體剛陽，居動之始，震☳發羣陰，故陰皆由我而豫。四雖體陽，猶居陰位，未離其類，故稱朋焉。簪者，所以固冠而總髮，冠之危，賴簪以固之，猶君位危，賴臣以安之。」	D-卷4，P104
71	〈豫☷☳·六五〉：貞疾，恒不死。 〈象〉曰：六五貞疾，乘剛也。恒不死，中未亡也。	四雖苦己而志在悅物，不敢加害，故久而不亡。失位故有疾，得中，故不死。牧	A-卷2，P62
		失位故有疾，得中故不死。劉牧〔註21〕	B-卷之 4，P144
72	〈隨☱☳·象〉曰：隨，剛來而下柔，動而說，隨。大亨貞，无咎，而天下隨時。隨時之義大矣哉。	〈泰〉☷☰之極，必變於〈否〉☰☷，是〈泰〉☷☰不可守也。〈否〉☰☷之極，必變於〈泰〉☷☰，是〈否〉☰☷之不可行也。由是刑政之寬猛，禮樂之沿革，文質之損益，各隨時變，所以順民心也。少女本配少男，為敵體，故上、下皆應，今耦長男，非少女本志。何以得隨？以剛能下柔，而悅其性也。牧	A-卷2，P63

〔註21〕葉良佩載錄劉牧注文：「失位故有疾，得中故不死。劉牧」之前輯錄有「宋衷」條：「四雖『若』為己之疾，而志在悅物，不敢加害，故久而不亡。宋衷」，惟而李衡似將兩者，上下合併？此條李衡與葉良佩錄記內容有所出入，未知孰是。

		〈泰〉䷊之極，必反於〈否〉䷋，是〈泰〉䷊之不可守也。〈否〉䷋之極，必變為〈泰〉䷊，是〈否〉䷋之不可行也。由是刑政之寬猛，禮樂之沿革，文質之損益，各隨時變，所以順民心也。少女本配少男，為敵體，故上下皆應，今偶長男，非少女本志也。何以得隨？以剛能下柔，而悅其性也。劉牧	D-卷之 4，P148
73	〈隨䷐·大象〉曰：澤中有雷，隨；君子以嚮晦入宴息。	澤性止靜，今動而說者，以其處下而求安也。君子成天下之務，抱宵旰之憂，豈翼乎燕息哉？然時乎求安，則不可苦節以困物情。牧	A-卷 2，P63
		澤性止靜，今動而說者，以其處下而求安也。君子成天下之務，抱宵旰之憂，奚翼乎燕息哉？然時乎求安，則不可苦節以困物情。劉牧	B-卷之 4，P148
74	〈隨䷐·初九〉：官有渝，貞吉，出門交有功。〈象〉曰：官有渝，從正吉也。出門交有功，不失也。	設官所以正時俗，官有弊政，不得不變法而從宜。四能立功於時，交有功，同於四也。初與四，俱以陽居下體，故為同。出門，言其始也。牧〔註22〕	A-卷 2，P64
		設官所以正時俗，官有弊政，不得不變法而從宜。四能立功于時，交有功，同于四也。初與四，俱以陽居下體，故為同。出門，言其始也。牧	B-卷之 4，P149
75	〈隨䷐·九五〉：孚于嘉，吉。〈象〉曰：孚于嘉，吉，位正中也。	四有善而能信之，雖專於己，而不忌其僭，俾成其功也。牧	A-卷 2，P65

〔註22〕「案程子訓『官』為主守。康成謂『臣出君門，與四方賢人交。』仍當作『官人』解。蓋設官所以隨時，『官有弊政，不得不變而從宜。』琴瑟不調，則改絃而更張之，此渝變，所以得正吉也。」〔清〕丁晏撰：《續錄》，收入《續修四庫全書·經部·易類》（上海：上海古籍出版社，1995 年），第 31 冊，卷2，頁 598。按筆者以為，丁晏之說，勉強可謂循劉牧之見。

		四有善而能信之，雖專于己，而不忌其僭，俾成其功也，故吉。劉牧	B-卷之 4，P151
76	〈隨䷐・上六〉：拘係之，乃從維之，王用亨于西山。〈象〉曰：拘係之，上窮也。	不得以而隨，則志不固。所以五維持之，使不得去。隨之極，必反於不隨，聖人垂誡，以防臣道之過盛。牧	A-卷 2，P66
		不得以而隨，則志不固。所以五維持之，使不得去。隨之極，必反于不隨，聖人垂誡，以防臣道之過盛。牧	B-卷之 4，P152
77	〈蠱䷑・彖〉曰：蠱，剛上而柔下，巽而止蠱。蠱，元亨，而天下治也。利涉大川，往有事也。先甲三日，後甲三日，終則有始，天行也。	剛謂上九，柔謂初六，上止而下齊也。事相干之時，逆之則愈煩，順而止，故可息其紛擾。牧	A-卷 2，P67
		剛謂上九，柔謂初六，上止而下巽也。有事相干之時，逆之則愈煩，惟順而止，故可以息其紛擾。劉牧	B-卷之 4，P155
78	〈蠱䷑・大象〉曰：山下有風，蠱；君子以振民育德。	議事立制，非賢德不能，故君子選育賢德，止齊爭競。牧	A-卷 2，P68 B-卷之 4，P156
79	〈蠱䷑・九二〉：幹母之蠱，不可貞。〈象〉曰：幹母之蠱，得中道也。	不可貞者，事必先父命也。以陽居陰，不傷剛猛而居於中，得中道也。牧	A-卷 2，P68
80	〈蠱䷑・六四〉：裕父之蠱，往見吝。〈象〉曰：裕父之蠱，往未得也。	不能強幹以得其位，猶可寬裕其事。緩而圖之，斯宜止矣。往求幹事，得无咎乎？牧	A-卷 2，P69
		不能強幹以得其譽，可寬裕其事。緩而圖之，斯宜止矣。往求幹事，得无咎乎？劉牧	B-卷之 4，P158
		劉長民曰：「不能強幹以得其位，猶可寬裕其事。緩而圖之，斯宜止矣。往求幹事，得无咎乎？」	F-卷 12，P235

81	〈臨䷒·大象〉曰：澤上有地，臨；君子以教思无窮，容保民无疆。	岸高於澤，俯臨之也。牧〔註23〕〔註24〕〔註25〕	A-卷2，P71
		岸高於澤，俯臨之也。教思容保，有俯臨象。劉牧	B-卷之5，P163
		劉氏長民曰：「岸高于澤，俯臨之也。」	G-卷11，P639
82	〈臨䷒·九二〉：咸臨，吉，无不利。〈象〉曰：咸臨，吉，无不利，未順命也。	剛長而應，體說而順，五以柔居尊，虛中納善，求剛為用，未當為求。牧	A-卷2，P71
83	〈觀䷓·彖〉曰：大觀在上，順而巽，中正以觀天下。觀，盥而不薦，有孚顒若，下觀而化也。觀天之神道，而四時不忒，聖人以神道設教，而天下服矣。	中正謂五，以陽居陽，又處中正。陽則明達，中則不過，正則不偏，以此居尊，所以能觀天下。牧〔註26〕	A-卷2，P73

〔註23〕「澤上之地，岸也。岸高於澤，而俯臨之。有含容止畜之象。君子體之臨於民，則有教導之意。『教思无窮』，至誠，无斁也。『容保民无疆』，謂含容安集之意。廣大无疆限也；教之无窮者，兌䷹也；容之无疆者，坤䷁也。(集伊川、晦菴語)」〔元〕李簡撰：《學易記》，收入《景印文淵閣四庫全書·經部19·易類》(臺北：臺灣商務印書館，1983年)，第25冊，卷2，頁191。李簡僅注「集伊川、晦菴語」，實則以劉牧之言為首，惟其略而不語，有抄襲之嫌！

〔註24〕「岸高於澤，俯臨之也。『教思无窮』，作師之臨；『容保民无疆』，作君之臨。」〔清〕何志高撰：《易經本意》，收入《續修四庫全書·經部·易類》(上海：上海古籍出版社，1995年)，第33冊，卷3，頁648。以劉牧之說，注解〈臨䷒·大象〉，但未標明引自劉牧之說。

〔註25〕「岸高于澤，俯臨之也。澤之盛滿，將與地平，大之義也。君子觀此，不以盛大之勢，而以久大之德，教思如澤，容保如〈坤〉䷁，勢有時而消，德無時而盡。」〔清〕劉紹攽撰：《周易詳說》，收入《續修四庫全書·經部·易類》(上海：上海古籍出版社，1995年)，第22冊，卷之5，頁217。以劉牧之說注解〈臨·大象〉，但未標明引自何人之言。

〔註26〕「潘雪松述曰：天下惟陽為大、為上。九五一陽在上，為下四陰所觀，故曰「大觀」。其德順而不逆，巽而不忤，又以陽剛處中正，中則不過，正則不偏，以此居尊，所以能觀天下。」〔明〕程汝繼輯：《周易宗義》，收入《續修四庫全書·經部·易類》(上海：上海古籍出版社，1995年)，第14冊，卷之3，頁133。援引潘雪松之說，然其中即已含劉牧「中則不過，正則不偏，以此居尊，所以能觀天下」之思想。

		中正謂五，以陽居「陰」〔註27〕，又處中正。陽則明達，中則不過，正則不偏，以此居尊，所以能觀天下。劉牧	B-卷之 5，P168
		天下惟陽為大、為上，二陽在上，為下四陰所觀，故曰「大觀」。其德順而不逆，巽而不忤，又以陽剛處中正，中則不過，正則不偏，以此居尊位，所以能觀天下。〔註28〕	E-卷之 4，P150
84	〈觀䷓・大象〉曰：風行地上，觀；先王以省方觀民設教。	風行地上，无所不至。散采萬國之聲詩，省察其俗有不同者，教之使同。牧	A-卷 2，P74
		風行地上，无所不至。先王收采萬國之聲詩，省察其俗有不同者，教之使同。劉牧	B-卷之 5，P169
		劉氏長民曰：「風行地上，无所不至。散采萬國之聲詩，省察其俗有不同者，教之使同。」	G-卷 11，P647
85	〈觀䷓・六二〉：闚觀，利女貞。〈象〉曰：闚觀女貞，亦可醜也。	婦人有慕外之志，縱其志，則情斯蕩矣，故利正也。牧	A-卷 2，P74 / B-卷之 5，P169
86	〈觀䷓・六三〉：觀我生，進退。〈象〉曰：觀我生進退，未失道也。	處下體而未有位，故自觀其道。應於時，則進；不應於時，則退。牧	A-卷 2，P74
		處下體而未有位，故自觀其道。應于時，則進；不得于時，則退。劉牧	B-卷之 5，P170
87	〈噬嗑䷔・彖〉曰：頤中有物，曰噬嗑，噬嗑而亨。剛柔分，動而明，雷電合而章，柔得中而上行，雖不當位，利用獄也。	物情不合，則成獄訟。窮其情狀，辨其辭旨，煩瀆口吻，同夫咀嚼。牧〔註29〕	A-卷 3，P79 / B-卷之 5，P174

〔註27〕按葉良佩此「陰」，當為「陽」字之訛。

〔註28〕潘士藻亦援引劉牧之說。

〔註29〕「物情不合，則成訟獄，君子窮其情狀，辨其詞旨，煩瀆口吻，而後成此。蓋指強梗之徒，不從王化者。」〔明〕崔銑撰：〈上經卦畧〉，《讀易餘言》，收入《景印文淵閣四庫全書・經部 24・易類》（臺北：臺灣商務印書館，1983年），第 30 冊，卷 1，頁 18。按崔銑逕引劉牧之言，剟綴以釋〈噬嗑〉䷔之義，明顯抄襲。

		劉氏牧云：「物情不合，則成獄訟。窮其情狀，辨其辭旨，煩瀆口吻，同夫咀嚼。」	C-卷 4，P482
88	〈噬嗑䷔·初九〉：履校滅趾，无咎。 〈象〉曰：履校滅趾，不行也。	人之性欲動而无應，故不得行，是桎梏于獄者。牧	A-卷 3，P79
		初剛而趣下，小人之性欲動而无應，故不得行，是桎梏于獄者。劉牧	B-卷之 5，P175～176
89	〈噬嗑䷔·六二〉：噬膚滅鼻，无咎。 〈象〉曰：噬膚滅鼻，乘剛也。	噬膚，刑其皮膚，鞭笞之刑也。文之太深至劓而不以為咎，以滅趾而不悛也。牧	A-卷 3，P80
		噬膚，刑其皮膚，鞭笞之刑也。入之太深至鼻而不以為咎，以滅趾而不悛故也。劉牧	B-卷之 5，P176
90	〈噬嗑䷔·六三〉：噬腊肉遇毒，小吝，无咎。 〈象〉曰：遇毒，位不當也。	三處下體而无位，吏之小者也。常懼而弗能果敢。得无咎者，以內含章明，能无成而有終。牧	A-卷 3，P80
		三處下體而失位，吏之小者也。常懼而弗能果敢。得无咎者，以內含章明，能无成而有終。劉牧	B-卷之 5，P176
91	〈噬嗑䷔·九四〉：噬乾胏，得金矢，利艱貞，吉。 〈象〉曰：利艱貞吉，未光也。	吏之大者也，居臣位之極，履近乎危，又獄事不可輕慢，故艱貞則吉。牧	A-卷 3，P80
		九四，吏之大者也，居臣位之極，履近乎危，又獄事不可輕慢，故艱貞則吉。劉牧	B-卷之 5，P177
		劉牧曰：「居臣位之極，履近乎危，又獄事不可輕慢，故艱貞乃吉。」	E-卷 4，P161
92	〈噬嗑䷔·六五〉：噬乾肉，得黃金，貞厲，无咎。 〈象〉曰：貞厲无咎，得當也。	五以柔居尊，為〈噬嗑〉䷔之主，處剛得中，內含陽明，能斷大事者也。獄成于己，成則決之，不可不畏，慎能正而懼之，則不輕用矣。牧	A-卷 3，P81 B-卷之 5，P178

		劉長民曰：「以柔居尊，為〈噬嗑〉☲之主，處剛得中，內含陽明，能斷大事者也。獄成于己，成則決之，不可不畏，謹能正而知懼，則不輕用矣。」	F-卷 14，P262
93	〈賁☲·大象〉曰：山下有火，賁；君子以明庶政，无敢折獄。	庶政失而至於獄訟，必也使无訟乎！牧	A-卷 3，P82 B-卷之 5，P182
94	〈賁☲·初九〉：賁其趾，舍車而徒。 〈象〉曰：舍車而徒，義弗乘也。	居下无位，乘則僭矣。素貧賤行乎？貧賤行而宜之之義也。牧〔註30〕	A-卷 3，P82
		居下无位，乘則僭矣。素貧賤行乎？貧賤行而宜之謂之義也。劉牧	B-卷之 5，P182
		劉長民曰：居下无位，乘則僭矣。素貧賤行乎？貧賤行而宜之之義也。	F-卷 14，P267
95	〈賁☲·六二〉：賁其須。 〈象〉曰：賁其須，與上興也。	湏，待也。三與己從，俱得其賁，故曰「賁其湏」也。	A-卷 3，P82
		湏，待也。三待己從，俱得其賁，故曰「賁其湏」也。	B-卷之 5，P183
96	〈賁☲·九三〉：賁如濡如，永貞吉。 〈象〉曰：永貞之吉，終莫之陵也。	三接上體，始相賁飾，故曰：「賁如」。濡，變也。上下交相賁飾，則能變其體而成文。假物相飾，不固則散，永貞則吉。牧〔註31〕	A-卷 3，P83

〔註30〕「六二文下之一陽，初九，居下无位，乘則僭矣。不受其文，是舍車而徒趾之賁。貧賤行乎？貧賤，故曰『義弗乘也』。」〔明〕崔銑撰：〈上經卦畧〉，《讀易餘言》，收入《景印文淵閣四庫全書·經部 24·易類》（臺北：臺灣商務印書館，1983 年），第 30 冊，卷 1，頁 19。按崔銑抄襲劉牧之說，而成己說。

〔註31〕「九三，剛既得位，兩柔附之，錯雜成文。假物相飾，不固則散，永貞之吉。「終莫之陵」，言不為他所奪也。」〔明〕崔銑撰：〈上經卦畧〉，《讀易餘言》，收入《景印文淵閣四庫全書·經部 24·易類》（臺北：臺灣商務印書館，1983 年），第 30 冊，卷 1，頁 19。崔銑之說，實有截取劉牧之言，融為己說之嫌，如「假物相飾，不固則散」之語。

		三接上體，往來相賁飾，故曰：「賁如濡如」。上下交相賁飾，則能變其體而成文。假物相飾，不固則散，永貞則吉。劉牧	B-卷之5，P184
97	〈賁䷕·六五〉：賁于丘園，束帛戔戔，吝，終吉。〈象〉曰：六五之吉，有喜也。	二有文明之德，待聘而行難進，故吝。束帛非豐，以聘丘園之士，故為盛多。牧	A-卷3，P83～84
		二有文明之德，待聘而行難進，似吝。束帛非豐，以聘丘園之士，故為盛多。劉牧	B-卷之5，P185
98	〈賁䷕·上九〉：白賁，无咎。〈象〉曰：白賁无咎，上得志也。	繪事後素，居上而能正五彩也。牧	A-卷3，P84 B-卷之5，P185
99	〈剝䷖·彖〉曰：剝，剝也，柔變剛也，不利有攸往，小人長也。順而止之，觀象也，君子尚消息盈虛，天行也。	小人方盛，不可逆止，觀此卦象，順而止之，使不為害，可也。牧	A-卷3，P84 B-卷之5，P188
		劉長民曰：「小人方盛，不可逆止，順而止之，使不為害，可也。」	D-卷6，P140
100	〈剝䷖·大象〉曰：山附於地，剝；上以厚下安宅。	山以地為基，國以民為本，民厚則君得安，其大寶矣。牧	A-卷3，P85 B-卷之5，P189
		劉牧曰：「山以地為基，厚其地，則山保其高。君以民為本，厚其下，則君安於上。」〔註32〕	
		「劉牧說〈剝䷖·象〉云：『山以地為基，厚其地，則山保其高，君以民為本，厚其下，則君安其上。』李簡《學易》記取之。」〔註33〕	
		劉長民曰：「山以地為基，厚其地，則山保其高。君以民為本，厚其下，則君安於上。」	D-卷17，P400

〔註32〕〔元〕李簡撰：《學易記》，收入《景印文淵閣四庫全書·經部19·易類》（臺北：臺灣商務印書館，1983年），第25冊，卷3，頁204。

〔註33〕〔清〕馬國翰輯：〈目耕帖〉，《玉函山房輯書》，收入《續修四庫全書·子部·雜家類》（上海：上海古籍出版社，1995年），第1204冊，卷3，頁672。

		劉氏長民曰：「山以地為基，厚其地，則山保其高。君以民為本，厚其下，則君安於上。」	G-卷 13，P673
101	〈剝䷖・初六〉：剝牀以足，蔑貞，凶。	劉牧讀「剝牀以足蔑」。案六四曰：「剝牀以膚」，則「剝牀以足」當為句。」〔註34〕	
		劉牧讀「剝牀以足蔑」句。俞琰同。云：剝牀而先以牀足滅于下之象。虞翻諸儒讀「剝牀以足」句。〔註35〕	
102	〈剝䷖・六二〉：剝牀以辨，蔑貞凶。〈象〉曰：剝牀以辨，未有與也。	茵蓆之類。初、二俱言「貞凶」。陰方浸長，君子宜避小人，不可固其所守。牧	A-卷3，P85
		辨茵蓆之類。初、二俱言「貞凶」。陰方浸長，君子宜避小人，不可固其所守。〔註36〕	B-卷之5，P189
103	〈剝䷖・六四〉：剝牀以膚，凶。〈象〉曰：剝牀以膚，切近災也。	四居臣位之極，懷剝陽之志，已過乎中，剝極必復，必反為陽之所剝，是自履其凶，故直云「凶」也。牧	A-卷3，P85～86
		四居臣位之極，懷剝陽之志，已過乎中，剝極為復，必反為陽之所剝，是自履其凶，故直云「凶」也。劉牧	B-卷5，P190
104	〈剝䷖・六五〉：貫魚以宮人寵，无不利。〈象〉曰：以宮人寵，終无尤也。	陰居君位，故不言剝，是長君子之道而消小人者。然體未異羣陰，羣陰總湊于己，故稱「貫魚以宮人寵」也。牧	A-卷3，P86 B-卷5，P191

〔註34〕〔南宋〕朱震撰：《漢上易傳》，收入《景印摛藻堂四庫全書薈要・經部第2冊・易類》（臺北：世界書局，1988年），總第3冊，卷3，頁545。

〔註35〕〔清〕翟均廉撰：《周易章句證異》，收入《景印文淵閣四庫全書・經部47・易類》（臺北：臺灣商務印書館，1983年），第53冊，卷1，頁692。

〔註36〕黃以周，誤將劉牧視為劉先之，惟其語義符合孔夫子之旨，故依葉良佩載錄之內容，輯入〈剝䷖・六三〉之中：「劉先之曰：辨茵蓆之類。初、二俱言『貞凶』，陰方浸長，君子宜避小人，不可固其所守。」〔清〕黃以周撰：《十翼後錄》，收入《續修四庫全書・經部・易類》（上海：上海古籍出版社，1995年），第36冊，卷7，頁490～491。

		劉長民曰:「居君位,故不言剝。然體未異羣陰,總湊于己,故稱『貫魚』。」	F 卷 15,P280
105	〈剝䷖・上九〉:碩果不食,君子得輿,小人剝廬。 〈象〉曰:君子得輿,民所載也;小人剝廬,終不可用也。	果實為陽,不見食者,葉為之蔽。上九不見剝,三、五為之蔽。九處上,而眾陰戴之,得輿之象,君子所以剝小人。今陰剝陽,是小人自壞其廬。上九處〈剝〉䷖之極,當以剛直止之,不可復用。牧	A-卷 3,P86
		果實為陽,不見食者,葉為之蔽。上九不見剝,三、五為之蔽也。九處上,而眾陰戴之,得輿之象,君子所以剝小人也。今陰復剝陽,是小人自壞其廬。上九處〈剝〉䷖之極,當以剛直止之,不可復用陰柔也。劉牧	B-卷 5,P191
		<u>劉牧曰:「果不見食者,葉為之蔽。上九不見食,三、五為之蔽。」</u>六三應上九,而寧失羣陰之心;六五比上九,而率羣陰以求一陽之寵。一陽之功大矣。	E-卷 4,P172
		劉牧之曰:「<u>果不見食者,葉為之蔽。上九不見食,三、五為之蔽。</u>」六三應上九,而寧失羣陰之心;六五比上九,而率羣陰以求一陽之寵。一陽之功大矣。〔註37〕	
		<u>劉牧曰:「果不見食者,葉為之蔽。上九不見食,三、五為之蔽。」</u>六三應上九而寧失羣陰之心,六五比上九,而率羣陰以求一陽之寵。此皆天意非人力也。〔註38〕	

〔註37〕 〔明〕程汝繼輯:《周易宗義》,收入《續修四庫全書・經部・易類》(上海:上海古籍出版社,1995 年),第 14 冊,卷之 4,頁 151。

〔註38〕 〔清〕張次仲撰:《周易玩辭困學記》,收入《景印文淵閣四庫全書・經部 30・易類》(臺北:臺灣商務印書館,1983 年),第 36 冊,卷 5,頁 556。

106	〈復䷗‧大象〉曰：雷在地中，復；先王以至日閉關，商旅不行，后不省方。	陽復于內，陰復于外，外不能侵內。先王於陽氣始生之日閉關，以郤外夷。君子尚義，小人專利，故使商旅不行。雷入地中，聲教未顯，故不省方。牧	A-卷3，P88
		陽復于內，陰反乎外，不能侵內。先王於陽氣始生之日閉關，以郤外夷。君子尚義，小人專利，故使商旅不行。雷在地中，聲教未顯，故不省方。劉牧	B-卷之 5，P196
107	〈復䷗‧六三〉：頻復，厲，无咎。〈象〉曰：頻復之厲，義无咎也。	懼而能悛其惡者也。牧	A-卷3，P89 B-卷之 5，P198
108	〈復䷗‧上六〉：迷復，凶，有災眚。用行師，終有大敗；以其國君凶，至于十年，不克征。〈象〉曰：迷復之凶，反君道也。	庶事之敗，終猶可復，師舉其大也。以其國，君凶，任「帥」由君也。陽生在下，上六反以陰居上，反君道也。牧〔註39〕	A-卷3，P90
		庶事之敗，終猶可復，師舉其大也。以其國，君凶，任「師」由君也。陽生在下，上六反以陰居上，反君道也。劉牧	B-卷之 5，P199
109	〈无妄䷘‧彖〉曰：无妄，剛自外來而為主於內。動而健，剛中而應，大亨以正，天之命也。其匪正有眚，不利有攸往，无妄之往，何之矣？天命不祐，行矣哉？	剛謂乾䷀也。主謂震䷲也。自外謂五應於下也。為主於內，言二得位也。動而健，則能行，剛中而應，則能通，故曰：大亨以正，天之命也。牧	A-卷3，P90
		剛謂乾䷀也。主謂震䷲也。自外「來」謂五應於下也。為主於內，言二得位也。動而健，則能行，剛中而應，則能通，故曰：大亨以正，天之命也。劉牧	B-卷之 6，P202

〔註39〕「劉先之曰：庶事之敗，終猶可復，師舉其大也。『以其國君，凶』，任帥，由君也。易生在下，上六反以會居上，反君道也。」〔清〕黃以周撰：《十翼後錄》，收入《續修四庫全書‧經部‧易類》（上海：上海古籍出版社，1995年），第 36 冊，卷 7，頁 528。黃以周誤將劉先之視為劉牧。

110	〈无妄䷘·大象〉曰：天下雷行，物與，无妄，先王以茂對時，育萬物。	與者，助也。物之无妄者，天則祐助之。牧	A-卷 3，P91 B-卷之 6，P203
111	〈无妄䷘·初九〉：无妄，往吉。〈象〉曰：无妄之往，得志也。	往則吉者，謂與四同志。牧〔註40〕	A-卷 3，P91 B-卷之 6，P203
112	〈无妄䷘·六二〉：不耕穫，不菑畬，則利有攸往。〈象〉曰：不耕穫，未富也。	乘剛有應，是違謙而有妄者，故爻辭不稱无妄。不犯災者，得中履正也。不言吉者，妄動得利，免咎可也。牧	A-卷 3，P91
		乘剛有應，是違謙而有妄者，故爻辭不稱无妄。不犯災者，得中履正也。妄動得利，免咎可也。劉牧	B-卷之 6，P204
113	〈无妄䷘·六三〉：无妄之災，或繫之牛，行人之得，邑人之災。〈象〉曰：行人得牛，邑人災也。	四居臣位，與上同體，剛自外來而下乘于三，故稱行人。三居內卦，故稱邑人。牧	A-卷 3，P91
		四居臣位，與上同體，剛自外而下乘于三，故稱行人。三居內卦，故稱邑人。劉牧	B-卷之 6，P204
114	〈无妄䷘·九五〉：无妄之疾，勿藥有喜。〈象〉曰：无妄之藥，不可試也。	五有應於二，任偏私，而為己之患。為仁由己，己正則不敢為妄。勿藥者，不外求也。牧	A-卷 3，P92
		五有應於二，「所」任偏私，而為己之患。為仁由己，己正則不敢為妄。勿藥者，不外求也。劉牧	B-卷之 6，P205
115	〈无妄䷘·上九〉：无妄，行有眚，无攸利。〈象〉曰：无妄之行，窮之災也。	乾☰過亢，則反陰，故有窮之災。牧	A-卷 3，P92
		乾☰過剛，則反陰，故有窮極之災。劉牧	B-卷之 6，P206

〔註40〕「劉先之曰：往則吉者，謂與四同志。」〔清〕黃以周撰：〈十翼後錄〉，收入《續修四庫全書·經部·易類》(上海：上海古籍出版社，1995 年)，第 36 冊，卷 7，頁 537。黃以周誤以劉先之為劉牧。

116	〈大畜䷙・九二〉：輿說輹。 〈象〉曰：輿說輹，中无尤也。	三陽同志已乘于初，初止其行，已不獲進，猶乘輿者輹脫，則所乘亦止。牧	A-卷 3，P93～94
		三陽同志已乘于初，初止其行，已不獲進，猶乘輿者輹脫，則所乘之人亦止。劉牧	B-卷之 6，P210
		劉長民曰：「三陽同志已乘於初，初止其行，已不獲進，猶乘車者輹說，則所乘者亦止。」	F-卷 16，P296
117	〈大畜䷙・九三〉：良馬逐，利艱貞。曰閑輿衛，利有攸往。 〈象〉曰：利有攸往，上合志也。	三將通畜之極，是往而陟乎危險者，故利艱貞也。牧〔註41〕	A-卷 3，P94 B-卷之 6，P211
118	〈大畜䷙・六四〉：童牛之牿，元吉。 〈象〉曰：六四元吉，有喜也。	牛雖稚而在牢，則物不能犯，陰雖弱而得位，則剛不能凌。牧〔註42〕	A-卷 3，P94
		牛雖稗而在牢，則物不能犯，陰雖弱而得位，則剛不能陵。劉牧	B-卷之 6，P211
119	〈大畜䷙・六五〉：豶豕之牙，吉。 〈象〉曰：六五之吉，有慶也。	豕去其勢，則牙不能長，猶二乘初為輿說輹，而剛不能進也。牧	A-卷 3，P95
		豕去其勢，則牙不能長，猶二乘初為輿，輿說輹，則剛不能進也。劉牧	B-卷之 6，P212
		劉長民曰：「豕去其勢，則牙不能長，猶二乘初為車，說輹而剛不能進也。」	F-卷 16，P298
120	〈頤䷚・彖〉曰：頤，貞吉，養正則吉也。觀頤，觀其所養也；自求口實，觀其自養也。天地養萬物，聖人養賢以及萬民，頤之時大矣哉！	六三以下養上，其道大悖。牧	A-卷 3，P96

〔註41〕「劉先之曰：三將通畜之極，是往而涉乎危險者，故利艱貞。」〔清〕黃以周撰：《十翼後錄》，收入《續修四庫全書・經部・易類》（上海：上海古籍出版社，1995 年），第 36 冊，卷 7，頁 560。黃以周誤將劉先之當劉牧。

〔註42〕「劉先之曰：牛雖稚而在牢，則物不能犯。㑹雖弱而得位，則剛不能凌。」〔清〕黃以周撰：《十翼後錄》，收入《續修四庫全書・經部・易類》（上海：上海古籍出版社，1995 年），第 36 冊，卷 7，頁 563。黃以周誤將劉先之當劉牧。

121	〈頤𝌆・初九〉：舍爾靈龜，觀我朵頤，凶。 〈象〉曰：觀我朵頤，亦不足貴也。	爾言初，我謂四。當養賢之世，四居其正，施下之光，必來及己，當守常以俟賜。今反動以應上，是守剛德，不能自決策者也。健羨謀食不足貴矣。牧	A-卷 3，P96
		爾謂初，我謂四。當養賢之世，四居其正，施下之光，必求初以自助，初當守常以俟賜。今反動以應上，是守剛德，不能自決策者也。健羨謀食不足貴矣。劉牧	B-卷之 6，P217
122	〈頤𝌆・六二〉：顛頤，拂經；于丘頤，征凶。 〈象〉曰：六二征凶，行失類也。	丘謂五，屬艮☶也。五處艮☶中，體柔，故以丘言其象，類四也。四有應在下，養得其宜，二若行之，下非所應。牧	A-卷 3，P97 B-卷之 6，P217
123	〈頤𝌆・六三〉：拂頤，貞凶。十年勿用，无攸利。 〈象〉曰：十年勿用，道大悖也。	居明哲之朝，當祿賢之世，則上不可以邪，正位不可以妄處。違時悖德，凶其宜矣。牧	A-卷 3，P97
		居明哲之朝，當祿賢之世，則上不可以邪動，位不可以妄處。違時悖德，凶其宜矣。劉牧	B-卷之 6，P218
124	〈頤𝌆・六五〉：拂經，居貞吉，不可涉大川。 〈象〉曰：居貞之吉，順以從上也。	以无養下之意，故爻辭不加頤字，乃曰拂經也。牧	A-卷 3，P98
		以无養下之德，故爻辭不加頤字，乃曰拂經也。劉牧	B-卷之 6，P219
125	〈頤𝌆・上九〉：由頤，厲吉，利涉大川。 〈象〉曰：由頤厲吉，大有慶也。	物皆由之，得其養也。牧 〔註43〕〔註44〕	A-卷 3，P98

〔註43〕「上九以剛居上，為君倚任，以養天下為己任者，是『物皆由之以養，故為由頤』。」〔明〕張鏡心撰：《易經增註》，收入《續修四庫全書・經部・易類》（上海：上海古籍出版社，1995 年），第 14 冊，卷 3，頁 699。引劉牧之說。

〔註44〕「上九居大臣之位，六五賴其養以養人，是『物皆由之以養也』。」〔清〕張爾岐撰：《周易說略》，收入《續修四庫全書・經部・易類》（上海：上海古籍出版社，1995 年），第 17 冊，卷之 3，頁 665。其思想，亦循劉牧義理而來。

		物皆由之，得其養也。故曰由頤。劉牧	B-卷之 6，P220
126	〈大過䷛‧大象〉曰：澤滅木，大過；君子以獨立不懼，遯世无悶。	用之則獨立不懼，捨之則遯世无悶。〔註45〕	A-卷3，P99 B-卷之 6，P223
		劉長民曰：「用之則獨立不懼，舍之則遯世无悶。」	F-卷39，P653
		劉長民曰：「用之則獨立不懼，舍之則遯世无悶。」	D-卷 17，P402 G-卷 15，P710
		劉牧曰：「用之則獨立不懼，舍之則遯世无悶。」〔註46〕	
127	〈大過䷛‧九二〉：枯楊生稊，老夫得其女妻，无不利。〈象〉曰：老夫女妻，過以相與也。	大過之時，以陽居陰，拯弱之謂，故陽爻皆以居陰為美。九四有應，則有它吝。九二无應，則无不利。濟衰救厄，惟在同好，則所贍者徧矣。牧	A-卷3，P100
		大過之時，以陽居陰，拯弱之謂，故陽爻皆以居陰為美。九四有應，則有厄吝。九二无應，則无不利。濟衰救危，惟在同好，則所贍者徧矣。劉牧	B-卷之 6，P224
128	〈大過䷛‧九四〉：棟隆，吉；有它，吝。〈象〉曰：棟隆之吉，不橈乎下也。	四志惟存下，忽於奉上。隆其棟，務于高，則吉。牧	A-卷3，P101
		四志惟存下，忽于奉上。隆其棟，務于高，則吉。劉牧	B-卷之 6，P226
129	〈大過䷛‧上六〉：過涉滅頂，凶，无咎。〈象〉曰：過涉之凶，不可咎也。	不量其力，過而涉者也。牧	A-卷3，P101
		不量其，過而涉者也。牧	B-卷之 6，

〔註45〕「劉先之曰：用之則獨立不懼，捨之則遯世无悶。」〔清〕黃以周撰：《十翼後錄》，收入《續修四庫全書‧經部‧易類》（上海：上海古籍出版社，1995年），第36冊，卷8，頁592。誤將劉牧視為劉先之。

〔註46〕〔清〕趙繼序《周易圖書質疑》，收入《景印文淵閣四庫全書‧經部47‧易類》（臺北：臺灣商務印書館，1983年），第53冊，卷8，頁523。

			P227
130	〈坎☵·彖〉曰：習坎，重險也。水流而不盈，行險而不失其信。維心亨乃以剛中也。行有尚，往有功也。天險不可升也，地險山川丘陵也，王公設險以守其國，險之時用大矣哉。	險之名雖一，而天、地，王公用，各有宜，故曰：行險尚也。牧	A-卷3，P102 B-卷之6，P230
131	〈坎☵·六三〉：來之坎坎，險且枕，入于坎窞，勿用。 〈象〉曰：來之坎坎，終无功也。	二承于己為枕，枕而乘剛，非所安也。來之重險，則入坎窞。牧	A-卷3，P103 B-卷之6，P232
132	〈坎☵·九五〉：坎不盈，祗既平，无咎。 〈象〉曰：坎不盈，中未大也。	坎☵隆於中，則水盈而不流矣。祗，大也，明水漲大而既平，則復能通流矣。无咎者，以其雖滯而務出。牧	A-卷3，P104 B-卷之6，P233
		劉長民曰：「坎☵盈於中，則水盈而不流矣。」	F-卷17，P328
133	〈離☲·大象〉曰：明兩作，離；大人以繼明照于四方。	君為上體，臣為下體。堯明於上，四岳明於下，所以明目達聰。牧〔註47〕	A-卷3，P105 B-卷之6，P236
134	〈離☲·初九〉：履錯然，敬之，无咎。 〈象〉曰：履錯之敬，以辟咎也。	初，體剛居下，不能附於物，知所行誤，能懼而復以其始，「則」用剛也。牧	A-卷3，P105
		初，體剛居下，不能附「麗」於物，知所行誤，能「敬」懼而復以其始，「能」用剛也。劉牧	B-卷之6，P237
135	〈離☲·六二〉：黃離，元吉。 〈象〉曰：黃離元吉，得中道也。	離☲為火之象，附于物也。若以剛附柔，則熸猛而易燼，九四是也。若以柔而附剛，則物堅而難然，六五是也。過盛則有衰竭之凶，九三是也。惟二以柔附柔，又得中也，且離☲為禮而貴中道，禮由中道，應〈離〉☲之元吉也。牧	A-卷3，P106

<hr>

〔註47〕「劉先之曰：君為上體，臣為下體。堯明于上，四岳明于下，所以明目達聰。」〔清〕黃以周撰：《十翼後錄》，收入《續修四庫全書·經部·易類》（上海：上海古籍出版社，1995年），第36冊，卷8，頁633。黃以周誤將劉先之，視為彭城劉牧。

		離☲為火之象，恒附于物也。若以剛附柔，則焰猛而易爐，九四是也。若以柔附剛，則物堅而難燃，六五是也。過盛則有衰竭之凶，九三是也。惟二以柔附柔，又得中也，且離☲為禮而得中道，禮由中道，以和為用而有節，應〈離〉☲之元吉也。劉牧	B-卷之 6，P237
		劉長民曰：「離☲為火傅於物也。若以剛傅柔，則焰猛而易爐，九四是也。以柔傅剛，則質堅而難然，六五是也。過盛則有衰竭之凶，九三是也。唯二以柔傅柔，而又得中，故元吉。」	F-卷17，P338
		劉牧曰：「離☲為火之象，焰猛而易爐，九四是也。過盛則有衰竭之凶，九三是也。惟二得中，〈離〉☲之元吉也。」[註48]	
136	〈離☲・九三〉：日昃之離，不鼓缶而歌，則大耋之嗟，凶。〈象〉曰：日昃之離，何可久也。	禮過中則煩，必節之以質。樂過盈則倦，必和之以聲。以陽居陽為煩，過〈離〉☲之中為盈。牧	A-卷3，P106 B-卷之 6，P238
137	〈咸☳・象〉曰：咸，感也。柔上而剛下，二氣感應以相與，止而說，男下女，是以亨，利貞，取女吉也。天地感而萬物化生，聖人感人心而天下和平，觀其所感，而天地萬物之情可見矣。	卦以「咸」釋其名，而〈象〉辭以「感」釋其義者，聖人之微旨，欲明感物之无心也。牧	A-卷 4，P110
		劉長民曰：「贊以『感』釋其義，而卦以『咸』名者，聖人之微旨，欲明感物之无心也。」	F-卷18，P339
		劉長民曰：「卦以『咸』名，傳以『感』釋；聖人之微旨，欲明感物之无心也。」	D-卷 9，P184

〔註48〕〔民國〕張其淦撰：《邵村學易》，收入嚴靈峰輯：《無求備齋易經集成》（臺北：成文出版社有限公司，1976年據民國十五年排印本影印），第 100 冊，卷7，頁282。

		劉氏長民曰：「卦以『咸』名，而〈彖〉傳以『感』，釋其義者，聖人之微旨，欲明感物之无心也。」	G-卷 17，P729~730
138	〈咸䷞·九三〉：咸其股，執其隨，往吝。〈象〉曰：咸其股，亦不處也，志在隨人，所執下也。	居下體之上，上體之下。上不能安其身，下不能自守，隨於上、下者也。上不能安其身，亦不處上，下不能制其足，志在隨人，執其隨，僕廝之志也。牧	A-卷 4，P111 B-卷之 7，P245
		劉氏牧云：「志在隨人，執其隨，僕廝之志也。」	C-卷之 5，P511
139	〈咸䷞·九四〉：貞吉，悔亡，憧憧往來，朋從爾思。〈象〉曰：貞吉悔亡，未感害也；憧憧往來，未光大也。	卦體上下感應，去其心。〈象〉辭：「君子以虛受人」，九四不言咸其心。子曰：「天下何思何慮」，再言之，所以戒偏思之深也。牧	A-卷 4，P111
		卦體上下感應，獨去其心。〈象〉辭：「君子以虛受人」，九四不言咸其心。子曰：「天下何思何慮」，再言之，所以戒偏感之深也。劉牧	B-卷之 7，P246
140	〈咸䷞·九五〉：咸其脢，无悔。	朱震釋「脢」字引：「鄭康成曰：背脊肉也。虞翻、陸震、劉牧同。」〔註49〕	
141	〈恒䷟。大象〉曰：雷風，恒；君子以立不易方。	立人之道曰「仁與義」，不改仁義之道。牧	A-卷 4，P113 B-卷之 7，P251
142	〈恒䷟·九三〉：不恒其德，或承之羞，貞吝。〈象〉曰：不恒其德，无所容也。	剛而失中，日損其德，若固所守，則吝矣。牧	A-卷 4，P114 B-卷之 7，P253
143	〈恒䷟·九四〉：田无禽。〈象〉曰：久非其位，安得禽也？	四以剛處柔，是有德而能謙者。然處非其位，雖勞於謙下，不能成功。牧	A-卷 4，P114

〔註49〕〔南宋〕朱震撰：《漢上易傳》收入《景印摛藻堂四庫全書薈要·經部第 2 冊·易類》（臺北：世界書局，1988 年），總第 3 冊，卷 4，頁 573。

144	〈遯☷☰彖〉曰：遯亨，遯而亨也。剛當位而應，與時行也。小利貞，浸而長也，遯之時義大矣哉！	小人在位時，皆疾之。以剛正在外，而當位應時，願也。牧	A-卷4，P115
145	〈遯☷☰・上九〉：肥遯，无不利。〈象〉曰：肥遯无不利，无所疑也。	陽為豐富，以安閑而居豐富，故遯而能肥。牧	A-卷4，P117
		陽為豐富，以安閑而居豐富，故遯而能肥。劉牧	B-卷之7，P261
		劉牧曰：「陽為豐富，以安閒而居豐富，故遯而能肥。」	E-卷6，P231
146	〈大壯☳☰・彖〉曰：大壯，大者壯也，剛以動，故壯。大壯利貞，大者正也。正大而天地之情可見矣。	天地无不覆載，大也。覆載无所偏私，正也。牧	A-卷4，P118 B-卷之7，P263
147	〈大壯☳☰・九三〉：小人用壯，君子用罔，貞厲。羝羊觸藩，羸其角。〈象〉曰：小人用壯，君子罔也。	罔，不也。君子尚德而不用壯，存謙則免咎。若固其壯，則危矣。〔註50〕	A-卷4，P119
		罔，不也。君子尚德而不用壯，存謙而免咎。若用其壯，則雖正亦危矣。劉牧	B-卷之7，P264
		劉氏長民曰：「罔，不也。君子尚德而不用壯，若用其壯，則危矣。」	G-卷18，P750
		劉牧曰：「罔，不也。君子尚德而不用壯。故象曰：小人用壯，君子罔也。」〔註51〕	
148	〈大壯☳☰・九四〉：貞吉，悔亡，藩決不羸，壯于大輿之輹。〈象〉曰：藩決不羸，尚往也。	體壯失中，悔也。然以陽居陰，而能謙下，故悔亡。羣陽共進而務載于己，是大輿之輹，壯又陰爻，不妨己路，故尚往也。牧	A-卷4，P119

〔註50〕「罔，不也。言君子尚德而不用壯也。若以用壯為正則危矣。」〔清〕傅恆等撰：《周易述義》，收入《景印文淵閣四庫全書・經部32・易類》（臺北：臺灣商務印書館，1983年），第38冊，卷3，頁626。援劉牧注說，以成己訓。

〔註51〕〔清〕丁晏撰：《周易述傳》，收入《續修四庫全書・經部・易類》（上海：上海古籍出版社，1995年），第31冊，卷2，頁577。

		體壯失中，悔也。然以陽居陰，而能謙卜，故悔亡。羣陽共進而務載於己，是大輿之輹，壯又陰爻，不妨己路，故尚往也。劉牧	B-卷之 7，P265
149	〈大壯䷡·六五〉：喪羊于易，无悔。〈象〉曰：喪羊于易，位不當也。	陽為大而能壯，故壯；大而得中，所以貞吉。五以柔居之，是失其為壯之義。于「易」者，言五居中而行之匪難也。夫大壯者，用壯以濟時，今五居盛位，反體陰柔，失其為壯，中以自守，不能弘濟，但无悔而已。牧〔註52〕	A-卷4，P119
		陽為大而能壯，故壯；而得中，所以貞吉。五以柔居之，是失其為壯之義。于「易」者，言五居中而行之匪難也。夫大壯者，用壯以濟時，今五居盛位，反體陰柔，失其為壯，中以自守，不能弘濟，但无悔而已。劉牧	B-卷之 7，P266
		劉長民曰：「大壯者，用壯以濟時，五居盛位，反體陰柔，失其為壯，中以自守，不能弘濟，但无悔而已。」	D-卷9，P202～203
150	〈大壯䷡·上六〉：羝羊觸藩，不能退，不能遂，无攸利，艱則吉。〈象〉曰：不能退，不能遂，不詳也，艱則吉，咎不長也。	陰柔不能居壯，以其居壯之上，斯為壯之過。不詳者，不能審詳其義，遂至過壯。牧	A-卷4，P120 B-卷之 7，P266
151	〈晉䷢·六五〉：悔亡，失得勿恤，往吉，无不利。〈象〉曰：失得勿恤，往有慶也。	陽為躁動，陰為靜止。三、五陽位，以陰居之，能節其動，故爻辭不稱「晉」，而皆曰「悔亡」。	A-卷4，P122 B-卷之 7，P272

〔註52〕「……大壯者，用壯以濟時，五居位體柔，失其壯矣。……中以自守，不能闡揚剛德，弘濟生民，但无悔而已。」〔明〕崔銑撰：〈下經卦畧〉，《讀易餘言》，收入《景印文淵閣四庫全書·經部24·易類》（臺北：臺灣商務印書館，1983 年），第 30 冊，卷 2，頁 27。節引劉牧之注，而成其己言。

		劉氏長民曰：「陽為躁動，陰為靜止。三、五陽位，以陰居之，能節其動，故爻辭不稱『晉』，而皆曰『悔亡』。」	G-卷19，P759
		劉長民曰：「陽躁動，陰靜止。三、五陽位，以陰居之，能節其動，故爻辭不稱『晉』，而皆曰『悔亡』。」	D-卷10，P208
152	〈明夷䷣‧彖〉曰：明入地中，明夷。內文明而外柔順，以蒙大難，文王以之。利艱貞，晦其明也。內難而能正其志，箕子以之。	利艱貞，謂六五也。居盛位而上承暗主，危之甚也。處之不亦艱乎？然而不失中正，是能正其志也。又以陰居陽，是能晦其明也。在難中而能正其志，斯箕子全其正也。牧	A-卷4，P123 B-卷之7，P276
		劉長民曰：「利艱貞，謂六五。不失中正，能正其志。以陰居陽，能晦其明。」	D-卷10，P210
153	〈明夷䷣‧初九〉：明夷于飛，垂其翼，君子于行，三日不食，有攸往，主人有言。〈象〉曰：君子于行，義不食也。	闇主處坤之上，己居離下。以己之明，不及彼之闇，欲飛而止。牧	A-卷4，P124
154	〈明夷䷣‧六四〉：入于左腹，獲明夷之心，于出門庭。〈象〉曰：入于左腹，獲心意也。	四本上，體順，而首來比三，義不誅降，故无凶咎。「入于左腹」，深究南狩之情。「獲明夷之心」，謂得三之心意所存也。「于出門庭」，言所適未遠，而已獲心意，明先見也。四體陰，而下麗于明，故有先見之象。牧	A-卷4，P125
		四本上，體順，而首來比三，義不誅降，故无凶咎。「入于左腹」，深究南狩之情。「獲明夷之心」，謂得三之心意所存也。「于出門庭」，言所敵未遠，而已獲心意，明先見也。四體陰，而下麗于明，故有先見之象。劉牧	B-卷之7，P279

155	〈家人☲☴・九五〉：王假有家，勿恤，吉。 〈象〉曰：王假有家，交相愛也。	王者，以四海為家。假設有家，用示親愛，故勿專恤其家，則吉矣。牧	A-卷4，P127 B-卷之 8，P286
156	〈家人☲☴・上九〉：有孚威如，終吉。 〈象〉曰：威如之吉，反身之謂也。	初、終，不易有孚者也。陽明在上，威如者也。牧	A-卷4，P127 B-卷之 8，P287
157	〈蹇☵☶・初六〉：往蹇，來譽。 〈象〉曰：往蹇來譽，宜待也。	當難作之始，以陰柔處下，自度其德，未可排難。能止于下，往而无應，則入于蹇，來則遠險，吉之先見者也。牧	A-卷4，P132
		當難作之始，以陰柔處下，自度其德，未可排難。能止乎下，往而无應，則入乎蹇，來則遠險，吉之先見者也。劉牧	B-卷之 8，P299
		劉長民曰：往而无應，則入于蹇，來則遠險，吉之先見。	D-卷11，P231
158	〈解☳☵・彖〉曰：解，險以動，動而免乎險，解。解利西南，往得眾也。其來復吉，乃得中也。有攸往夙吉，往有功也。天地解而雷雨作，雷雨作而百果草木皆甲坼，解之時大矣哉！	〈解〉☳☵，反〈蹇〉☵☶之卦也。〈蹇〉☵☶止于險前；〈解〉☳☵動于險外，動而出險，〈蹇〉☵☶之解也。來得其中，居則吉也。〈蹇〉☵☶以濟險，故言其用；〈解〉☳☵以居安，故言其時。「西南」，寬平之所，則得眾也。「夙」，速也，復其道，以求中也，明緩慢之不可縱也。「大矣哉」者，解時之難為艱，故仲尼嘆之。牧	A-卷4，P135
		〈解〉☳☵，反〈蹇〉☵☶之卦也。〈蹇〉☵☶止于險前；〈解〉☳☵動于險外，動而出險，〈蹇〉☵☶之解也。來得其中，居則吉也。〈蹇〉☵☶以濟險，故言其用；〈解〉☳☵以居安，故言其時。崔憬。「西南」，寬平之所，徃則得眾也。「夙」，速也；解，緩也。緩必有所失，明用緩以解難。難既平，則宜速復其道，以求中也，明緩慢之不可縱也。	B-卷之 8，P305

		「大矣哉」者，解時之難為艱，故仲尼嘆之。劉牧〔註53〕	
159	〈解䷧‧大象〉曰：雷雨作，解；君子以赦過宥罪。	漢祖寬秦法；湯、武赦宥夏、商之民，匪常所行也。牧	A-卷4，P135
		湯、武赦宥夏、商之民；漢祖寬除秦法，非常所行也。劉牧	B-卷之8，P306
160	〈解䷧‧初六〉：无咎。〈象〉曰：剛柔之際，義无咎也。	為險者，坎䷜也。當〈蹇〉䷦之時，初為難始。今遇〈解〉䷧之時，初不能固其險，速應於上，何咎之有？能速改過以遷善也。剛柔之際，言剛上柔下，難解之際也。牧	A-卷4，P135 B-卷之8，P306
		劉牧曰：「為險者，坎䷜也。當〈蹇〉䷦之時，初為難始。今遇〈解〉䷧之時，初不能固其險，以承乎剛，何咎之有？能速改過以遷善也。」	E-卷7，P273
161	〈解䷧‧六三〉：負且乘，致寇至，貞吝。〈象〉曰：負且乘，亦可醜也。自我致戎，又誰咎也？	初、二、三俱為險難。初、二遇〈解〉䷧時而應上，是不固其險也。三據險極，以柔乘剛，以陰居陽，是小人而乘君子之器也，而又不應於上，是固其險者也。險固不通，難何由解，故公用射之。牧〔註54〕	A-卷4，P136
		初、二、三俱為險難。初、二遇〈解〉䷧時而應上，是不固其險也。三據險極，乘剛，以陰居陽，是小人而乘君子之器也，而又不應於上，是固其險者也。險固不釋，難何由解，故云用射之。劉牧	B-卷之8，P307

〔註53〕 李衡《周易義海撮要》輯錄之「牧」條注文，葉良佩《周易義叢》則一分為二，自「〈解〉䷧以居安，故言其時」句（含）前，為「唐‧崔憬（？）」之述，後方記為「劉牧」之言。李、葉孰是、孰非，未能知曉。

〔註54〕 「劉先之曰：初、二、三俱為險難。初、二遇〈解〉䷧時而應上，是不固其險也。三據險極，以柔乘剛，以陰居陽，是小人而乘君子之器也，而又不應於上，是固其險者也。險固不通，難何由解，故公用射之。」〔清〕黃以周撰：〈十翼後錄〉，收入《續修四庫全書‧經部‧易類》（上海：上海古籍出版社，1995年），第36冊，卷10，頁809。黃以周據《撮要》之錄，誤以劉先之為劉牧，而輯入其注。

		劉牧曰：初、二、三俱為險難。初、二遇解時而應上，是不固其險也。三據險極，以柔乘剛，以陰居陽，是小人而乘君子之器也，而又不應於上，是固其險者也。險固不通，難何由解，故云用射之。	E-卷 7，P274
		劉長民曰：「三據險極，以柔乘剛，以陰居陽，是小人而乘君子之器，又不應于上，是固其險也。險固不通，難何由解，故公用射之。」	D-卷 11，P236
162	〈解䷧‧九四〉：解而拇，朋至斯孚。〈象〉曰：解而拇，未當位也。	拇謂初也。居下體之下而應於己，故曰「解而拇」。四雖為〈解〉䷧之主而纔能解拇，未盡通其險也。「朋」，謂二也，〔註55〕二與四同功又俱陽爻，故謂之「朋」。二居險中，不固其險，亦應於上，是信而不違解也。牧〔註56〕	A-卷 4，P136～137 B-卷之 8，P308
		劉長民曰：「朋，二也。二與四同功又俱陽爻，故謂之朋。」	D-卷 11，P237
163	〈解䷧‧六五〉：君子維有解，吉，有孚于小人。〈象〉曰：君子有解，小人退也。	以柔居尊，為解之主，有應於下，是赦過宥罪之君。既出其險又寬其法，小人信服，湯、武之道。牧	A-卷 4，P137
		以柔居尊，為解之主，有應於下，是赦過宥罪之君。既出其罪又寬其法，小人信服，湯、武之道也。劉牧	B-卷之 8，P308～309

<hr>

〔註55〕按朱震援引「劉牧曰『朋謂二』」〔南宋〕朱震撰：《漢上易傳》，收入《景印摛藻堂四庫全書薈要‧經部第 2 冊‧易類》（臺北：世界書局，1988 年），總第 3 冊，卷 4，頁 599。

〔註56〕「劉先之曰：拇謂初也。居下体之下而應於己，故曰『解而拇』。四為〈解〉䷧之主而纔能解拇，未盡通其險也。『朋』，謂二也，二与四同功又俱易爻，故謂之『朋』。二居險中，不固其險，亦應於上，是信而不違解也。」〔清〕黃以周撰：〈十翼後錄〉，收入《續修四庫全書‧經部‧易類》（上海：上海古籍出版社，1995 年），第 36 冊，卷 10，頁 809。黃以周誤以劉先之為劉牧，而載入其著。

164	〈損䷨・彖〉曰：損，損下益上，其道上行。損而有孚，元吉，无咎，可貞，利有攸往。曷之用，二簋可用享，二簋應有時，損剛益柔有時，損益盈虛，與時偕行。	〈泰〉䷊損九三以代上六，是損下益上，而其道上行矣。損有孚者，取於民，當以誠信取之，有制什一而稅是也，故利有所往。二簋應有時者，八蜡不通，所以謹民財，是歲凶，民不足之時，當用約以取民也。歲儉民不足，則用之以約，歲豐民侈，厚斂以節之，損益盈虛，與時偕行也。牧	A-卷 4，P138～139
		損有孚者，取於民，當以誠信取之，有制什一而稅是也，故利有所往。二簋應有時者，八蜡不通，所以謹民財，是歲凶，民不足之時，當用約以取民也。歲凶民不足，則儉用以裕之，歲豐民侈，財則厚斂以節之，損益盈虛，與時偕行也。劉牧	B-卷之 8，P313
165	〈損䷨・初九〉：已事遄往，无咎，酌損之。〈象〉曰：已事遄往，尚合志也。	居〈損〉䷨之初，蹇難既濟，事可為者為之，可已者已之，然亦當酌度。秦罷侯而孤暌，漢強國而畔迸，不能酌損也。尚合志，謂合眾民之志，如賦重刑酷難解，則可速已也。牧	A-卷 4，P139
166	〈損䷨・六四〉：損其疾，使遄有喜，无咎。〈象〉曰：損其疾，亦可喜也。	以陰居陰，損甚成疾。陰而止滯，以成其疾，必求陽以散之，使遄者，謂能來初也。牧	A-卷 4，P141
		以陰居陰，損其成疾。陰而止滯，亦成其疾，必求陽以散之，使遄有喜，謂能來初也。劉牧	B-卷之 8，P316
		劉長民曰：陰而止滯，以成其疾，必求陽以散之，使遄者，謂能來初也。	D-卷 11，P244
167	〈損䷨・六五〉：或益之，十朋之，龜弗克違，元吉。〈象〉曰：六五元吉，自上祐也。	五居尊而曰：「上祐必天道也。」牧	A-卷 4，P141
		劉牧曰：「五居尊而曰『上祐必天道也。』」	E-卷 7，P281

168	〈損☷・上九〉：弗損益之，无咎，貞吉，利有攸往，得臣无家。〈象〉曰：弗損益之，大得志也。	上九本九三，是損下而益上也。陰為損而陽為益，故曰弗損益之。且居亢極而務益，非所宜也，得无咎，以其下濟也。且居高而眾陰仰戴，不可不正，故貞則吉矣。牧	A-卷4，P142
		上九本九三所變，是損下而益上也。陰為損而陽為益，故曰弗損益之。且居亢極而務益，非所宜也，得无咎者，以其下濟也。且居高而眾陰仰戴，不可不正，故貞則吉矣。劉牧	B-卷之8，P317～318
169	〈益☷・彖〉曰：益，損上益下，民說无疆，自上下下，其道大光。利有攸往，中正有慶。利涉大川，木道乃行。益動而巽，日進无疆。天施地生，其益无方。凡益之道，與時偕行。	時儉不可損，時泰不可益。牧〔註57〕	A-卷4，P143
		時險不可損，時泰不可益。劉牧	B-卷之8，P321
170	〈益☷・大象〉曰：風雷，益；君子以見善則遷，有過則改。	六子皆有益於物。必曰風雷者，水、火、山、澤，惟能結聚萬物，必由散動，然後增長故也。牧	A-卷4，P143
		六子皆有益於物。必曰風雷者，水、火、山、澤，惟能結聚顧物，性必由散動，然後增長故也。劉牧	B-卷之8，P321
		汝中曰：六子皆有益於物。必曰風雷者，水、火、山、澤，惟能結聚萬物，散之、動之，然後能增長，故歸之風雷。〔註58〕	E-卷7，P284

〔註57〕「劉先之曰：時儉不可損，時泰不可益。」〔清〕黃以周撰：《十翼後錄》，收入《續修四庫全書・經部・易類》（上海：上海古籍出版社，1995年），第37冊，卷11，頁21。黃以周誤將劉先之視為彭城劉牧，輯入其說。

〔註58〕潘士藻援引明・王畿（1498～1583，字汝中）之說，以輔其〈益☷・大象〉之述，惟王畿之言，則乃沿襲劉牧之說。

		汝中曰：六子皆有益於物。必曰風雷者，水、火、山、澤，惟能給聚萬物，散之、動之，然後能增長，故歸之風雷。〔註59〕	
		六子皆能益物。必曰風雷者，水、火、山、澤，惟能結聚萬物，散之、動之，然後增長也。〔註60〕	
		劉長民曰：「六子皆有益于物。必曰風雷者，水、火、山、澤，惟能結聚萬物，必由散動，然後增長。」	D-卷 17，P408
171	〈益䷩・上九〉：莫益之，或擊之，立心勿恆，凶。〈象〉曰：莫益之，偏辭也；或擊之，自外來也。	以陽居上，而有應在下，是能益下也。然益過而更行之，則惠偏而謗興焉，故曰：「莫益之」。謗興則怨聚，攻者非一，故曰：「或擊之」。此明〈損〉䷨、〈益〉䷩之象在夫權衡也。過則損之，不及則益之，用在變通，不可固其常心也，守恒則凶。牧	A-卷 4，P146
		以陽居上，而有應在下，是能益下也。然益過而更行之，則惠偏而謗興焉，故曰：「莫益之」。謗興則眾怨，攻者非一，故曰：「或擊之」。此明〈損〉䷨、〈益〉䷩之象在夫權衡也。過則損之，不及則益之，用在變通，勿固守其常也，守恒則凶。劉牧	B-卷之 8，P325～326
172	〈夬䷪・初九〉：壯于前趾，往不勝為咎。〈象〉曰：不勝而往，咎也。	人之大事，莫過於戎戰之不勝，由前，不能料敵也。牧	A-卷 5，P150

〔註59〕〔明〕程汝繼輯：《周易宗義》，收入《續修四庫全書・經部・易類》（上海：上海古籍出版社，1995 年），第 14 冊，卷之 6，頁 249。程汝繼亦引明・王畿之說，惟王畿之言，則乃沿襲劉牧之說。「結」字易為「給」字，恐為筆誤或傳抄之訛。

〔註60〕〔明〕錢士升撰：《周易揆》，收入《續修四庫全書・經部・易類》（上海：上海古籍出版社，1995 年），第 13 冊，卷之 6，頁 419。節引劉牧注說而成己言。

		國之大事，莫過於戎戰之不勝。由果徃而前，不能料敵故也。劉牧	B-卷之 9，P330
173	〈夬☱☰‧九三〉：壯于頄，有凶。君子夬夬，獨行遇雨，若濡有慍，无咎。〈象〉曰：君子夬夬，終无咎也。	濡，變也；慍，怒也。陰陽和而為雨，三始欲獨行，殊志，後遇眾和同，遂嚮善疾惡，怒而決之，故終无咎。謂三始欲助小人，終能變而從眾，故无咎也。牧	A-卷5，P150 B-卷之 9，P331
174	〈夬☱☰‧九五〉：莧陸夬夬，中行无咎。〈象〉曰：中行无咎，中未光也。	陸者，最高之地。若小人在高位，眾人疾之，決之亦易矣。牧	A-卷5，P151
		莧者，柔脆之物。陸者，最高之地。若小人之在高位，眾皆疾之，決之亦易矣。劉牧	B-卷之 9，P332
		劉牧云：「陸」，最高之地。〔註61〕	
175	〈夬☱☰‧上六〉：无號，終有凶。〈象〉曰：无號之凶，終不可長也。	小人乘至尊，雖无號令，終自有凶。況號令嚴信，告自下邑而共決者哉？	A-卷5，P151
		劉長民曰：「小人乘至尊，雖无號令，終必有凶。況號令嚴信，告自下邑而共決者哉？」	F-卷 22，P422
176	〈姤☰☴‧九二〉：包有魚，无咎，不利賓。〈象〉曰：包有魚，義不及賓也。	二以陽處中，有包容之德，使初之溢醜，不彰於外，義存掩惡。中饋非正，不足成禮，其能致於賓乎？牧	A-卷5，P153
		二以陽處中，有包含之德，使初之溢醜，不彰於外，義存掩惡。中饋非正，不足成禮，其能致於賓乎？劉牧	B-卷之 9，P337
177	〈萃☱☷‧彖〉曰：萃，聚也。順以說，剛中而應，故聚也。王假有廟，致孝享也。利見大人亨，聚以正也。用大牲吉，利有攸往，順天命也。觀其所聚，而天地萬物之情可見矣。	人之來聚，聚於貨食也。人君聚而能散，謂之仁；散而能節，之謂政。且天道惡盈，物又不可以終通，故聚而能散，散而能節，斯順天命也。牧	A-卷5，P157

〔註61〕〔清〕翟均廉撰：《周易章句證異》，收入《景印文淵閣四庫全書‧經部47‧易類》（臺北：臺灣商務印書館，1983年），第53冊，卷2，頁715。

		人之來聚，聚於貨食也。人君聚而能散，之謂仁；散而能節，之謂政。且天道惡盈，物又不可以終遇，故聚而能散，散而能節，斯順天命也。劉牧	B-卷之 9，P343
		劉牧曰：「人之來聚，聚於貨食也。人君聚而能散，之謂仁；散而能節，之謂政。且天道惡盈，物又不可以終聚，故聚而能散，散而能節，斯順天命也。」	E-卷 8，P304
		劉長民曰：「人聚于貨食，人君聚而能散，謂之仁。天道惡盈，聚而能散，斯順天命。」	D-卷 12，P267
178	〈萃䷬・初六〉：有孚不終，乃亂乃萃。若號，一握為笑，勿恤，往无咎。 〈象〉曰：乃亂乃萃，其志亂也。	初未適中，誠信未定，若人以己，處萃之始，未至盈大，以小見笑，則勿用憂恤，終得盈大，動而有應，故无咎。牧	A-卷 5，P158
		初求適中，誠信未定，若人以己，處萃之始，未至盈大，以小見笑，則勿用憂恤，終得盈大，動而有應，故无咎。劉牧	B-卷之 9，P345
179	〈萃䷬・九五〉：萃有位，无咎，匪孚，元永貞，悔亡。 〈象〉曰：萃有位，志未光也。	以陽居陽，是不拯於弱也。永貞，臣道也、元善也。始失信於民，故有悔。以其能依附臣之善道，故得亡其悔。牧	A-卷 5，P159～160
180	〈升〉卦䷭：升，元亨，用見大人，勿恤，南征吉。	王輔嗣云：「以柔之南，則麗乎大明」，即齊乎巽☴，相見乎離☲之義也。劉牧	B-卷之 9，P349
181	〈升䷭・彖〉曰：柔以時升，巽而順，剛中而應，是以大亨。用見大人，勿恤，有慶也。南征吉，志行也。	巽☴以剛中而往，坤☷以柔中而來，以實升虛，上、下相應，是以大亨也。五以柔居尊位，是虛己而中正者也。二以剛中而往，不為邪諂者也。往則見納，如石投水，若行此道，以求見大人，則何用憂恤？必有慶也，茲乃元凱之升於舜也。陽氣左行而南，巽☴順陽氣而發生，故「南征吉」。「志行」	A-卷 5，P161

		者，文王，柔以時升，漸基王迹，武王終獲南狩之志；湯亦伐桀，升自陑，陑，南也。陽升，明君子之志得此，謂六四之德也。牧〔註62〕	
		巽☴以剛中而徃，坤☷以柔中而來，以實升虛，上、下相應，是以大亨也。五以柔居尊位，是虛己而中正者也。二以剛中而徃，不為邪諂者也。徃則見納，如石投水，若行此道，以求見大人，則何用憂恤？必有慶也，茲乃元凱之升於舜也。陽氣左行而南，巽☴順陽氣而發生，故「南征吉」。「志行」者，文王，柔以時升，漸基王迹，武王終獲南狩之志；湯亦伐桀，升自陑，陑，南也。柔升，明君子之志行此，謂六四之德也。劉牧	B-卷之 9，P351
182	〈升䷭·上六〉：冥升，利于不息之貞。〈象〉曰：冥升在上，消不富也。	冥，謂杳冥也。言升之極而至於杳冥矣。是升而无所徃，畢湊于己也。且眾湊己，則所耗至多，故象曰：「消不富也」。然君子居于上位，眾來升己，不以耗損多而不納之，納之又幾困匱，故利于自強不息，貞幹以濟于眾矣。然非有大人之德者，其孰能行之哉？牧	A-卷 5，P163
		冥，謂杳冥也。言升之極而至於杳冥矣。是升而无所徃，畢湊于己也。且眾湊己，則所耗至多，故象曰：「消不富也」。然君子居於上位，眾來升己，	B-卷之 9，P353

〔註62〕「劉先之曰：五以柔居尊位，是虛己而中正者也。二以剛中而徃，不為邪諂者也。往則見納，如石投水，若行此道，以求見大人，則何用憂恤？必有慶也，茲乃元凱之升於舜也。」〔清〕黃以周撰：《十翼後錄》，收入《續修四庫全書·經部·易類》（上海：上海古籍出版社，1995年），第37冊，卷12，頁96。黃以周認為劉牧此注，符合孔夫子意旨，惟黃氏誤以劉先之為劉牧，故以前者之名，刪節輯入其著。

		不以耗損多而不納之，納之又幾困匱，故利於自強不息，貞幹以濟於眾。然非有大人之德者，其孰能行之哉？劉牧	
183	〈困䷮·初六〉：臀困于株木，入于幽谷，三歲不覿。〈象〉曰：入于幽谷，幽不明也。	初居下，處困未通，必坐以求安，「臀」者，坐之任也。「株木」，槎枿之木，其形凹，坎☵之象。坐槎木而不安，遂退矣。求遷于中，則近亨。坎☵谷流下，退則轉之幽暗，是愈遠所亨，故曰「入于幽谷」。「三歲」，數之成也，久也。求亨而背馳，雖久无所覿矣。不言凶者，以困而退，故不履凶。牧〔註63〕	A-卷5，P164～165
		初居下，處困未通，必坐以求安，「臀」者，坐之任也。「株木」，槎枿之木，其形凹，坎☵之象。坐槎木而不安，遂退矣。求遷於中，以近亨。坎☵谷流下，退則轉之幽暗，是愈遠所亨，故曰「入于幽谷」。「三歲」，數之成也，久也。求亨而背馳，雖久无所覿矣。不言者，以困而退，故不履凶。劉牧	B-卷之9，P358
		……坎☵谷流下，動則轉之幽暗，是愈遠所亨，故曰「入于幽谷」。「三歲」，數之成也，久也。求亨而入幽暗之所，雖久无所覿矣。〔註64〕	E-卷8，P315
184	〈困䷮·九四〉：來徐徐，困于金車，吝，有終。〈象〉曰：來徐徐，志在下也；雖不當位，有與也。	四處澤底，剛而能載，故稱「金車」。「徐徐」，謙貌，言困于金車者，以澤載水則有功及物，今澤既无水，是車之空也。有	A-卷5，P167

〔註63〕「劉先之曰：初坐槎木而不安，遂退矣。退則轉之幽暗，是愈遠所亨，不言凶者，以困而退，故不履凶。」〔清〕黃以周撰：《十翼後錄》，收入《續修四庫全書·經部·易類》(上海：上海古籍出版社，1995年)，第37冊，卷12，頁112～113。黃以周視劉牧注說，符合孔子義旨，惟誤以劉先之之名，刪節輯入其著。

〔註64〕潘士藻於〈困䷮·初六〉，可謂全然抄襲劉牧注說，僅祇竄改幾字，而成己詮釋之語。

		德无用，故曰：「困于金車」，功无所施，吝也。曰：「有終」者，以其下獨應己也。且下能潤己，下又應己，則困有所濟，故能保終也。牧	
		四處澤底，剛而能載，故稱「金車」。「徐徐」，謙貌，言困于金車者，以澤載水則有功及物，今澤既无水，稼穡不成，是車之空也。有德无用，故曰：「困于金車」，功无所施，吝也。曰：「有終」者，以其下獨應己也。且下卦為水能上潤於澤，象下人應己，則困有所濟，故能保終也。劉牧	B-卷之 9，P360
		劉長民曰：「以澤載水則有功，今澤无水，有德无用，故曰：『困于金車』，功无所施，吝也。『有終』者，以下能潤己，下又應己，則困有所濟，故能保終。」	D-卷 13，P281
		劉長民曰：「以澤載水則有功，今澤无水，有德无用，故曰：『困于金車』，吝也。『有終』者，以下能潤己，下又應己，則困有所濟，故能保終。」〔註65〕	
185	〈困䷮·九五〉：劓刖，困于赤紱，乃徐有說，利用祭祀。〈象〉曰：劓刖，志未得也。乃徐有說，以中直也。利用祭祀，受福也。	赤亦朱也。欲明二之紱，故異言之。二不應己，困无攸濟，故曰：「困于赤紱」也。牧	A-卷 5，P168
		赤亦朱也。欲明二之服，故異言之。二不己應，困无由濟，故曰：「困于赤紱」也。劉牧	B-卷之 9，P361

〔註65〕〔民國〕張其淦撰：《邵村學易》，收入嚴靈峰輯：《無求備齋易經集成》（臺北：成文出版社有限公司，1976 年據民國十五年排印本影印），第 101 冊，卷 12，頁 425。

		五居尊，二不應己，困无由濟，故曰「困于赤紱」。〔註66〕	E-卷 8，P318
186	〈困䷮・上六〉：困于葛藟，于臲卼，曰動悔，有悔，征吉。〈象〉曰：困于葛藟，未當也。動悔有悔，吉行也。	上陰不正，處夫困極，不能固窮也。五以同體居尊，任中道以率正，糾束之志，不得專，故「困于葛藟」也。乘剛不安，故曰「于臲卼」也。且〈困〉䷮之極，必反于〈井〉䷯，故兌☱反于巽☴，則能升井水而上也。陰質柔弱，雖首能反時以濟困，懼乎不逮，必有先唱之悔，動而至於有悔，則獲吉，以其時處困極，而皆願亨通也。眾願從之，行之吉也。牧	A-卷 5，P169
		上六陰不中正，處夫困極，不能固窮也。五以同體居尊，任中道以率正，糾束之志，不得專，故「困于葛藟」也。乘剛不安，故曰「于臲卼」也。且〈困〉䷮之極，必反乎〈井〉䷯，故兌☱反乎巽☴，則能升井水而上也。陰質柔弱，雖首能反時以濟困，懼乎不逮，必有先唱之動悔，而至于有悔，則獲吉，以其時處困極，而皆願亨通也。眾願從之，行之吉也。劉牧	B-卷之 9，P362
187	〈井䷯・上六〉：井收勿幕，有孚元吉。〈象〉曰：元吉在上，大成也。	君子體井之用，德則取其常，行則取其清潔，義則取其博施而不窮，善則取其有終也。卦辭雖不具四德，而四德具矣。牧	A-卷 5，P172
		君子體井之用，德則取其有常，行則取其清潔，義則取其博施，善則取其有終也。卦辭雖不具四德，而四德具矣。劉牧	B-卷之 9，P370
188	〈革䷰・彖〉曰：革，水火相息。二女同居，其志不相得，曰革。巳日乃孚，革而信之。文明以	中女思嫁，反居內；少女「戀」家，反居外。出處之志，不同也。牧	A-卷 5，P173

	說，大亨以正，革而當，其悔乃亡。天地革而四時成，湯武革命，順乎天而應乎人，革之時大矣哉！		
		中女思嫁，反居內；少女「變」家，反居外。出處之志，不同也。劉牧	B-卷之 10，P373
		劉長民曰：「中女思嫁，反居在內，而後故不謂之行，而止曰：『不相得』也。『巳日乃孚，革而信之。』革於旬日之後，人情乃相孚信之，指臣民言之。」	F-卷 36，P618
		劉長民曰：「中女思嫁，反居內；少女戀家，反居外。出處之志不同。」	D-卷 13，P290
189		革而當，謂四也。牧	A-卷 5，P173
190	〈革䷰·大象〉曰：澤中有火，革；君子以治歷明時。	革者，謂炎水以熟物也。火之炎水，必漸至於湯，湯必漸至於熱，其可速乎？熱徹于中，物乃熟；信徹于中，民始行，故即日不孚，巳日乃孚也。牧	A-卷 5，P173
		革者，謂炎水以熱物也。火之炎水，必漸至於湯，湯必漸至於熱，熱必徹于中，物乃熟；信徹于中，民始行，故巳日乃孚。劉牧〔註67〕	B-卷之 10，P372
		劉牧曰：「革者，謂炎水以熱物也。火之炎水，必漸至於湯，湯必漸至於熱，其可速乎？熱徹于中，物乃熟；信徹于中，民始行，故即日不孚，巳日乃孚也。」	E-卷 8，P328
191	〈革䷰·初九〉：鞏用黃牛之革。〈象〉曰：鞏用黃牛，不可以有為也。	劉氏長民曰：「下非可革之位，初非可革之時，要在固守中順之道，而不敢有革也。」	G-卷 26，P851

〔註67〕葉良佩將此劉牧注文，輯錄置於〈革〉卦䷰卦辭：「革，巳日乃孚，元亨，利貞，悔亡」之處。

		劉氏仲平曰：以位言，則下以時言。則初下非可革之位，初非可革之時。〔註68〕	F-卷25，P472
		下非可革之位，初非可革之時，惟以中順之道，自固乃合，謹始之宜爾。〔註69〕	
		劉氏牧曰：「下非可革之位，初非可革之時，要在固守中順之道，而不敢有革也。」〔註70〕	
192	〈革☲・六二〉：巳日乃革之，征吉，无咎。〈象〉曰：巳日革之，行有嘉也。	初固物情，物情漸化，至二則久而信之，是謂「巳日乃孚」，革之也。有應在五，故「征吉，无咎」。牧	A-卷5，P174
		初固物情，物情漸化，至二則久而信之，是謂「巳日乃孚」，而革之也。有應在五，故「征吉，无咎」。劉牧	B-卷之10，P375
193	〈革☲・九三〉：征凶，貞厲。革言三就，有孚。〈象〉曰：革言三就，又何之矣？	自初固中順之道；二則巳日乃孚；三則革道已成，宜守正嚴厲，以宣布命令也，若以征則凶矣。革道既成，法必更為，法制更為之始，不可不喻其則也。宣布制令，信不可爽，故言「三就而有孚」矣。「三」者，猶先甲三日；「就」，謂詔誥之，使知也。牧	A-卷5，P175
		自初固中順之道；二則巳日乃孚；三則革道已成，宜守正，嚴厲以宣布命令也，若以征則凶矣。革道既成，必更為法治，	B-卷之10，P376

〔註68〕 馮椅輯引劉仲平者，當指北宋・劉概（？），然其言「下非可革之位，初非可革之時」，則與清・程廷祚（1691～1767）《大易擇言》（G-卷26，P851）輯錄劉氏民民之述相同，惟劉概後於劉牧長民甚遠，倘程氏、馮椅二者所載皆無誤，則恐劉概抄襲了劉牧之述。

〔註69〕 〔清〕強汝諤撰：《周易集義》，收入《續修四庫全書・經部・易類》（上海：上海古籍出版社，1995年），第39冊，卷5，頁321。未標明何人之說，逕以援用於〈革☲・初六・小象〉之釋。

〔註70〕 〔清〕晏斯盛撰：《易翼宗》，收入《景印文淵閣四庫全書・經部43・易類》（臺北：臺灣商務印書館，1983年），第49冊，卷5，頁420。

		更為之始，不可不喻其法則也。宣布制令，信令可樂，故言全「三就而有孚」矣。「三」者，猶先甲三日；「就」，謂誥之，使知也。劉牧	
194	〈革䷰·九四〉：悔亡，有孚改命，吉。〈象〉曰：改命之吉，信志也。	成〈革〉䷰之體，在斯一爻，所革而當其悔乃亡。且自初至三，則革道已成，故下三爻皆以革字著於爻辭。至於四，則惟曰：「悔亡，有孚改命，吉也。」以至誠及物，吉其宜焉。牧	A-卷 5，P175
		成〈革〉䷰之體，在斯一爻，所革而當其悔乃亡。且自初至三，則革道已成，故下三爻皆以革字著於爻辭。至四，則惟曰：「悔亡，有孚改命，吉也。」以至誠及物，吉其宜焉。劉牧	B-卷之 10，P377
		劉長民曰：「成〈革〉䷰之體，在斯一爻，故下三爻皆以革字著於爻辭。至於四，則惟曰：『改命，吉也。』」	D-卷 13，P294
		劉氏長民曰：「成〈革〉䷰之體，在此一爻。且自初至三，則革道已成，故下三爻皆以革字著於爻辭。至於四，則惟曰：『悔亡，有孚改命，吉也。』」	G-卷 26，854
195	〈革䷰·九五〉：大人虎變，未占有孚。〈象〉曰：大人虎變，其文炳也。	五為革命之主，是威武宣而文德著也。三以「革言三就命令」，已申四，以「改命信志，物盡從化」，至五則大亨以正，不假占而有孚也。牧	A-卷 5，P176 B-卷之 10，P377
		劉長民曰：「五為革命之主，是威武宣而文德著也。三，『革言三就命令』，已申四，『改命信志，物盡從化』，至五則大亨以正，不假占而有孚也。」〔註71〕	

〔註71〕 〔明〕李贄撰：〈澤火革·附錄〉，《九正易因》，收入《續修四庫全書·經部·易類》（上海：上海古籍出版社，1995 年），第 9 冊，頁 779。

		劉牧云:「五為革命之主,是威武宣而文德著者也。三以『革言三就命令』,已申四,以『改命信志,物盡從化』,至五則大亨以正,不假占而有孚也。」	C-卷之 7,P568
		劉長民曰:「五為革命之主,是威武宣而文德著也。三,『革言三就命令』,已申四,『改命信志,物盡從化』,至五則大亨以正,不假占而有孚也。」〔註72〕	
		劉長民曰:「五為革命之主,是威武宣而文德著也。三,『革言三就命令』,已申四,『改命信志,物盡從化』,至五則大亨以正,不假占而有孚也。」〔註73〕	
		劉長民曰:「五為革命之主,是威武宣而文德著也。三以『革言三就命令』,已申四,以『改命信志,物盡從化』,至五則大亨以正,不假占而有孚也。」	D-卷 13,P295
196	〈革䷰‧上六〉:君子豹變,小人革面,征凶,居貞吉。〈象〉曰:君子豹變,其文蔚也。小人革面,順以從君也。	初至三,則革道已成;四至上,則變道已成。三則貞厲,上則居貞吉,征則皆凶也。稱變者,謂主宣文德,而民由我化,大人君子。稱革者,謂下之改,輒而從上,命庶民也。上雖柔而不正,然體兌,而下從於五之威,有文明之應,故稱豹變也。牧	A-卷5,P176~177
		初至三,則革道已成;四至上,則變道已成。三則貞厲,四〔註74〕則居貞吉,征則皆凶也。稱變者,謂主宣文德,而民由我化,君子也。稱革者,謂下之改,輒而從上,命庶民也。上	B-卷之 10,P378

〔註72〕〔明〕程汝繼輯:《周易宗義》,收入《續修四庫全書‧經部‧易類》(上海:上海古籍出版社,1995年),第14冊,卷7,頁293。
〔註73〕〔明〕逯中立撰:〈下經‧革〉,《周易劄記》,收入《景印文淵閣四庫全書‧經部28‧易類》(臺北:臺灣商務印書館,1983年),第34冊,卷2,頁39。
〔註74〕按葉良佩《周易義叢》所著「四」字,恐「上」字之筆誤或傳抄之訛。

		雖柔而不正，然體兌，而下從於五之威德，有文明之應，故稱豹變也。劉牧	
		劉長民曰：「初至三，革道已成；四至上，則變道已成。三則貞厲，上則居貞吉，征則皆凶也。」〔註75〕	D-卷 13，P296
197	〈震☷·六二〉：震來厲，億喪貝，躋于九陵，勿逐，七日得。〈象〉曰：震來厲，乘剛也。	震之動，天之威行也。驚恐者，致其福；惰慢者，致其災也。二雖體動，然而安于得位，是慢而不戒者，又乘剛，乘剛，逆也。當天道威行之際，犯逆而不戒，故震來則危也。且危來逼己，敢據其位耶？必駭而奔矣。億，辭也；貝者，寶貨也，寶之大者。二以得位為有其寶，今既逼于危難，遂懼而弃之，是喪其貝也。躋，升也。九陽數之極也，陵謂險之地，二以威逼于下，故升上而奔，且懼深而逭，必至于險之極也。然威明大，行時不敢隱，至七日乃自獲也。七日，少陽之數，二以陰賊逃難，利于幽暗，少陽升而明顯，故必得也。凡陰賊奔竄，皆稱七日得，故〈既濟☲·六二〉亦曰：婦喪其茀，七日得也。牧	A-卷5，P183
		劉長民曰：「震雷之動，威也。驚恐者致其福，惰慢者，致其災。二雖動體，然安於得位，是慢而不戒者。」〔註76〕	F-卷26，P490
		雷之怒，天之威行也。驚恐者，致其福，惰慢者，致其災，古之人有之。〔註77〕	

〔註75〕沈起元認為劉牧此注符合孔夫子義旨，故節刪其注，輯入其《周易孔義集說》。

〔註76〕馮椅節刪載錄劉牧注文，以明六二爻義。

〔註77〕〔明〕崔銑撰：〈下經卦畧〉，《讀易餘言》，收入《景印文淵閣四庫全書·經部24·易類》（臺北：臺灣商務印書館，1983年），第30冊，卷2，頁37。引用劉牧注說而成其己言。

		雷之怒，天之威行也。驚恐者，致其福，惰慢者，致其災，古之人有之。〔註78〕	
198	〈震䷲‧六三〉：震蘇蘇，震行无眚。 〈象〉曰：震蘇蘇，位不當也。	蘇蘇，舒緩也。二安于得位，見危；三不當位而知懼，故得舒緩。牧	A-卷5，P183～184 B-卷之 10，P392
		劉長民曰：「二安於得位而見危；三不當位而知懼，故得舒緩。」	F-卷26，P490
199	〈震䷲‧九四〉：震遂泥。 〈象〉曰：震遂泥，未光也。	知懼而後時，其德滯泥，以陰處陽，又居上體之下，纔可免凶咎而已。牧	A-卷5，P184
		知懼後時，其德滯泥，以陽處陰，又居上體之下，纔方免凶咎而已。劉牧	B-卷之 10，P392
200	〈漸䷴‧彖〉曰：漸之進也，女歸吉也。進得位，往有功也。進以正，可以正邦也。其位，剛得中也。止而巽，動不窮也。	進雖得位，然處其中正，則可正邦，故二、五言吉‧三與四各涉凶咎也。上以陽居上，以其處于外，表正其下，故用其儀吉。牧	A-卷5，P185 B-卷之 10，P404
201	〈漸䷴‧大象〉曰：山上有木，漸；君子以居賢德善俗。	居賢德，則漸育人材；善風俗，則漸隆教化。牧	A-卷5，P190 B-卷之 10，P405
202	〈漸䷴‧九三〉：鴻漸于陸，夫征不復，婦孕不育，凶；利禦寇。 〈象〉曰：夫征不復，離群醜也；婦孕不育，失其道也；利用禦寇，順相保也。	醜，眾也。三以陽居陽，剛進而逼中，是獨高其行者，有先人之志。異夫羣眾，眾所不與，不能復其身于出征也。孕者漸以成體，宜溫柔以保之。今九三剛暴，故至于傷其孕而不育，是失其道。夫〈漸〉䷴之為體，	A-卷5，P192 B-卷之 10，P407

〔註78〕〔明〕張元蒙撰：《讀易纂》，收入《續修四庫全書‧經部‧易類》（上海：上海古籍出版社，1995年），第8冊，卷4，頁99。張元蒙（？）摘錄崔銑援引劉牧之說以輔其釋。按：張元蒙臚列其「引用諸儒姓氏」，其中即列有「子鍾崔先生名銑，河南人，著《古易學要》。」〔明〕張元蒙撰：〈讀易纂引用諸儒姓氏〉，《讀易纂》，收入《續修四庫全書‧經部‧易類》（上海：上海古籍出版社，1995年），第8冊，頁3。

203	〈漸☷·九五〉：鴻漸于陵，婦三歲不孕，終莫之勝，吉。〈象〉曰：終莫之勝吉，得所願也。	少男下長女，雖交而應，然長女志乎外，少男止乎內，兩志不相感與，是其交而不感也，所以婦三歲而不孕。五剛而得中，漸升尊位，美之至也。然漸本隆禮，禮尚謙恭，不務勝也。好勝則失漸之義，故保其終，莫之好勝，則吉。牧	A-卷5，P193
		少男不勝長女，雖交而應，然長女志乎外，少男止乎內，兩志不相感與，是其交而不感也，所以婦三歲而不孕。五剛而得中，漸升尊位，美之至也。然漸本隆禮，禮尚謙恭，不務勝也。好勝則失漸之義，故保其終，莫之好勝，則吉。劉牧	B-卷之 10，P408～409
204	〈歸妹☷·初九〉：歸妹以娣，跛能履，征吉。〈象〉曰：歸妹以娣，以恆也；彼能履吉，相承也。	〈履〉☰之六三，跛能履，不足以與行，何也？履，禮也，禮以中正為得，六三以位不當，故凶。〈歸妹〉☷，則以不居其正為得宜，故行之，以不正為吉。何則尊正室也？若行之以正，則是專正室矣，所以能守其娣之禮為常也。不取居正而又處下，以尊正室，行之奉上，故得上下順，而吉相承。牧	A-卷5，P195
		〈履〉☰之六三，跛能履，不足以與行者，蓋履，禮也，禮以中正為得，而六三以位不當，故凶。〈歸妹〉☷，則以不居其正為得宜，故行之，以不正為	B-卷之 10，P414

上段（203之上方殘文）：止而巽☴，戒其剛暴，故有茲象。牧〔註79〕

〔註79〕「劉先之曰：醜，眾也。三以易居易，剛進而過中，是獨高其行者，有先人之志。异夫羣眾，眾所不与，不能復生身于出征也。孕者漸以成體，宜溫柔以保之。今九三剛暴，故至于傷其孕而不育，是失其道。夫〈漸〉☷之為體，止而巽☴，戒其剛暴，故有茲象。」〔清〕黃以周撰：《十翼後錄》，收入《續修四庫全書·經部·易類》（上海：上海古籍出版社，1995 年），第 37 冊，卷 14，頁 226。黃以周誤將劉先之視為彭城劉牧，故以劉先之之名輯入其著，以輔其釋。

		吉。何則尊正室也？若行之以正，則是專正室矣，故以能守其娣之禮為恒也。不取居正而又處下，以尊正室，側行奉上，故得上下順，而言相承。劉牧	
		劉牧云：「〈歸妹〉䷵，則以不居其正為得宜，故行之，以不正為吉，何則尊正室也？若行之以正，則是專正室矣，故以能守其娣之禮為恒也。不取居正而又處下，以尊正室，側行奉上，故得上下順，而言相承。」〔註80〕	C-卷之 7，P583
205	〈歸妹䷵・九二〉：眇能視，利幽人之貞。〈象〉曰：利幽人之貞，未變常也。	〈履〉䷉之六三，以其位不當，故凶。〈歸妹〉䷵九二，雖居中，而云「眇能視」者，以陽居陰，為不正也。〈履〉䷉之九二：「幽人貞吉」，同此爻辭者，以其履道尚謙，不貴處盈，務致至誠，惡夫外飾者也。二以陽居陰，履于謙也，況乎幽人之志，專靜而卑退，无所侵越，猶娣之禮，務卑退也，但專一奉正室，而不敢越。且婦人以陰處陰，又居內為得位，故〈家人〉䷤六二：「在中饋，貞吉。」今九二雖以剛處柔，然位不當，正合娣之義，「利幽人之貞」，不亦宜乎！牧〔註81〕	A-卷 5，P196
		〈履〉䷉六三：「眇能視」，不足以有明，以位不當，故凶。〈歸妹〉䷵九二，雖居中，而云「眇能視」者，以陽居陰，為不正也。〈履〉䷉九二：「幽人貞吉」，同此爻辭者，以其履道尚謙，不貴處盈，務在至誠，惡夫外	B-卷之 10，P414

〔註80〕姜寶（？）節刪葉良佩所輯內容，載入其著。

〔註81〕「劉先之曰：幽人之志，專靜而卑退，无所侵越，猶娣之禮，礼務卑退也。」〔清〕黃以周撰：《十翼後錄》，收入《續修四庫全書・經部・易類》（上海：上海古籍出版社，1995 年），第 37 冊，卷 14，頁 239。黃以周，刪節劉牧注說，誤以劉先之之名，輯入其著。

		飾者也。〈歸妹〉䷵二，以陽居陰，亦履丁謙也，況乎幽人之志，專靜而罕退，无所侵越，猶娣之禮，務罕退也，但專一奉正室，而不敢越。且婦人以陰處陰，又居內為得位，故〈家人〉䷤六二：「在中饋，貞吉。」今九二雖以剛處柔，然位不當，正合娣之義，「利幽人之貞」，不亦宜乎！劉牧	
		劉牧曰：「〈履〉䷉之六三，以其位不當，故凶。〈歸妹〉䷵九二，雖居中，而云『眇能視』者，以陽居陰，為不正也。〈履〉䷉九二：『幽人貞吉』，同此爻辭者，以其履道尚謙，不貴處盈，務致至誠，惡夫外飾者也。二以陽居陰，履于謙也，況乎幽人之志，專靜而罕退，无所侵越，猶娣之禮，務罕退也，婦人以陰處陰，又居內為得位，故〈家人〉䷤六二：『在中饋，貞吉。』今九二雖以剛處柔，然位不當，正合娣之義，『利幽人之貞』，不亦宜乎！」〔註82〕	E-卷9，P364
206	〈歸妹䷵·九四〉：歸妹愆期，遲歸有時。〈象〉曰：愆期之志，有待而行也。	「說以動」，謂少女說從於長男。今四居下體之上，位過乎少女，是歸妹之愆期者也。女過盛年，則興摽梅之嘆，然四以陽處陰，不居其正，合〈歸妹〉䷵之象，雖有勤望之志，而不為淫奔之行，茲待禮而行者，故〈象〉曰：「愆期之志，有待而行也。」牧	A-卷5，P197
		「說以動」，謂少女說從長男。今四居下體之上，位過乎少女，是歸妹之愆期者也。女過盛年，則興摽梅之嘆，然四以陽處陰，不居其正，合〈歸妹〉䷵之象，雖有勤望之志，而不為遑奔之	B-卷之10，P416

〔註82〕潘士藻（？）概刪節《撮要》所輯劉牧之注文，而援引以輔其述。

		行，茲待禮而行者，故〈象〉曰：「愆期之志，有待而行也。」劉牧	
		劉長民曰：「居下體之上，位過乎少女，是愆期也。」	F-卷 27，P519
		劉長民曰：「居下體之上，位過乎少女，女過盛年，愆期也。」	D-卷 14，P325
207	〈豐☳☲‧象〉曰：豐，大也，明以動，故豐。王假之，尚大也。勿憂宜日中，宜照天下也。日中則昃，月盈則食，天地盈虛，與時消息，而況於人乎？況於鬼神乎？	豐大，王之本也。今言假之者，不敢以豐大自處，故言假之。尚大者，宜於庶事，守謙卑，惟在照臨天下之際，宜尚此光大之德也。勿憂者，〈豐〉卦☳☲，用宏大之德，光被四表，若守其憂懼，則其志齷齪，失豐之體也。牧〔註83〕	A-卷 6，P202
		豐大，王之本有也。今言假之者，不敢以豐大自處，故言假之。尚大者，宜於庶事，皆守謙卑，惟在照臨天下之際，宜尚此光大之德也。勿憂者，〈豐〉卦☳☲，用宏大之德，光被四表，若守其憂懼，則其志齷齪，失豐之體也。劉牧	B-卷之 11，P420
208	〈豐☳☲‧初九〉：遇其配主，雖旬无咎，往有尚。〈象〉曰：雖旬无咎，過旬災也。	旬，數之極也，猶日之中也。言无咎者，謂初未至中，猶可進也。若進而過中則災，故〈象〉稱過旬災也。爻辭不言豐者，謂初未至豐。往有尚，言其進至于豐也。牧〔註84〕	A-卷 6，P202

〔註83〕「劉先之曰：豐大，王之本也。今言假之者，不欲以豐大自處，故言假之。尚大者，在照臨天下之際，宜尚此光大之德也。勿憂者，〈豐〉卦☳☲，用宏大之德，光被四表，若守其憂思，則其志齷齪，失豐之體也。」〔清〕黃以周撰：《十翼後錄》，收入《續修四庫全書‧經部‧易類》（上海：上海古籍出版社，1995 年），第 37 冊，卷 14，頁 248。黃以周誤以先之為劉牧之字，故節刪注文，以之輯入其著。

〔註84〕「劉先之曰：旬，數之極也，猶日之中也。言无咎者，初未至中，猶可進也。若進而過中則災，故曰：『過旬災也。』爻辭不言豐者，謂初未至豐。往有尚，言其進至于豐也。」〔清〕黃以周撰：〈十翼後錄〉，收入《續修四庫全書‧經部‧易類》（上海：上海古籍出版社，1995 年），第 37 冊，卷 14，頁 253。黃以周，視劉牧注文，符合孔夫子義旨，惟卻以劉先之之名，輯入其著。

		旬，數之極也，猶日之中也。言无咎者，謂初未至中，猶可進也。若進而過中則災，故〈象〉稱過旬災也。爻辭不言豐者，謂初未至豐。往有尚，言其進至豐也。劉牧	D-卷之 11，P422
		劉長民曰：「旬，數之極，猶日之中。无咎者，謂初未至中，猶可進也。若進而過中則災，故云過旬災也。爻辭不言豐者，謂初未至豐。往有尚，言其進至于豐也。」	D-卷 15，P329
		劉氏長民曰：「旬，數之極也，猶日之中也。言无咎者，謂初未至中，猶可進也。若進而過中則災，故〈象〉稱過旬災也。」	G-卷 29，P887
		劉氏曰：「旬，數之極也，猶日之中也。言无咎者，謂初未至中，猶可進也。若進而過中則災，故〈象〉稱過旬災也。爻辭不言豐者，謂初未至豐也。」〔註85〕	
		旬，盈數，猶日之中。无咎者，謂初未至中，猶可進也。爻不言豐，初未至豐。往有尚，進可至於豐也。〔註86〕	
209	〈豐䷶·六二〉：豐其蔀，日中見斗，往得疑疾，有孚發若，吉。 〈象〉曰：有孚發若，信以發志也。	蔀，蔽也。謂君之明，臣下障蔽之，故曰：「豐其蔀」。日，君之象；斗，臣之象。今日中之時而見斗，是臣之威明侵於君也。且五不當位，而二當位，是僭也。五不顯明，而四顯明，是專也。二與四互有僭、專之	A-卷 6，P203

〔註85〕〔清〕晏斯盛撰：《易翼說》，收入《景印文淵閣四庫全書·經部 43·易類》（臺北：臺灣商務印書館，1983 年），第 49 冊，卷 8，頁 675。晏斯盛（？），援引劉牧注說，以輔其己釋，惟不稱劉牧全名，卻以劉氏代之，不知其意為何？

〔註86〕〔清〕黃守平輯：《易象集解》，收入《續修四庫全書·經部·易類》（上海：上海古籍出版社，1995 年），第 35 冊，卷 6，頁 176。黃守平（？）沿襲劉牧注說，竊為己論。

		咎，故爻辭同也。「往得疑疾」者，更往則益疑陽之嫌，必撥所患，若能以信，發明其志，使不疑于時，則吉矣。牧	
		蔀，蔽也。謂君之明，臣下障蔽之，故曰：「豐其蔀」。日，君之象；斗，臣之象。今日中之時而見斗，是臣之威明侵於君也。且五不當位，而二當位，是僭也。五不顯明，而四顯明，是專也。二與四「五」〔註87〕有僭、專之咎，故爻辭同也。「往得疑疾」者，更往則益疑君之嫌，必撥所患，若能以信，發明其志，使不疑于己，則吉矣。劉牧	B-卷之 11，P423
		自四月以來，天地閉塞，未聞震虩之聲。「日，君之象也。」自四月以來，常噴雲飛雨，未見陰明之象，風物假人之時，資以為長養也。〔註88〕	
		京師以風霾告矣。臣不敢以占候家幽願之言論，論其至顯者：「日，君之象也。」暈，則其徵為蒙、為塞。〔註89〕	
		《漢書・天文志》云：「日，君之象也。君行急，則日行疾；君行緩，則日行遲。」是以觀乎天文以察乎時變。」〔註90〕	

〔註87〕按此「五」字，恐「互」字傳抄之訛。

〔註88〕〔明〕楊士奇等撰：〈災祥〉，《歷代名臣奏議》，收入《景印文淵閣四庫全書・史部199・詔令奏議類》（臺北：臺灣商務印書館，1984年），第441冊，卷312，頁660。南宋・牟子才（？）於宋理宗寶祐二年（1254年），時任起居郎，因災異之故而上奏朝庭，其奏疏中，即採劉牧「日，君之象」之注語。

〔註89〕〔明〕鍾惺撰，〔明〕陸雲龍評：〈修省疏〉，《翠娛閣評選鍾伯敬先生合集》，收入《續修四庫全書・集部・別集類》（上海：上海古籍出版社，1995年），第1371冊，卷之7，頁479。鍾惺（1581～1624）於其奉疏亦採劉牧之注。

〔註90〕〔日本〕賀茂在方著：〈釋日第三〉，《曆林問答集》（應永甲午【1414年】，東京圖書館藏），卷上，頁7。按原書本無頁碼，筆者依其實際分頁，予以編排頁碼為第7頁。日人賀茂在方（？）即將劉牧注文，視為《漢書・天文志》之原文而輯引。

210	〈豐䷶‧九四〉：豐其蔀，日中見斗，遇其夷主，吉。〈象〉曰：豐其蔀，位不當也。日中見斗，幽不明也。遇其夷主，吉行也。	四雖不當位，然而僭過上體，明揜於君，亦有疑君之象，故與二同爻辭。初炎上，四又動應之，故得發其光明，斯為一卦等夷之主。牧	A-卷6，P204
		四雖不當位，然而僭逼上體，明揜於君，亦有疑君之象，故與二同爻辭。初炎上，四又動應之，故得發其光明，斯為一卦等夷之主。劉牧	B-卷之 11，P424
		九四陽剛，居大臣之位，而近六五之暗主，亦明而見蔽者也，故亦為「豐其蔀，日中見斗」之象。初在下而與之同德相應，是其等夷之主。為四者，下遇于初，與之協力匡輔國家之事，可以共濟而得吉矣。〔註91〕	
211	〈豐䷶‧六五〉：來章，有慶譽，吉。〈象〉曰：六五之吉，有慶也。	來章，謂乘四之明，四來章明於己也。處豐柔謙，不自光大，吉其宜矣。牧	A-卷6，P204B-卷之 11，P424
		劉牧謂：「乘四之明，四來章明於己。」非矣！朱子發所謂：「五兌，為口譽之者。」是也！〔註92〕	
212	〈豐䷶‧上六〉：豐其屋，蔀其家，闚其戶，闃其无人，三歲不覿，凶。〈象〉曰：豐其屋，天際翔也。闚其戶，闃其无人，自藏也。	「飛鳥遺之音」，謂宜下而反上。〈豐〉䷶之志，皆欲顯其居。今空其內而无所「託」，故愧于時而反自藏也。牧	A-卷6，P205
		「飛鳥遺之音」，謂宜下而反上。〈豐〉䷶之志，皆欲顯其居。今空其內而无所「托」，故愧于時而反自藏也。劉牧	B-卷之 11，P425

〔註91〕〔清〕張爾岐撰：《周易說略》，收入《續修四庫全書‧經部‧易類》（上海：上海古籍出版社，1995 年），第 17 冊，卷之 6，頁 739。張爾岐（1612～1678），注解〈豐䷶‧九四〉，內容接近劉牧思想，且採劉牧「等夷之主」之說法。

〔註92〕〔明〕熊過撰：《周易象旨決錄》，收入《景印文淵閣四庫全書‧經部 25‧易類》（臺北：臺灣商務印書館，1983 年），第 31 冊，卷 4，頁 560。熊過反對劉牧說法，而贊朱震之釋。

213	〈旅䷷・九四〉：旅于處，得其資斧，我心不快。〈象〉曰：旅于處，未得位也；得其資斧，心未快也。	四體陽明，有才也；任剛直，有斷也。非正位而不獲其次，未為亨也。且旅而雖有才、斷，志不得行，故曰：「我心不快也」，明寄旅之道，純任卑巽。今四雖能謙下，然而體性猶剛，未得安于童僕之貞矣。是于旅之宜，未盡善也。牧	A-卷6，P207～208
		四體陽明，有才也；性剛直，有斷也。非正位而不獲其次，未為亨也。且旅而雖有才、斷，志不得行，故曰：「我心不快也」，明寄旅，純任卑巽。今四雖能謙下，然而體性猶剛，未得安于童僕之貞矣。是于旅之宜，未盡善也。劉牧	B-卷之11，P431
214	〈巽䷸・彖〉曰：重巽以申命。剛巽乎中正而志行，柔皆順乎剛，是以小亨。利有攸往，利見大人。	〈蠱〉䷑所以得元亨者，以其巽☴而能止也。〈巽〉䷸所以惟小亨者，以其巽☴而无所止也。且夫巽☴過而欲齊之，必至于用刑。故〈蠱〉䷑言：「先甲三日」，〈巽〉䷸言：「先庚三日」。甲，主仁；庚，主刑也。夫齊之以刑，不若導之以德，故〈蠱〉䷑為元亨，〈巽〉䷸為小亨。牧	A-卷6，P209
		〈蠱〉䷑所以得元亨者，以其巽☴而能止也。〈巽〉䷸所以惟小亨者，以其巽☴而无所止也。且夫巽☴過而欲齊之，必至于用刑。故〈蠱〉䷑言：「先甲三日」，〈巽〉䷸言：「先庚三日」。甲，主仁；庚，主刑也。夫齊之以刑，必首導之以德，故〈蠱〉䷑為元亨，〈巽〉䷸為小亨。劉牧	B-卷之11，P434
215	〈巽䷸・九二〉：巽在牀下，用史巫紛若，吉，无咎。〈象〉曰：紛若之吉，得中也。	處巽☴太過，不能申命行事，止可用之史巫。史巫薦人之誠，磬折俯仰，紛紜以巽☴，謝于神明，故巽☴甚而不為之咎。蓋守中存實，謙卑可薦神，獲吉。牧	A-卷6，P211

		處巽☴太過，不能申命行事，止可用之史巫。史巫薦人之誠，磬折俯仰，紛紜以巽☴，謝于神明，故巽☴甚而不為咎。蓋守中存實，謙卑可薦神，獲吉。劉牧	B-卷之 11，P436
216	〈巽☴·上九〉：巽在牀下，喪其資斧，貞凶。 〈象〉曰：巽在牀下，上窮也；喪其資斧，正乎？凶也。	二巽☴過乎謙，上巽☴過乎中，俱失所安。牧	A-卷 6，P212 B-卷之 11，P438
217	〈兌☱·彖〉曰：兌，說也。剛中而柔外，說以利貞，是以順乎天而應乎人，說以先民，民忘其勞，說以犯難，民忘其死，說之大，民勸矣哉。	天之所助者，順也；人之所助者，信也。柔外為順，剛中為信，故得順乎天而應乎人。牧	A-卷 6，P213 B-卷之 11，P441
		劉長民曰：「天之所助者，順；人之所助者，信。柔外為順，剛中為信，故得順乎天而應乎人。」	D-卷 15，P345
		劉氏長民曰：「天之所助者，順也；人之所助者，信也。柔外為順，剛中為信，故得順乎天而應乎人。」	G-卷 30，P898
218	〈兌☱·大象〉曰：麗澤，兌；君子以朋友講習。	說於聲色，極必有害。說於道義，久而彌益。牧	A-卷 6，P213 B-卷之 11，P441
219	〈兌☱·九二〉：孚兌，吉，悔亡。 〈象〉曰：孚兌之吉，信志也。	二不違中，有信者也。說不爽信，吉其宜矣。然比于三而狎小人，有悔也。以其能退而不固守其正，故得悔亡。二不當其位，是不守其正也。牧	A-卷 6，P213
		二不違中，有信者也。說不爽信，吉其宜矣。然比於三而狎小人，有悔也。以其能退而自守，不失其正，故得悔亡。且和而不同，謂之和；信於其類，謂之孚。六三，小人也，初以遠之而无嫌。至九二，則初疑之，外與而內不與，所以信於初九也。劉牧	B-卷之 11，P442

220	〈兌☱‧六三〉：來兌，凶。〈象〉曰：來兌之凶，立不當也。	三陰柔不正，下親于二，二避之而不納，故稱：「來兌凶」也。兌☱體趨下，是來親于下也。二以不處其正，是以避之。牧〔註93〕	A-卷6，P214
		三陰柔不正，下親於二，二避之而不納，故稱：「來兌凶」也。兌☱體趨下，是來親于下也。二以其處不正，是以避之。劉牧	B-卷之11，P442
221	〈兌☱‧九四〉：商兌未寧，介疾有喜。〈象〉曰：九四之喜，有慶也。	四以陽居陰，是說而能和者。又體剛而不為遷諂也。比于三而不與之同體，是能專介而疾乎小人也。下同初而說於賢，宜其喜而有慶。陽為賢，陰為小人也。牧	A-卷6，P214
		四以陽居陰，是說而能和者。又體剛而不為邪諂也。比于三而不與之同體，是能專介而疾乎小人也。下同初而說于賢，宜有喜而有慶。陽為賢，陰為小人也。劉牧	B-卷之11，P443
222	〈兌☱‧上六〉：引兌。〈象〉曰：上六引兌，未光也。	上六不累于位，是志于高尚，然執德不固，見誘則從，故稱：「引兌」。雖能說君之旨，乘剛而不為之下，然喪其高尚之風，未足為光也。牧〔註94〕	A-卷6，P215
		上六不累於物，是志於高尚，然執德不固，見誘必從，故稱：「引兌」。雖能說君之旨，乘剛而不為之下，然喪其高尚之風，未足為光也。劉牧	B-卷之11，P444

〔註93〕「劉先之曰：三衾柔不正，下親于二，二避之而不納，故稱：「來兌凶」也。兌体趨下，是來親于下也。二以不處其正，是以避之。」〔清〕黃以周撰：〈十翼後錄〉，收入《續修四庫全書‧經部‧易類》(上海：上海古籍出版社，1995年)，第37冊，卷15，頁303。黃以周據《撮要》，以劉先之之名輯入其著。

〔註94〕「劉先之曰：执德不固，見誘則從，故曰引兌。」〔清〕黃以周撰：〈十翼後錄〉，收入《續修四庫全書‧經部‧易類》(上海：上海古籍出版社，1995年)，第37冊，卷15，頁308。黃以周刪節劉牧注說，而以劉先之之名，輯入其著。

		劉牧曰：「執德不固，見誘則從，故稱：『引兌』。」〔註95〕	
		劉長民云：「執德不固，見誘則從，故稱：『引兌』。」引解得之。〔註96〕	
		劉長民曰：「執德不固，見誘則從，故稱『引兌』。」〔註97〕	D-卷 15，P349
		劉氏長民曰：「執德不固，見誘則從，故稱：『引兌』。」	G-卷 30，P901
223	〈渙䷺·六四〉：渙其群，元吉，渙有丘，匪夷所思。〈象〉曰：渙其群，元吉，光大也。	四首散險難，上輔至尊，宜其光大。徧普濟其眾，不可小存險難，有所遐遺，以起怨望不平之思。四質柔任重，懼其志弱，不盡遐濟，故申戒。牧	A-卷 6，P219
		四首散險難，上輔至尊，宜其光大。普濟其眾，不可小存險難，有所遐遺，以起怨望不平之思。四質柔任重，懼其志弱，不盡遐濟，故申戒。劉牧	B-卷之 11，P451
224	〈節䷻·大象〉曰：澤上有水，節；子以制數度，議德行。	名位有等差，德行有小大。君子議德行，升之品位，則名器无玷濫矣。牧	A-卷 6，P221 B-卷之 12，P456
		劉長民曰：「名位有等差，德行有小大。君子議德行，升之品位，則名器不濫。」	F-卷 42，頁681
225	〈節䷻·初九〉：不出戶庭，无咎。〈象〉曰：不出戶庭，知通塞也。	節者，止也；止物之通也。且物通散而止之，非所願也，蓋不得已而從其制也，猶叔孫通，創緜蕝之儀耳。將立制以節物情，可使由之，不可使知之也。凡機事之失，泄于言語，防其言語不出戶庭，慎之至也，何咎之有？且節者，謂以中道節	A-卷 6，P221～222

〔註95〕〔民國〕張其淦撰：《邵村學易》，收入嚴靈峰輯：《無求備齋易經集成》（臺北：成文出版社有限公司，1976 年據民國十五年排印本影印），第 101 冊，卷 16，頁 520。張其淦刪引劉牧之注以輔其釋。

〔註96〕〔清〕朱霈撰：〈周易質疑〉，《經學質疑》（楚南淥江書院：嘉慶辛酉【六年】望嶽樓刻本），卷 1，頁 25。朱霈援引劉牧節刪之注文以輔其釋。

〔註97〕沈起元，認為劉牧此注符合孔夫子義旨，故節刪輯入其著。

		物情，謂過，則節之未至者，俾跂而及之也。初雖承渙之末，然物情未至於節，故不行其節也。知通塞者，水之在澤，畜之，則功不及物，必通散之；散之不已，則遂至于竭，必止塞之也。以初承渙之末，散未至于節，弗行其節，故曰知通塞也。牧	
		節者，止也；止物之通也。且物通散而止之，非所願也，蓋不得己而從其制也，猶叔孫通，創綿蕝之儀耳。將立制度以節物情，可使由之，不可使知之也。凡機事之失，泄于言路，防其言語不出戶庭，慎之至也，何咎之有？且節者，謂以中道節物情，謂過，則節之未至，則俾扳而及之也。初雖承渙之末，然物情未至於可節，故不行其節也。知通塞者，如水之在澤，蓄之，則功不及物，必通而散之；散之不已，則遂至於竭，必止塞之也。以初承渙之末，散未至于節，弗行其節，故曰知通塞也。劉牧	B-卷之 12，P456-457
226	〈節䷁‧九二〉：不出門庭，凶。〈象〉曰：不出門庭凶，失時極也。	初未履中道，猶可待焉。二已履中，當行失時，則為極，極甚也。牧	A-卷 6，P222
		初未履中道，猶可待焉。二已履中，當行失時，則為極甚也。劉牧	B-卷之 12，P457
227	〈節䷁‧六三〉：不節若，則嗟若，无咎。〈象〉曰：不節之嗟，又誰咎也？	〈節〉䷁之爻，惟居中得正者能立節。二當節而不節，有後時之凶；三過節而不節，有悲嗟之歎。牧	A-卷 6，P222
		〈節〉䷁之為義，惟居中得正者能立節。二當節而不節，有後時之凶；三過節而不節，有悲嗟之歎。劉牧	B-卷之 12，P457

		劉長民曰:「〈節〉䷻之爻,惟居中得正者能立節。二當節而不節,有後時之凶;三過節而不節,有悲嗟之歎。」蓋過中不正,乘剛履險不節者也。	F-卷 30,P564
		劉牧曰:「〈節〉䷻之義,惟居中得正者能立節。二當節而不節,有後時之凶;三過節而不節,有悲嗟之歎。」	E-卷 10,P403
		劉牧曰:「〈節〉䷻之義,惟居中得正者能立節。二當節而不節,有後時之凶;三過節而不節,有悲嗟之歎。」〔註98〕	
228	〈中孚䷼·大象〉曰:澤上有風,中孚;君子以議獄緩死。	中孚之信,暗於中,猶獄情之難明也。故君子緩其死而議之,求得其誠,則不枉矣。牧	A-卷 6,P224
		中孚之信,暗於中,猶獄之難明也。故君子緩其死而議之,求得其誠,則不枉矣。劉牧	B-卷之 12,P463
229	〈中孚䷼·六三〉:得敵,或鼓或罷,或泣或歌。〈象〉曰:或鼓或罷,位不當也。	劉氏長民曰:「人惟信不足,故言行之間變動不常如此。」	G-卷 32,P915
230	〈既濟䷾·大象〉曰:水在火上,既濟;君子以思患而豫防之。	水火之性,竟則必復,復則為變。牧	A-卷 6,P233 B-卷之 12,P478
		汝中曰:「水火既交,各得其分,為〈既濟〉䷾。『水火之性,竟則必復,復則為變。』君子處〈既濟〉䷾之時,慮患于後,因豫防之于其先,思而預防,使不至于患,可以保其終矣。」〔註99〕	

〔註98〕〔明〕程汝繼輯:《周易宗義》,收入《續修四庫全書·經部·易類》(上海:上海古籍出版社,1995 年),第 14 冊,卷 8,頁 349。程汝繼或沿潘士藻所引劉牧注文以輔其釋。

〔註99〕〔明〕李本固撰:〈象下辭會〉,《周易古本全書彙編》,收入《續修四庫全書,經部·易類》(上海:上海古籍出版社,1995 年),第 12 冊,卷之 6,頁 549。按李本固(?),或不知「水火之性,竟則必復,復則為變」之文,為劉牧所言,惟明·王畿(字汝中)將之抄襲而成己見,致李氏逕以汝中之名援之。

		劉牧曰：「水火之性，竟則必復，復則為變。」〔註100〕	
		劉牧曰：「水火之性，竟則必復，復則為變。」	E-卷 10，P418
		劉長民曰：「水火之性，竟則必復，復則為變。」	D- 卷 17，P416
		……劉牧所謂：「水火之性，竟則必復，復則必變。」故聖人致防于既濟，防其終之止也。〔註101〕	
		劉牧曰：「水火之性，竟則必復，復則為變。」〔註102〕	
231	〈既濟䷾‧初九〉：曳其輪，濡其尾，无咎。 〈象〉曰：曳其輪，義无咎也。	陽之承陰，動承靜也。施之于濟物，輪之象焉。夫世以畢濟，而初居其後，是前皆已濟，而後見溺者，不能量力，而致濡其尾。以其志在畢濟，于時剛克，而能有其終，於義不可為咎。牧	A-卷 6，P233
		陽之承陰，動承靜也。施之于濟物，輪之象焉。夫世已畢濟，而初居其後，是前皆已濟，而後之見溺者，不能量力，而致濡其尾。以其志在畢濟，干時剛克，而能有終者，於義不可為咎。干寶〔註103〕	B-卷之 12，P478
		劉牧曰：「前皆已濟，而後見溺，以其志在畢濟，剛克有終，於義不可為咎。」〔註104〕	

〔註100〕〔明〕熊過撰：《周易象旨決錄》，收入《景印文淵閣四庫全書‧經部25‧易類》（臺北：臺灣商務印書館，1983年），第31冊，卷4，頁577。

〔註101〕〔清〕錢澄之撰：〈周易下經〉，《田間易學》，收入《景印文淵閣四庫全書‧經部33‧易類》（臺北：臺灣商務印書館，1983年），第39冊，卷6，頁867。

〔註102〕〔民國〕馬其昶撰：《重定周易費氏學》，收入《續修四庫全書‧經部‧易類》（上海：上海古籍出版社，1995年），第40冊，卷6，頁473。

〔註103〕葉良佩載錄此則注文，標註作者為「干寶」，惟《周易集解》於此，並無載引「干寶」之說，未知葉良佩如何獲此資料？若然其為李衡之失，抑或葉良佩之誤，實在存有爭議！

〔註104〕〔民國〕馬其昶撰：《重定周易費氏學》，收入《續修四庫全書‧經部‧易類》（上海：上海古籍出版社，1995年），第40冊，卷6，頁473。

232	〈既濟☵☲・六二〉：婦喪其茀，勿逐，七日得。〈象〉曰：七日得，以中道也。	初雖任剛，而能陵于柔，然不能害其正，是外飾有所喪，而其躬无玷也。存乎貞潔，外飾終自得矣。言七日者，以初非正配而來犯己，行其陰私至明必敗。七日少陽生為明，故陰私之行敗露也。牧	A-卷6，P233
		初雖任剛，而能陵乎柔，然不能害其正，是外飾有所喪，而其躬无玷也。存乎貞潔，外飾終自得矣。言七日者，以初非正配而來犯己，行其陰私至明必敗。七日少陽生為明，故陰私之行敗露也。劉牧	B-卷之12，P479
233	〈既濟☵☲・九三〉：高宗伐鬼方，三年克之，小人勿用。〈象〉曰：三年克之，憊也。	詳夫〈既濟〉☵☲之爻辭，皆不稱既濟者，何以其各得位，而互於逐爻明其義也。且二以中女既濟，故稱「婦喪其茀」；三以過時既濟，故引「高宗之伐鬼方」；四以臣既濟，故稱「繻有衣袽」；五以君居既濟，故美「西鄰之禴祭」；初、上，居前、後，故以「首」、「尾」言之。牧	A-卷6，P234
		詳夫〈既濟〉☵☲之爻辭，皆不稱既濟者，何以其各得位，而互於逐爻明其義也。且二以中女既濟，故稱「婦喪其茀」；三以過時既濟，故引「高宗之伐鬼方」；四以臣既濟，故稱「繻有衣袽」；五以君既濟，故美「西鄰之禴祭」；初、上，居前、後，故以「首」、「尾」言之。劉牧	B-卷之12，P480
		劉長民曰：「爻辭皆不稱既濟者，以其各得位，而互於逐爻明其義也。初、上，居前、後，故以『首』、『尾』言之。二以中女既濟，故稱『婦』；三以過時既濟，故稱『伐鬼方』；四以臣既濟；五以君既濟者也。」	F-卷32，P585

		劉牧曰：「詳夫〈既濟〉䷾之爻辭，皆不稱既濟者，何以其各得位，而互於逐爻明其義也。且二以中女既濟，故稱『婦喪其茀』；三以過時既濟，故引『高宗之伐鬼方』；四以臣居既濟，故稱『繻有衣袽』；五以君居既濟，故美『西鄰之禴祭』；初、上，居前、後，故以『首』、『尾』言之。」	E-卷 10，P422
234	〈既濟䷾‧六四〉：繻有衣袽，終日戒。〈象〉曰：終日戒，有所疑也。	繻，細密羅衣之上，宜加弊袽者。謂四當既濟之時，極人臣之位，是躍淵之地，負疑陽之嫌，不可以自晦其明，不可不戒之也。不言无咎者，以終日戒之，纔能免咎，若小有怠慢，則禍斯及矣。牧	A-卷 6，P235
		繻，細密羅衣之上，宜加弊袽者。謂四當既濟之時，極人臣之位，是躍淵之地，負疑陽之嫌，不可以自晦其明，不可不戒之也。不言无咎者，以終日戒之，纔能免咎，若少有怠慢，則禍斯及矣。劉牧	B-卷之 12，P480
235	〈未濟䷿‧初六〉：濡其尾，吝。〈象〉曰：濡其尾，亦不知極也。	〈既濟〉䷾初爻，謂「居其後」，此言「首先涉深，不知其極。」辭雖同，而向背之義異。牧	A-卷 6，P238 B-卷之 12，P486
		……劉牧云：「〈既濟〉䷾初爻，謂『居其後』，此言『首先涉深，不知其極。』詞雖同，而向背之義異。」〔註105〕	
236	〈未濟䷿‧六五〉：貞吉，无悔，君子之光，有孚，吉。〈象〉曰：君子之光，其暉吉也。	離☲為禮，五居明離☲之中，應二比四，任賢委能而勿貳，是由禮者，故曰：「君子之光也。」又中能立信，有孚吉也。」牧	A-卷 6，P240 B-卷之 12，P488
237	〈繫辭上‧第九章〉：「大衍之數五十，其用四十有九」	劉牧謂：天地之數，十有五居其內，而外幹五行之數四十也。	A-卷 7，P266 ～267

〔註105〕〔清〕吳汝綸撰：〈經說一之二〉，《易說》，收入《續修四庫全書‧經部‧易類》（上海：上海古籍出版社，1995 年），第 38 冊，卷 2，頁 418。

		今止用四十九者，蓋由天五為變化之始，散在五行之位，故中无定象；又天一居尊而不動，以用天德也。天一者，象之始也，有生之宗也，為造化之主，故居尊而不動也。又曰：「虛天一之不用，象太極而成功不測也。」夫言五位者，奇、耦之位也；有合者，陰陽相合也。既陰陽相合而生五行，則必於五位之中，各有所生矣。至於天一與地六，合而生水；合之者，父母也，生之者，子也。言於父母數中，虛一為水，以表生子之用，亦猶大衍之虛也。夫如此，則地二、天七；天三、地八；地四、天九；天五、地十，合生之際，各虛一以成金、木、水、火、土而備五行之數者也。然每位虛一，非去之也，蓋五位父母，密藏五子之用，而欲成就變化，宣行鬼神者也。五行既能佐佑天地，生成萬物，是陰陽不可得而測也，況於人乎？故曰：「密藏五子之用也。」〔註106〕	按「又曰」以上屬劉牧《易數鉤隱圖》之言；「又曰」以下屬《遺論九事》之文，非劉牧之述。李衡將其接合，視為劉牧之說，已然形成錯雜訛誤。葉良佩輯錄情況，與之同然一般。
		劉牧謂：天地之數，十有五居其內，而外幹五行之數四十也。今止用四十九者，蓋由天五為變化之始，散在五行之位，故中无定象；又天一居尊而不動，以用天德也。天一者，象之始也，有生之宗也，為造化之主，故居尊而不動也。又曰：「虛天一之不用，象太極而成功不測也。」夫言五位者，奇、耦之位也；有合者，陰陽相合也。既陰陽相合而生五行，則必於五位之中，各有所生。至於	B-卷之 13，P515

〔註106〕按「又曰」以下全文，皆為先儒之敘，非劉牧之語。〔北宋〕劉牧撰：《遺論九事》，收入《景印摛藻堂四庫全書薈要‧經部第14冊‧易類》（臺北：世界書局，1988年），總第15冊，頁277。

		天一與地六，合而生水；合之者，父母也，生之者，子也。言於父母數中，虛一為水，以表生子之用，亦猶大衍之虛一也。夫如此，則地二、天七；天三、地八；地四、天九；天五、地十，合生之際，各虛一以成金、木、火、土而備五行之數者也。然每位虛一，非去之也，蓋五位父母，密藏五子之用，而欲成就，宣行鬼神者也。五行既能佐佑天地，生成萬物，是陰陽不可得而測也，況於人乎？故曰：「密藏五子之用」也。	
		三衢劉氏曰：天地之數五十有五，大衍之數五十者，天五退藏於密。又曰：五十有五者，天地之極數，大衍之數者，天地之用數，天五不用，所以大衍之數，少天地之數五。〔註107〕	
238	〈繫辭上‧第九章〉：「分而為二以象兩，掛一以象三，揲之以四以象四時，歸奇於扐以象閏，五歲再閏，故再扐而後掛。」	「大衍之數五十，其用四十有九」，蓋虛一而不用也。不用而用以之通，非數而數以之成也。故將四十九著，總而圍之，猶混沌未分之際也。「分而為二以象兩」，謂將著分於左右手中，以象天地也。「掛一以象三」，謂於左手取一存於小指中，象三才也。「揲之以四以象四時」，謂先將左手中著，四、四而數之也。「歸奇於扐以象閏」，謂四、四之餘者，合於掛一也。「五歲再閏，故再扐而後掛」者，謂將右手著，復四、四數之，其餘者，亦合掛於一處，故曰「後掛」也。如此一揲之，	A-卷7，P268 按本條文，李衡全部抄錄自《遺論九事》，屬先儒之言，非劉牧之述。葉良佩情況，同然一般。〔北宋〕劉牧撰：《遺論九事》，收入《景印摛藻堂四庫全書薈要‧經部第14冊‧易類》(臺北：世界

〔註107〕〔南宋〕趙汝楳撰：〈筮宗先傳考第三‧大衍之數五十〉，《筮宗》，收入《景印摛藻堂四庫全書薈要‧經部第6冊‧易類》(臺北：世界書局，1988年)，總第7冊，頁316。趙汝楳(？)於釋「大衍之數五十」，將彭城劉牧，誤以三衢劉氏輯入各家之列。

		不「五」即「九」；二、三揲之， 不「四」則「八」，盡其三揲， 一爻成矣。十有八變，一卦成 矣。劉牧	書局，1988 年），總第 15 冊，頁 281。
		「大衍之數五十，其用四十有 九」，蓋虛一而不用也。不用而 用以之通，非數而數以之成也。 故將四十九蓍，總而圍之，猶 混沌未分之際也。「分而為二以 象兩」，謂將蓍分於左右手中， 以象天地也。「掛一以象三」， 謂於左手取一存於小指中，象 三才也。「揲之以四以象四時」， 謂先將左手中蓍，四而數之也。 「歸奇於扐以象閏」，謂四、四 之餘策，合於掛於一處也。「五 歲再閏，故再扐而後掛」者， 謂將右手蓍，復四、四數之， 其餘者，亦合掛於一處，故曰 「後掛」也。如此一揲之，不 「五」即「九」；二、三揲之， 不「四」則「八」，盡其三揲， 一爻成矣。十有八揲，一卦成 矣。劉牧	B-卷之 13， P516
		「大衍之數五十，其用四十有 九」，蓋虛一而不用也。不用而 用以之通，非數而數以之成也。 故將四十九蓍，兩手圍之，猶 混沌未分之際也。「分而為二以 象兩」，謂將蓍分於左右手中， 以象兩儀也。「掛一以象三」， 謂於左手取一存於小指中，象 三才也。「揲四以象四時」，謂 先將左手中蓍，四、四數之也。 「歸奇於扐以象閏」，謂四、四 之餘者，合於掛一處也。「再扐 而後掛」者，謂將右手蓍，復 四、四數之，餘者，亦合於掛 一處，故云「後掛」也。如此 一揲之，不「五」則「九」；二、 三揲之，不「四」則「八」，盡	

		其三揲，一爻成矣。十有八變，一卦成矣。〔註108〕	
239	〈繫辭上·第十章〉：「參伍以變，錯綜其數，通其變，遂成天地之文；極其數，遂定天下之象，非天下之至變，其孰能與於此？」	參，合也；伍謂配耦也。謂天五合配天一，下生地六之類也。以通其變化，交錯而成四象、八卦之數也。「成天地之文」者，謂陰陽交而成其文理也。「極其數」者，謂極天地之數也；天地之極數，五十有五之數也。「遂定天下之象」者，天地之數既設，則象從而定也。劉牧	A-卷7，P273
		《經》曰：「參伍以變，錯綜其數，通其變，遂成天地之文，極其數，遂定天下之象。」義曰：參，合也；伍為偶配也。為天五合配天一，下生地六之類是也。以通其變化，交錯而成四象、八卦之數也。「成天地之文」者，為陰陽交而著其文理也。「極其數」者，為極天地之數也；天地之極數，五十有五之謂也。「遂定天地之象」者，天地之數既設，則象從而定也。〔註109〕	
240	〈繫辭上·第11章〉：「是故易有大極，是生兩儀，兩儀生四象，四象生八卦，八卦定吉凶，吉凶生大業。」	太極者，一，氣也。天地未分之前，元氣混而為一。一氣斯判，是曰兩儀，且不云乎天地，而云兩儀者，何也？蓋以兩儀，則二氣始分，天地則形象斯著，以其始分兩儀，儀體之儀，故謂之兩儀也。何以明其然？略試論之。夫氣之上者，輕清；氣之下者，重濁。輕清而圓者，天之象也。重濁而方者，地之	A-卷7，P278～279

〔註108〕〔清〕胡世安撰：《大易則通》，收入《續修四庫全書·經部·易類》（上海：上海古籍出版社，1995年），第17冊，卷14，頁315。胡世安「蓍數揲法」全然承襲劉牧說法，且所載之圖，亦自《遺論九事》而來，惟胡世安卻隻字未提「劉牧」二字。

〔註109〕〔北宋〕劉牧撰：《易數鉤隱圖》，收入《景印摛藻堂四庫全書薈要·經部第14冊·易類》（臺北：世界書局，1988年），總第15冊，卷上，頁244。劉牧將〈繫辭〉視為《易經》本文，而不稱之〈繫辭〉傳。

象也。茲乃上下，未交之時，但分其儀象耳。若二氣交，則天一下而生水，地二上而生火，此則形之始也。五行既備，則生動植焉。所謂在天成象，在地成形也，則知兩儀乃天地之象，天地乃兩儀之體也。今畫天，左旋者，取天一、天三之位也。畫地右旋者，取地二、地四之位也。分而各有其處者，蓋明上、下，未交之象也。「兩儀生四象」，孔疏謂：金、木、水、火，稟天地而有，土則分王四季，又地中之別，故惟云四象也。其金、木、水、火，有形之物，安得為象哉？孔氏失之遠矣！又云：「《易》有四象，所以示者」，莊氏云：「四象，謂六十四卦之中，有實象、有假象、有義象、有用象也。」今於釋卦之象，已破之矣。何氏謂：「天生神物，聖人則之，一也；天地變化，聖人效之，二也；天垂象，見吉凶，三也；河出圖，洛出書，聖人則之，四也。」今謂此四事，聖人《易》外別有其功，非專《易》內之物，何得稱「《易》有四象」？且又云：「《易》有四象所以示；〈繫辭〉焉，所以告也。」然則象與辭，相對之物，辭既謂爻、卦之辭，象謂爻、卦之象也。上「兩儀生四象」，七、八、九、六之謂也，諸儒有謂：「七、八、九、六」，今從以為義。且七、八、九、九、六四象，疏家以謂：「所以示之四象」，則愈失之甚也。何哉？夫七、八、九、六，乃少陰、少陽、老陰、老陽之位，生八卦之四象，非《易》所以示四象也。夫四象者，其義有二：一者，謂「兩儀所生之四象」；二者，謂《易》有

四象所以示之」。四象，若天一、
地二、天三、地四所以兼天五
之變化，上交下易，四象備具
成數而後能生八卦矣。於是乎，
坎☵、離☲、震☳、兌☱居四象
之正位，不云五象者，以五无
定位，舉其四，則五可知矣。
天五上駕天一，而下生地六；
下駕地二，而上生天七；右駕
天三，而左生地八；左駕地四，
而右生天九，此河圖四十有五
數耳，斯則兩儀所生之四象也。
所謂「《易》有四象所以示」者，
若〈繫辭〉云：「吉凶者，得失
之象，一也；悔吝者，憂虞之
象，二也；變化者，進退之象，
三也；剛柔者，晝夜之象，四
也。」且孔氏疏云：「象之與辭，
相對之物。辭既謂爻、卦之辭，
象謂爻、卦之象也。」又上句
云：「易有四象所以示也」，下
句云：「繫辭焉，所以告也」，
詳其吉凶、悔吝、變化、剛柔
四者之象，既繫辭所陳，則與
爻卦，正協其義也。而又孔氏
復引二儀所生之四象，舉七、
八、九、六之數，則其義，非
也，不亦失之甚乎？五行成數
者，水數六、金數九、火數七、
木數八也。水居坎☵而生乾☰，
金居兌☱而生坤☷，火居離☲
而生巽☴，木居震☳而生艮☶，
土居四正而生乾☰、坤☷、艮
☶、巽☴，共成八卦。劉牧

《經》曰：「易有太極，是生兩
儀。」太極者，一，氣也。天地
未分之前，元氣混而為一。一
氣所判，是曰兩儀，《易》不云
乎天地，而云兩儀者，何也？
蓋以兩儀，則二氣始分，天地
則形象斯著，以其始分兩體之
儀，故謂之兩儀也。何以明其

		然？略試論之。夫氣之上者，輕清；氣之下者，重濁。輕清而圓者，天之象也。重濁而方者，地之象也。茲乃上下，未交之時，但分其儀象耳。若二氣交，則天一下而生水，地二上而生火，此則形之始也。五行既備，則生動植焉。所謂在天成象，在地成形也，則知兩儀乃天地之象，天地乃兩儀之體爾。今畫天，左旋者，取天一、天三之位也。畫地右動者，取地二、地四之位也。分而各有其處者，蓋明上、下，未交之象也。〔註110〕	
		劉長民曰：「不云天地者，蓋以兩儀，則二氣始分天地，則形象斯著。」竊謂凡有物之先，皆曰太極。一物有一物之太極，有太極則有物，兩兩相配，故曰「兩儀」。天地，特域中有物之大者也。	F-卷44，P720～721
		劉牧曰：「太極者，一，氣也。天地未分之前，元氣混而為一。一氣所剖，是謂兩儀，不云天地，而云兩儀者，以天地之形象未著，始分兩體之儀也。何以明其然？夫氣之上者，輕清；氣之下者，重濁。輕清而圓者，天之象。重濁而方者，地之象。茲乃上下，未交之時，但分其儀象耳。若二氣交，則天一下而生水，地二上而生火，此則形之始也。五行既備而生物。所謂在天成象，在地成形也，則知兩儀乃天地之象，天地乃兩儀之體爾。今畫天，左旋者，取天一、天三之位也。畫地右動者，取地二、地四之位也。	

〔註110〕〔北宋〕劉牧撰：《易數鈎隱圖》，收入《景印摛藻堂四庫全書薈要‧經部第14冊‧易類》（臺北：世界書局，1988年），總第15冊，卷上，頁242。

		分而各其處者，明上、下，未交之象也。」〔註111〕	
241	〈繫辭下・第五章〉：「天地絪縕，萬物化醇；男女構精，萬物化生。易曰：『三人行，則損一人；一人行，則得其友。』言致一也。」	人之生有氣之質，有性之本。剛柔不齊者，氣也，性之本，則一而已，故曰：「天地貞觀也，日月貞明也。」氣豈能變哉？天地萬物，其本一也。天地升降，其氣絪縕，萬物化矣，醇而未雜。〈序卦〉曰：「有天地，然後有萬物。」劉牧〔註112〕	A-卷 8，頁297
242		「曰：『乾道自然而成男，坤道自然而成女。〈序卦〉言萬物，則男女在其中矣。』曰：『萬物化醇』者，言其一未始離也。天地既生萬物，萬物各有陰陽，精氣相交，化生无窮。〈序卦〉曰：」有萬物然後有男女。』」劉牧〔註113〕	A-卷 8，頁297
243		曰：「〈咸〉卦䷞不繫之於〈離〉☲、〈坎〉☵，以〈離〉☲、〈坎〉☵而上，男女自然而生，〈咸〉卦䷞而下，男女媾合而生。曰：『男女化生』者，言『有兩，則有一也。』〈損〉䷨之言六三曰：『三人行，則損一人，一人行，則得其友。』言致一也，	A-卷 8，P297～298

〔註111〕〔清〕胡世安撰：《大易則通》，收入《續修四庫全書・經部・易類》（上海：上海古籍出版社，1995 年），第 17 冊，卷 2，頁 37～38。

〔註112〕按此則注文全然出現於《漢上易傳》：「人之生有氣之質，有性之本。剛柔不齊者，氣也，性之本，則一而已矣，故曰：『天地貞觀也，日月貞明也。』氣豈能變哉？天地萬物，其本一也。天地升降，其氣絪縕，萬物化矣，醇而未雜。〈序卦〉曰：『有天地，然後有萬物。』」〔南宋〕朱震撰：《漢上易傳》，收入《景印摛藻堂四庫全書薈要・經部第 2 冊・易類》（臺北：世界書局，1988 年），總第 3 冊，卷 8，頁 716。惟李衡《周易義海撮要》將其標記作者為劉牧，誠然存有爭議！

〔註113〕按此段注文，亦全般登載於《漢上易傳》，原文如下：「劉牧曰：『乾道自然而成男，坤道自然而成女。』〈序卦〉言萬物，則男女在其中矣。曰：『萬物化醇』者，言其一，未始雜也。天地既生萬物，萬物各有陰陽，精氣相交，化生无窮。〈序卦〉曰：『有萬物然後有男女。』」〔南宋〕朱震撰：《漢上易傳》，收入《景印摛藻堂四庫全書薈要・經部第 2 冊・易類》（臺北：世界書局，1988 年），總第 3 冊，卷 8，頁 716。

| | | 致一則殊塗而同歸，一致而百慮矣。」朱〔註114〕 | |

按 241、242、243 三條注文，原於《漢上易傳》，本即前後接續之詮述，其文如下：「人之生有氣之質，有性之本。剛柔不齊者，氣也，性之本，則一而已矣，故曰：『天地貞觀也，日月貞明也。』氣豈能變哉？天地萬物，其本一也。天地升降，其氣絪縕，萬物化矣，醇而未雜。〈序卦〉曰：『有天地，然後有萬物。』劉牧曰：『乾道自然而男，坤道自然而成女。』〈序卦〉言『萬物』，則男女在其中矣。曰：『萬物化醇』者，言其一未始雜也。天地既生萬物，萬物各有陰陽，精氣相交，化生无窮。〈序卦〉曰：『有萬物然後有男女。』劉牧曰：〈咸〉卦䷞不繫之於〈離〉☲、〈坎〉☵，以〈離〉☲、〈坎〉☵而上，男女自然而生，〈咸〉卦䷞而下，男女偶合而生。』曰：『男女』、曰『化生』者，言『有兩，則有一也。』〈損〉䷨之六三曰：『三人行，則損一人，一人行，則得其友。』言致一也，致一則殊塗而同歸，一致而百慮矣。」〔註115〕明・葉良佩（？）則節刪該文，輯錄標註作者為朱震：「天地萬物，其本一也。天地升降，其氣絪縕，萬物化矣。醇而未離，言其一而未始離也。天地既生萬物，萬物各有陰陽，精氣相交，化生无窮。男女曰化生者，言『有兩，則有一也。』朱震。」〔註116〕若然依上分析、比較，朱震援引劉牧之說，恐僅「劉牧曰：『乾道自然而男，坤道自然而成女。』」、「劉牧曰：〈咸〉卦䷞不繫之於〈離〉☲、〈坎〉☵，以〈離〉☲、〈坎〉☵而上，男女自然而生，〈咸〉卦䷞而下，男女偶合而生。』」兩句，餘皆盡為朱震，另假〈序卦〉、〈繫辭〉以佐己釋之論。是以李衡《周易義海撮要》於此標註作者為「劉牧」之注文，泃然訛舛，已然誤將朱震之言一併混入「劉牧」之注，甚且 241 條，更是張冠李戴，名物淆亂，若此 242、243 兩則之敘，蓋屬劉牧者，當以《漢上易傳》之述為據，實則應祗上列兩句耳。

| 244 | | 「案虙犧〈龍圖〉，亥上見六，乃十月老陰之位也。陰炁至此方極，六者，陰數也。且〈乾〉☰、〈坤〉☷為陰、陽造化之主，七日來復，不離〈乾〉☰、〈坤〉☷二卦之體。〈乾〉☰之陽九 | 按此條文出自《遺論九事》「復見天地之心第六」，惟清・李榮陛（？）誤 |

〔註114〕按此段注文，《漢上易傳》亦有錄記：「劉牧曰：〈咸〉卦䷞不繫之於〈離〉☲、〈坎〉☵，以〈離〉☲、〈坎〉☵而上，男女自然而生，〈咸〉卦䷞而下，男女偶合而生。』曰：『男女』、曰『化生』者，言『有兩，則有一也。』〈損〉䷨之六三曰：『三人行，則損一人，一人行，則得其友。』言致一也，致一則殊塗而同歸，一致而百慮矣。」〔南宋〕朱震撰：《漢上易傳》，收入《景印摛藻堂四庫全書薈要・經部第2冊・易類》（臺北：世界書局，1988年），總第3冊，卷8，頁716。
〔註115〕〔南宋〕朱震撰：《漢上易傳》，收入《景印摛藻堂四庫全書薈要・經部第2冊・易類》（臺北：世界書局，1988年），總第3冊，卷8，頁716。
〔註116〕〔明〕葉良佩輯：《周易義叢》，收入《續修四庫全書・經部・易類》（上海：上海古籍出版社，1995年），第7冊，卷之14，頁551。

		也，〈坤〉☷之陰六也，自建子一陽生，至巳，統屬於〈乾〉☰也。自建午一陰生，至亥，統屬於〈坤〉☷也。子、午相去，隔亥上之六，則六日也。六乃老陰之數，至於少陽來復，則七日之象，明矣。然則『一陰、一陽之謂道』，十月陰炁雖極，陽炁亦居其下，故荔挺出；四月純陽用事，陰炁亦伏其下，故靡草死。穎達云：『十月，亥位，三十日，聖人不欲言一月來復，但舉一卦配定六日七分者』，非也！何以明之？且〈既濟〉☲☵六二云：『婦喪其茀，勿逐，七日得。』《解微》云：『七日，變成復』，所以寄言七日也。又陸子云：『凡陰陽往復，常在七日』，以此質之義可見矣。若夫建子之月，天輪左動，地軸右轉，一炁交感，生於萬物。明年冬至，各反其本，本者，心也。以二炁言之，則是陽進而陰退也。夏至陰炁復於巳，冬至陽炁復於亥，故謂之反本。」〔註117〕	視為劉牧之說，更且以三衢劉牧而加駁斥。（詳見註釋117）

〔註117〕 〔北宋〕劉牧撰：〈論上〉，《遺論九事》，收入《景印摛藻堂四庫全書薈要‧經部第14冊‧易類》（臺北：世界書局，1988年），總第15冊，頁279。按清‧李榮陛（？）將《遺論九事》「復見天地之心第六」之述，誤視為劉牧之說而云：「劉牧〈七日來復論〉：『虙犧〈龍圖〉，亥上見六，乃十月老陰之位也。子午相去，隔亥上之六，則六日也。六乃老陰之數，至於少陽來復，則七日之象明矣。穎達但舉一卦配定六日七分者，非也。且〈既濟〉☲☵六二云：『婦喪其茀，勿逐，七日得。』《解微》云：『七日變成復，所以寄言七日也。』又陸子云：『凡陰陽往復，常在七日。』以此質之義可見矣。」〔清〕李榮陛撰：〈義圖總考二〉，《易續考》，收入《續修四庫全書‧經部‧易類》，第24冊，卷2，頁613。又按李榮陛更且將其誤以為之劉牧，視為三衢劉牧而駁斥曰：「『三衢劉牧之《易》，傳於范諤昌，諤昌自謂其學出李處約、許堅二子，實本於种放者也。采摭天地奇偶之數，為圖五十五。李覯刪之，止存其三，謂彼五十二者，疣贅穿鑿破碎，鮮可借用云云。納蘭容若〈鉤隱圖序〉。』按自河洛原圖外，實無可取。」同註。

245		劉牧言「上《經》，言形器以上事，下《經》言，形器以下事。」〔註118〕	
246		牧又謂「上《經》是天地生萬物，下《經》是男女生萬物。」〔註119〕	
247		牧又謂「乾☰、坤☷與坎☵、離☲男女同生。」〔註120〕	
按觀此三則（245、246、247）劉牧釋《易》之句，因未見全文，不知詳細，故無從辨析，惟或可分判概屬《新注周易》（抑《卦德通論》）遺佚之寸斷注語。			
248		劉牧以下《經》四卦相交〔註121〕	
249		劉牧言兩卦相比，上《經》二陰二陽相交，下《經》四陰四陽相交，是否？〔註122〕	
按程頤此提兩則（248、249），審其語意，理當論上、下《經》之卦序排列變化，惟內容猶然不明，無從評斷劉牧看法。然可確定，殆隸《新注周易》（或《卦德通論》）之本。			

〔註118〕〔南宋〕朱熹編：〈劉元承手編〉，《二程遺書》，收入《景印文淵閣四庫全書·子部4·儒家類》（臺北：臺灣商務印書館，1985年），第698冊，卷18，頁180。

〔註119〕〔南宋〕朱熹編：〈劉元承手編〉，《二程遺書》，收入《景印文淵閣四庫全書·子部4·儒家類》，第698冊，卷18，頁180。

〔註120〕〔南宋〕朱熹編：〈劉元承手編〉，《二程遺書》，收入《景印文淵閣四庫全書·子部4·儒家類》，第698冊，卷18，頁180。

〔註121〕〔南宋〕朱熹編：〈劉元承手編〉，《二程遺書》，收入《景印文淵閣四庫全書·子部4·儒家類》，第698冊，卷18，頁180。

〔註122〕〔南宋〕朱熹編：〈劉元承手編〉，《二程遺書》，收入《景印文淵閣四庫全書·子部4·儒家類》，第698冊，卷18，頁180。